*L*INUX
Administración del sistema y la red

LINUX
ADMINISTRACIÓN DEL SISTEMA Y LA RED

Iñaki Alegría Loinaz

Roberto Cortiñas Rodríguez

Aitzol Ezeiza Ramos

Departamento de Arquitectura y Tecnología de Computadores
Universidad del País Vasco

Madrid • México • Santafé de Bogotá • Buenos Aires • Caracas • Lima
Montevideo • San Juan • San José • Santiago • São Paulo • White Plains

```
Datos de catalogación bibliográfica

Iñaki Alegría Loinaz, Roberto Cortiñas
Rodríguez y Aitzol Ezeiza Ramos
Linux. Administración del sistema y la red
PEARSON EDUCACIÓN, S. A., Madrid, 2005

        ISBN: 84-205-4848-0
        Materia: Informática 681.3

Formato: 195 x 250 mm          Páginas: 336
```

Todos los derechos reservados.
Queda prohibida, salvo excepción prevista en la Ley, cualquier
forma de reproducción, distribución, comunicación pública y
transformación de esta obra sin contar con autorización de
los titulares de la propiedad intelectual. La infracción de los derechos
mencionados puede ser constitutiva de delito contra la propiedad
intelectual (arts. 270 y sgts. del Código Penal).

DERECHOS RESERVADOS
© 2005 PEARSON EDUCACIÓN, S. A.
C/Ribera del Loira, 28
28042 Madrid (España)

PEARSON PRENTICE HALL es un sello editorial autorizado de PEARSON EDUCACIÓN

Iñaki Alegría Loinaz, Roberto Cortiñas Rodríguez y Aitzol Ezeiza Ramos
Linux. *Administración del sistema y la red*

ISBN: 84-205-4848-0
Depósito Legal: M-28.284-2005

Editor: Miguel Martín-Romo
Técnico editorial: Marta Caicoya
Equipo de producción:
    Director: José Antonio Clares
    Técnico: María Alvear
Diseño de cubierta: Departamento de Diseño de Pearson Educación, S. A.
Composición: DiScript Preimpresión, S. L.
Impreso por: TOP PRINTER PLUS, S.L.L.

IMPRESO EN ESPAÑA - PRINTED IN SPAIN

Este libro ha sido impreso con papel y tintas ecológicos

Índice

Prólogo .... **XI**

Capítulo 1. Introducción **1**

   1.1   *Linux* **3**

   1.2   Sobre el libro **7**

   1.3   Bibliografía **8**

Capítulo 2. Administración del sistema **11**

   2.1   Introducción **13**

   2.2   Herramientas y metodología **14**

   2.3   Inicio de sesión **17**

   2.4   Múltiples sesiones (consolas virtuales) **19**

   2.5   Ejercicios **20**

Capítulo 3. Sistema de ficheros y comandos básicos **21**

   3.1   Sistema de ficheros **23**

   3.2   Comandos básicos **26**

   3.3   Búsqueda de ficheros **35**

   3.4   Permisos y seguridad elemental **39**

   3.5   Particiones y montaje **45**

   3.6   Ejercicios **53**

Capítulo 4. Entorno de trabajo y control de las variables **55**

   4.1   Entorno de trabajo **57**

   4.2   Algunas funciones especiales del teclado **61**

   4.3   Control de recursos **65**

   4.4   Ejercicios **69**

Capítulo 5. **Control de usuarios y contabilidad** 71

5.1 Notas sobre la seguridad 73
5.2 Administración de cuentas 73
5.3 Grupos 79
5.4 Auditoría, contabilidad y cuotas 81
5.5 Ejercicios 84

Capítulo 6. **Protección de la información y nuevo software** 85

6.1 Planificación de las copias de seguridad 87
6.2 Comandos 88
6.3 Instalación de software nuevo 93
6.4 Compilación del núcleo 98
6.5 Ejercicios 100

Capítulo 7. **Arranque del sistema y procesos periódicos** 101

7.1 Apagado del sistema 103
7.2 Arranque del sistema 104
7.3 Procesos *Daemon* 111
7.4 Procesos periódicos 113
7.5 Ejercicios 117

Capítulo 8. **El control de los dispositivos** 119

8.1 Los ficheros especiales y los controladores 121
8.2 Terminales 124
8.3 Impresoras 127
8.4 Discos 129
8.5 Otros: disquetes, cintas y CD-ROM 129
8.6 Configuración gráfica de dispositivos 130
8.7 Ejercicios 131

Capítulo 9. **Seguridad en la administración** **133**

9.1 Conceptos básicos **135**

9.2 Mecanismos de prevención **136**

9.3 Detección de los ataques **141**

9.4 Ejercicios **142**

Capítulo 10. **Redes y protocolo TCP/IP** **145**

10.1 Protocolos. El protocolo TCP/IP **147**

10.2 Redes locales **155**

10.3 Conexión vía módem **158**

Capítulo 11. **Configuración de red** **159**

11.1 Ficheros de configuración **161**

11.2 Configuración de la tarjeta de red: *ifconfig* **163**

11.3 Configuración del módem **167**

11.4 El estado de la red: los comandos *netstat* y *arp* **168**

11.5 Encaminamiento: el comando *route* **170**

11.6 Conectividad de la red: *ping* y *traceroute* **171**

11.7 Ejercicios **173**

Capítulo 12. **Servidores y seguridad en red. Cortafuegos** **175**

12.1 Arranque de servidores **177**

12.2 Configuración de los servicios de Internet **179**

12.3 Seguridad básica en red **182**

12.4 Configuración del cortafuegos *iptables* **185**

12.5 Ejercicios **189**

Capítulo 13. **Servicios de redes locales: NFS, NIS y LDAP** **191**

13.1 NFS **193**

13.2 NIS **199**

13.3 Reducción del coste de administración con NFS y NIS **203**

13.4 LDAP **204**

13.5 Ejercicios **207**

Capítulo 14. **Impresión en red y convivencia con *Windows: Samba*** **209**

14.1 Impresión en red **211**

14.2 Acceso a sistemas *Windows: Samba* **213**

14.3 Ejercicios **218**

Capítulo 15. **DNS y DHCP** **219**

15.1 DNS **221**

15.2 Servidor *named* **223**

15.3 Resolución de direcciones en el cliente **231**

15.4 Configuración en modo gráfico **234**

15.5 DHCP **235**

15.6 Ejercicios **238**

Capítulo 16. **Protocolos seguros, *telnet* y *ftp*** **239**

16.1 Comentarios adicionales sobre seguridad **241**

16.2 Criptografía y cifrado **242**

16.3 SSH **243**

16.4 Los servicios *telnet* y *ftp* **247**

16.5 Ejercicios **248**

Capítulo 17. **Servidores de correo electrónico y POP** **249**

17.1 Correo electrónico **251**

17.2 *sendmail* **252**

17.3 POP **260**

17.4 Servidores de listas y servicios de correo vía web **261**

17.5 Ejercicios **262**

Capítulo 18. **Servidor de red: *Apache*** **263**

18.1 Introducción **265**

18.2 Características de *Apache* **266**

18.3 Creación de los directorios **267**

18.4 Opciones principales de configuración **268**

18.5 Seguridad y SSL **272**

18.6 Ejercicios **272**

Apéndice A. **Instalación de *Linux*** **273**

A.1 Introducción **275**

A.2 Inicio **275**

A.3 Primeros pasos de la instalación **277**

A.4 Particionado del disco **280**

A.5 Elección e instalación de paquetes **283**

A.6 Configuración **285**

A.7 Configuración de la tarjeta de video **287**

A.8 Configuración de la tarjeta de red **290**

A.9 Fin de la instalación **293**

A.10 Prueba y reconfiguración **294**

Apéndice B. **Ficheros de comandos:** *scripts* **299**

B.1 Lenguaje *sh* **302**

B.2 Características **303**

B.3 Ejemplos **307**

B.4 Ejercicios **309**

Apéndice C. **Expresiones regulares y** *awk* **311**

C.1 Sintaxis **313**

C.2 Ejemplos de expresiones regulares **314**

C.3 *awk* **315**

C.4 Ejemplos de *awk* **317**

C.5 Ejercicios **317**

Apéndice D. **Programa** *make* **319**

D.1 Compilación **321**

D.2 Instalación **322**

D.3 Otras características **323**

Prólogo

Hay muchos libros que incluyen la administración de sistemas y, en algunos casos, la administración de la red en *Unix/Linux*, pero ninguno de ellos nos pareció adecuado como libro de referencia para la asignatura de *Administración de sistemas y redes* en la Facultad de Informática de la Universidad del País Vasco. Algunos incluyen un poco de todo –descripción no bien estructurada de aplicaciones, comandos y administración–, otros no incluyen la administración de la red, otros son demasiado especializados; también se echan en falta cuestiones metodológicas o prácticas y repaso de conceptos fundamentales como los protocolos TCP/IP.

Por lo tanto nuestro objetivo en este libro ha sido hacer un libro centrado en administración de sistemas y redes; con inclusión de propuestas metodológicas para la correcta administración, repaso de otros elementos fundamentales relacionados como comandos básicos, *scripting*, conceptos de sistemas operativos y redes; pero siempre con una orientación práctica basada en los ejemplos y los ejercicios propuestos. Se trata de aprender practicando; no hay mejor forma de asimilar los conceptos de administración que poniéndolos en práctica.

Esperamos que este libro sirva para cubrir la misma función en otras facultades y centros de enseñanza, así como para el autoaprendizaje y la consulta de aficionados y profesionales.

Como es lógico una parte importante del contenido del libro la hemos aprendido de diversas fuentes: libros que aparecen en la bibliografía del primer capítulo, documentación *on-line* de los propios sistemas, listas de discusión, colegas de la facultad y de las propias alumnas de la asignatura. Queremos agradecer especialmente a Joseba Makazaga, Aitor Soroa, Kike Fernandez, Elena Lazkano y Jose Jodrá su ayuda en las cuestiones prácticas de administración y a Alberto Lafuente toda la experiencia compartida en la docencia de sistemas operativos.

Una versión previa apareció en euskera de mano de la Universidad Vasca de Verano (*Udako Euskal Unibertsitatea*, www.ueu.org). Aunque esa versión ha sido mejorada y actualizada para este libro, sin la ayuda de esa institución tal vez este libro no hubiera llegado a escribirse. *Eskerrik asko*.

Donostia, abril de 2005

Capítulo 1

Introducción

En este capítulo

1.1 *Linux* **3**
1.2 Sobre el libro **7**
1.3 Bibliografía **8**

El objetivo de este libro es doble: por un lado desea ser un libro de texto para las asignaturas relacionadas con la administración de sistemas y redes, tanto en universidades como en formación profesional; en segundo lugar, quiere ser un libro de consulta para profesionales.

1.1 *Linux*

En los últimos años, el sistema operativo *Linux* ha experimentado un avance impresionante. Desde que en 1991, el estudiante finlandés Linus Torvalds lo distribuyera por primera vez, el recorrido realizado por este sistema ha sido largo. En un principio, los reunidos en torno a este proyecto eran personas aficionadas a la informática (*hackers* en su acepción más "correcta") y administradores formados en anteriores sistemas libres. La evolución de las grandes empresas había tenido como consecuencia la privatización del código en detrimento de la colaboración, arrinconando la posibilidad de modificar el código fuente, además de prohibir la distribución de los programas a aquellas personas con necesidades similares. Basándose en la colaboración, el desarrollo de este sistema, sustituto de *Unix*, atrajo a muchas personas interesadas, aprovechando las opciones que para el trabajo en grupo ofrecía Internet, y se ha convertido en uno de los hitos del movimiento a favor del software libre.

Aunque *Linux* no ha conseguido afianzarse en los sistemas personales de las empresas (de momento), entre los aficionados a la informática y los servidores PC de las empresas sí está cosechando un gran éxito, cuestionando la supremacía de *Microsoft* en este campo.

Podríamos resumir las claves del éxito en los siguientes puntos:

- Es un sistema libre y abierto. Este factor, además de ofrecer de modo gratuito el sistema completo, también permite obtener el código fuente y poderlo redistribuir sin ningún tipo de traba legal.
- Es un sistema potente y robusto. El desarrollo ha sido realizado por una amplia comunidad, y los programas y modificaciones realizadas son probadas por una gran cantidad de gente en un breve plazo de tiempo, por lo que los posibles errores son detectados, y además rápidamente. De este modo, los componentes del sistema logran un alto grado de robustez, pudiendo funcionar de modo continuado sin errores y sin necesidad de reiniciar el equipo. Además, otro de los factores que se han tenido en cuenta en el desarrollo ha sido la eficiencia del código, con el fin de optimizar el rendimiento del sistema.
- Funciona en los computadores personales. Tradicionalmente, cuando se deseaba que el sistema fuera robusto, había que recurrir a sistemas *Unix* con arquitecturas avanzadas y habitualmente muy caras, coste al que había que sumar el del propio sistema. Con *Linux* tenemos gratuitamente las características de esos costosos sistemas y, además, se puede instalar en una económica máquina tipo PC. En los últimos años, *Linux* también se ha extendido a arquitecturas distintas a la del procesador *Intel*: *Mac, Sparc*... Además, se ha adelantado

mucho en el desarrollo de controladores (*drivers*) para los distintos dispositivos, de tal modo que se puede afirmar que se han superado los problemas que antaño existían con las tarjetas de vídeo, red o dispositivos similares.

- Es un sistema completo. Suele ocurrir que, tras la compra de algunos sistemas, nos damos cuenta de que el sistema adquirido no es más que un sistema básico, y que, a medida que necesitemos las aplicaciones, deberemos volver a pagar por ellas. Esto ocurre, por ejemplo, con el *IIS*, programa servidor para Internet en los sistemas *Windows* de *Microsoft*, o con los compiladores de algunos sistemas *Unix*. En *Linux* esta situación no se da, ya que, además del sistema básico (también llamado *kernel* o núcleo), se ofrece un amplio abanico de aplicaciones gratuitas para todas las necesidades (el servidor web *Apache* es de los destacables, ya que en su campo es de los más utilizados en el mundo). En sentido estricto, cuando se habla del sistema completo se debe hablar del sistema GNU-*Linux*.

- Está respaldado por una comunidad activa y dispuesta a colaborar. Cuando surja un problema, además de la rica y abundante documentación *on-line*, también se podrá recurrir a una comunidad abierta y acostumbrada a ayudar. Existen abundantes sitios web, grupos de noticias o listas de distribución (*véase* bibliografía) a los que acudir. Además, para aquel que tenga experiencia en *Unix*, *Linux* es muy semejante.

Con todas estas características no hay duda de que se trata de un sistema económico, robusto, flexible y atractivo, de tal modo que, por ejemplo, en el campo de los servidores de Internet, es capaz de competir con cualquier otro. Precisamente es en el ámbito de los servicios de Internet donde se precisa de muchos programas servidores (y cuando son de pago, suelen ser caros) con una característica fundamental, que es la robustez y donde en ocasiones existen necesidades especiales que requieren acceder al código fuente para su modificación.

Este es el motivo por el que es objetivo de este libro también la administración de los servicios que deben ofrecer los mencionados servidores, de tal modo que sirva de útil herramienta para administradores de sistemas y personas que deseen aprender o enseñar sobre administración de estos sistemas.

Además, como *Linux* es una adaptación de *Unix*, este libro también puede resultar interesante para aquellos que deban o deseen trabajar con otro sistema de tipo *Unix* (*FreeBSD*, *Solaris*, *SCO*, *Ultrix*, *Irix*, *AIX*...).

1.1.1 Distribuciones de *Linux*

El sistema operativo que conocemos como *Linux* podemos obtenerlo en forma de distintas distribuciones, directamente o mediante intermediarios (en muchos casos en CD incluidos en revistas). Aunque solo existe un *Linux*, existen diferencias entre las distintas distribuciones, sobre todo en los programas auxiliares y en la ubicación de ciertos ficheros de configuración. A continuación mostramos las

URL de las distribuciones más conocidas, junto con alguna característica destacable:

- *RedHat*: ha cosechado un gran éxito en el mundo empresarial gracias a su robustez. Se ha convertido en un sistema de pago, y su versión gratuita se ha rebautizado con el nombre de *Fedora*.
  http://www.redhat.com   *ftp://ftp.redhat.com*
  http://fedora.redhat.com

- *Mandrake*: basada en *RedHat*, está tomando fuerza debido principalmente a su facilidad de instalación. Existen versiones en catalán y euskera. Las características y ejemplos que aparecen en este libro se han probado en la versión 10.0 de esta distribución.
  http://www.mandrake.com   *ftp://ftp.mandrake.com*

- *Debian*: muy extendida entre los aficionados a *Linux*, debido a su total apuesta en favor del software libre. *Ubuntu* está basada en *Debian* pero se centra en la facilidad de instalación y uso.
  http://www.debian.org   *ftp://ftp.debian.org*
  http://www.ubuntulinux.org

- *Gentoo*: promociona la configurabilidad y adaptabilidad a las necesidades de personales.
  http://www.gentoo.org

- *SuSe*: promocionado por Novell, ofrece una visión profesional de *Linux*.
  http://www.suse.com   *ftp://ftp.suse.com*

- *Slackware*: irrumpió con mucha fuerza, pero ha sufrido un descenso claro, debido principalmente a problemas de instalación.
  http://www.slackware.com   *ftp://ftp. slackware.com*

- *Caldera*: también promocionado en el ámbito empresarial.
  http://www.caldera.com   *ftp://ftp.caldera.com*

- *Knoppix*: distribución que permite utilizar *Linux* desde un CD. No realiza cambios en el disco, por lo que es adecuado para el aprendizaje de *Linux* y para utilizaciones puntuales, sin poner en peligro el sistema habitual. A este tipo de sistemas se les denomina LiveCD y están teniendo mucho éxito.
  http://www.knoppix.org

Dentro de cada distribución podemos encontrar un sistema de numeración que identifica sus distintas versiones. Sin embargo, el sistema de numeración de una distribución no suele tener relación con las de otras distribuciones. Otro factor a tener en cuenta es el conjunto de versiones de las distintas aplicaciones auxiliares.

La característica más importante será la versión del *núcleo* o *kernel*, ya que la gestión fundamental de la máquina reside en esta parte. Se compone de dos números:

el primero solo cambia cuando se producen grandes cambios. El segundo cambia con más frecuencia y si es par, se tratará de una versión estable y fiable. En cambio, si es impar, será una versión de prueba para realizar modificaciones y distintos experimentos. Así pues, la última versión siempre será doble; por un lado tendremos la versión par para las empresas y sistemas de producción y la impar dirigida a los desarrolladores y testeadores.

1.1.2 Interfaces gráficas: *gnome* y KDE

Hasta hace unos años, la mayor carencia que se atribuía a *Linux* radicaba en la interfaz gráfica. Sin dicho elemento, el conjunto de usuarios quedaba reducido a expertos, *hackers* o aficionados a *Unix*. Hoy en día *Linux* ofrece una amplia variedad de interfaces gráficas, entre las que destacan *gnome* y *KDE*. En este último se da mayor importancia a la compatibilidad y a la comodidad. En *gnome*, en cambio, el objetivo principal es ser abierto y potente. Al mismo tiempo, la facilidad de instalación se ha simplificado gracias a una adecuada interfaz gráfica.

Cuando instalemos *Linux*, o al definir el usuario, se podrá elegir la interfaz que el usuario desee, siempre que la distribución utilizada lo permita. El objetivo de este libro es la administración, por lo que consideramos que el estudio de estas interfaces queda fuera del alcance de este libro. En cualquier caso, son muy intuitivos y siempre se puede recurrir a la abundante documentación *on-line* disponible.

1.1.3 Aplicaciones comerciales

Si analizamos el campo de las aplicaciones, tradicionalmente *Linux* destacaba en el acceso a Internet y los programas de desarrollo. En las aplicaciones de bases de datos, ofimática, gráficos, multimedia, etc., en cambio, se encontraba su punto débil. En los últimos años esta situación está cambiando y ya se pueden encontrar paquetes de gran calidad para uso comercial y empresarial. Estos son algunos ejemplos:

- Sistemas de bases de datos *mysql* y *postgres*: robustas, de gran potencia, y además libres y gratuitas. Se encuentran presentes en la mayoría de las distribuciones. Por otro lado, algunos sistemas de gestión de bases de datos conocidos y potentes, como *Oracle*, ofrecen versiones para *Linux*.
- *OpenOffice,* equivalente al paquete ofimático *Microsoft Office* y además compatible con él (www.openoffice.org). Se ofrece en la mayoría de las distribuciones y ofrece procesamiento de textos, presentaciones, hoja de cálculo y varias funciones más.

Entre el resto de programas para uso personal o de oficina se pueden destacar *Mozilla* y *FireFox* para la navegación en Internet, *Mozilla* y *Evolution* para el correo electrónico, *Kopete* para mensajes instantáneos, *Image Magick* y *Gimp* para gráficos y diseño, *xmms* y *grip* para música, *Xine* y *Totem* para video y *scribus* para maquetación.

1.1.4 Software libre

El sistema operativo *Linux* ha tenido una gran influencia en el movimiento a favor del software libre, además de un enorme impacto social. Este movimiento impulsa el trabajo en común y el libre intercambio en el sector de la informática y, aunque también impulsa los programas gratuitos, las claves radican en la distribución del código fuente y en los derechos para la redistribución de programas.

Aunque *Linux* es el fruto más conocido de este movimiento, también existen otros muchos programas que reúnen las características anteriores, como el servidor web *Apache*, uno de los más extendidos. En la dirección www.gnu.org se encuentra abundante información acerca del software libre.

1.1.5 Emulaciones de *Windows*

En *Linux* no se pueden utilizar los programas ejecutables creados para *Windows*, al menos directamente. Esta característica, sin embargo, es imprescindible para algunas empresas o personas. Existen tres soluciones posibles:

- La opción más común consiste en tener los dos sistemas en el disco duro del computador, cada uno en una partición distinta, tal y como se explica en el anexo asociado a la instalación. En este caso, para pasar de un sistema a otro será imprescindible apagar y volver a encender la máquina.
- Utilizar un emulador, esto es, conseguir un programa que interprete el sistema *Windows*. Utilizando este programa instalaremos y utilizaremos las aplicaciones de tipo *Windows*. Existen varios programas de este tipo, siendo los más conocidos *Wine*, *VMWare* y *Win4Lin*. Sin embargo, solamente el primero es de software libre.
- Con los dos sistemas en distintos computadores, establecer una red local, y conectarlos mediante los protocolos *TCP/IP* y *Samba*.

1.2 Sobre el libro

En ocasiones *Linux* y *Unix* se tratarán como si fueran equivalentes; sin embargo, en las interfaces gráficas, en la instalación y en la administración de software y hardware los mecanismos de *Linux* no se pueden extender a todos los *Unix*. Por otro lado, debemos señalar que cuando se mencione *Unix* se hará de modo general, es decir, que será válido para casi todos los sistemas de tipo *Unix*.

1.2.1 Convenciones utilizadas

En este libro se ha seguido un conjunto de convenciones tipográficas que figura a continuación:

- *Cursiva*: se utilizará para designar marcas comerciales y palabras de otros idiomas. Además, permitirá introducir nuevos conceptos y destacar nombres de ficheros y directorios, programas, comandos, etc.

- `Courier`: para resaltar ejemplos de contenidos de ficheros o programas, comandos completos, salida de programas y valores que aparecen en el código.
- `Courier cursiva`: opciones, códigos y texto que deberán ser sustituidos por el valor adecuado dentro del código.

1.2.2 Estructura del libro

Este libro está dividido en tres apartados principales: en primer lugar la administración del sistema, en segundo los servicios de red local e Internet y, por último, los apéndices.

En la administración del sistema, desarrollada desde el Capítulo 2 hasta el 9, el objetivo será la administración en un computador aislado. En el segundo bloque se explica la administración a realizar en un computador conectado a una red local (también denominada red *LAN*) e Internet. Finalmente, en los apéndices se tratan los conceptos que deben ser conocidos previamente y otros que no son imprescindibles: instalación de *Linux*, programación de ficheros de comandos o *scripts*, estructura de las expresiones regulares, etc. No están pensados para ser leídos de modo secuencial, sino a medida que se necesiten.

A lo largo de los distintos capítulos se presentan ejemplos y se proponen ejercicios. El objetivo de los ejemplos será poner directamente en práctica lo aprendido en la teoría. Han sido concebidos para que, en la medida de lo posible, se practiquen en un sistema *Linux* al tiempo que se lee el libro. En su mayoría son porciones de código, aunque en algunos casos se presentan *scripts* más extensos. Los ejercicios, finalmente, son propuestas para poner en práctica lo aprendido. Por lo general, son de escasa dificultad.

Preguntas, proposiciones y correcciones serán bienvenidas y pueden ser enviadas a la dirección de e-mail: *i.alegria@euskalerria.org*

1.3 Bibliografía

Existe una amplia bibliografía sobre este tema y, además, se está ampliando constantemente. Los más interesantes son los manuales de referencia y de usuario.

Si bien los libros son más adecuados para adquirir un conocimiento básico, en este mundo en constante cambio, el material de Internet y los buscadores para acceder a la información, son herramientas indispensables para recibir las últimas noticias del tema.

1.3.1 Libros

Essential System Administration. A. Frisch. O´Reilly. 2ª edición.

Linux Network Administrator's Guide. O. Kirch & T. Dawson. O´Reilly. 2ª edición.

Guía de referencia y aprendizaje Linux. M. Welsh, M. K. Dalheimer, L. Kaufman. Anaya & O´Reilly.

Utilizando Linux. J. Tackett & D. Gunter. Prentice Hall. 2ª edición.

Hacking Linux Exposed. B. Hatch, J. Lee, G. Kurtz. Mc Graw-Hill

Securing and Optimizing Linux. G. Mourani. Open Network Architecture Inc.

1.3.2 Ficheros

La documentación interna es una importante fuente de información. Si bien en el libro no se hace referencia directamente, acudir a estos ficheros será un paso imprescindible ante problemas. Estos son los directorios principales:

```
/usr/doc/HTML
/usr/doc/HOWTO
/usr/doc/FAQ
```

El directorio *HTML* ofrece la posibilidad de navegar en sus ficheros utilizando *Mozilla, FireFox* o cualquier otro navegador. En algunas distribuciones, como en *Mandrake*, en lugar de estar en el directorio */usr/doc* se encuentran en el directorio */usr/share/doc*.

1.3.3 Comandos

Podremos obtener más información sobre comandos y funciones mediante los propios comandos de *Linux*:

```
man comando
apropos función
```

Ambos permiten consultar el manual *on-line*. La diferencia está en que en el segundo caso no necesitaremos conocer el nombre del comando.

1.3.4 Sitios web

Existen muchos, pero el principal es:

http://www.linuxdoc.org

Para la documentación en castellano su equivalente es TLDP-ES/LuCAS:

http://es.tldp.org/

También podemos encontrar una gran cantidad de grupos de noticias y listas. Son más recomendables los especializados en un aspecto concreto que los generales.

Capítulo 2

Administración del sistema

En este capítulo

2.1   Introducción   **13**

2.2   Herramientas y metodología   **14**

2.3   Inicio de sesión   **17**

2.4   Múltiples sesiones (consolas virtuales)   **19**

2.5   Ejercicios   **20**

2.1 Introducción

La administración es una tarea fundamental en los sistemas multiusuario como *Linux*. La responsabilidad fundamental en la administración es asegurar el correcto funcionamiento del sistema, a la vez que la disponibilidad, confidencialidad e integridad de los datos almacenados. Además, debe procurar solventar todos los posibles problemas que les surjan a los usuarios.

Las labores de administración más destacables se pueden encontrar en la siguiente lista:

- Inicio y parada del sistema. La necesidad de detener el sistema se puede deber a varios motivos (cambio de la propia máquina, obras...). En ocasiones puede ser necesario reiniciar el sistema, bien sea para comprobar/reparar el sistema de ficheros o para reiniciar ciertos servicios. Sin embargo, en un sistema multiusuario como *Linux* en cualquier momento puede haber varios usuarios utilizando los servicios del sistema, bien sea en modo local o a través de la red. Por este motivo, el apagado del sistema debe ser una operación bien planificada. No siempre será posible, ya que cada vez son más habituales los servidores que deben estar activos 365 días al año y 24 horas al día.
- Configuración el sistema. Los parámetros de varios dispositivos y servicios deberán ser actualizados con cierta frecuencia. Por ejemplo, cuando se cambia la conexión a la red exterior o al implantar un nuevo dominio, será necesario modificar algunos parámetros del sistema.
- Instalación y desinstalación de hardware y software. Cuando se adquiere nuevo hardware, hay que garantizar el correcto funcionamiento del dispositivo, al igual que en el caso de las aplicaciones nuevas.
- Gestión de las cuentas de usuario; crear, mantener y borrar cuentas. En muchos casos, para poder utilizar los servicios será necesario identificar las personas que los solicitan, por lo que la gestión de usuarios es imprescindible y vital para la seguridad del sistema.
- Mantenimiento de las copias de seguridad de la información. Este suele ser el trabajo más cansado y tedioso pero, ante desagradables sorpresas como desastres, averías del disco o fallos de usuario, nos permitirá solucionar el problema de forma rápida y exitosa. Se deberá establecer la frecuencia de las copias de seguridad según una política concreta. Por otro lado, cuando surjan problemas se activará el proceso de recuperación.
- Comprobación periódica de los recursos y servicios del sistema. La detección de los fallos antes de que produzcan consecuencias o sean más graves, es una tarea importante y se considera trabajo preventivo. Consiste en realizar inspecciones periódicas en busca de errores comunes. Por ejemplo, es sabido que el llenado del disco es un problema que sucede a menudo. Una buena administración incluiría comprobar diariamente el espacio libre y cuando sea escaso comenzar a tomar medidas.
- Atención a usuarios y diagnóstico y solución de problemas. Cuando detecten un mal funcionamiento en los servicios que utilizan, acudirán al servicio de

administración. Aquí se deberá realizar un diagnóstico y proporcionar la solución en el plazo más breve posible. Para ello se deberán establecer canales de comunicación adecuados, siendo el más adecuado el correo electrónico. Por otro lado, es más que recomendable procurar que esta tarea tenga el menor impacto posible en la planificación diaria, ya que, en ocasiones, el abuso de confianza de los usuarios tiene como consecuencia que esta tarea desplace al resto de tareas de administración.

- Mantenimiento de la documentación. El trabajo de administración suele ser repetitivo, pero en ocasiones los periodos de repetición son largos. Cuando se repiten problemas anteriores, se pueden aplicar las soluciones adoptadas entonces, pero quizá ya no las recordemos. Este es el motivo por el que es necesario documentar las soluciones adoptada y puedan así volver a ser aplicadas en el futuro. Siguiendo con el ejemplo anterior, el llenado del disco puede suceder cada cuatro o cinco meses. La primera vez que ocurra, se adoptará una serie de medidas, tras el correspondiente estudio del problema. Si dicha solución se documenta correctamente, la siguiente vez que ocurra se podrá consultar en la documentación y aplicarla directamente, ahorrándonos de este modo el estudio previo.
- Gestión de la contabilidad y actualización de los parámetros del sistema. Como se trabaja con varios usuarios de diversos departamentos o grupos, puede resultar interesante estudiar los recursos o servicios que cada uno utiliza. Este estudio puede utilizarse para la contabilidad financiera o como justificación para mejorar servicios.
- Mantenimiento y comprobación de la política de seguridad del sistema. La seguridad es uno de los mayores quebraderos de cabeza en la administración de sistemas. En algunas empresas puede existir la figura específica de administrador de la seguridad, pero, aun así, es un asunto que hay que tener presente en todos los pasos de la administración básica.

2.2 Herramientas y metodología

Para poder llevar a cabo las tareas antes mencionadas existe la figura de administrador, que es básicamente un usuario privilegiado (*superusuario* o *root* en terminología de *Linux*). Con esos privilegios se podrá ejecutar todo aquello que no es posible para el resto de usuarios, es decir, se pueden superar las protecciones del sistema. A continuación enumeramos algunas de las tareas privilegiadas más usuales:

- Montaje y desmontaje de dispositivos, imprescindible para formar el sistema de ficheros.
- Modificación del reloj del sistema.
- Modificación de los propietarios y las protecciones de los ficheros.
- Detención del sistema.
- Creación de cuentas nuevas y borrado de las obsoletas.

El superusuario tiene asociada una cuenta especial que le otorga todos estos privilegios y cuyo nombre es *root*. Más adelante se tratará la importancia de proteger esta cuenta de modo adecuado, ya que es fundamental para la seguridad del sistema.

La cuenta de superusuario dispone de grandes privilegios, por lo que no se recomienda utilizarla para propósito general. Por esta razón se dispone del comando de *Linux su*, que permite pasar de modo puntual desde cualquier cuenta a modo superusuario.

El administrador debe ser un usuario experto, ya que en su trabajo se le presentará frecuentemente la necesidad de programar *scripts* (ficheros de comandos con una finalidad concreta) e incluso partes del sistema, si bien esta situación se dará en raras ocasiones. Para una correcta administración, se debe procurar que dichos *scripts* sean lo más generales posibles, evitando soluciones demasiado particulares. Además, una adecuada documentación permitirá ahorrar mucho trabajo en el futuro.

Como en todo trabajo que hay que realizar, es interesante que en la administración se adquiera una serie de hábitos. Pueden variar de una persona a otra, pero en todos los casos deberán seguir los siguientes criterios:

- Para ser buen administrador, se debe ser buen usuario.
- La precaución en el trabajo es imprescindible, ya que se puede producir pérdida de información valiosa o agujeros en la seguridad.
- El método es un punto importante, ya que permitirá reutilizar las soluciones y obtener el máximo rendimiento. Las ideas principales serán *guardar*, *parametrizar* y *documentar*.
- Las herramientas auxiliares para la administración deben ser conocidas y dominadas. Estas son las más destacables:

    a) El intérprete de comandos programable. Permitirá implementar comandos concretos y programar *scripts*. Los más conocidos son *sh*, *bash* y *csh*. *sh* proporciona portabilidad entre todos los sistemas *Unix* y *bash* es el interprete interactivo por defecto en *Linux*. En modo interactivo se recomienda utilizar *bash*, pero para programar *scripts* o ficheros de comandos *sh* será el más adecuado. Será el utilizado en los *scripts* de ejemplo a lo largo del libro. En el segundo anexo se puede encontrar más información sobre *sh*.

    b) Utilidades para la administración *awk*, *perl*, *make*, *tk* y *python*. En la actualidad la más extendida es *perl* pero debido a su complejidad no se tratará en este libro.

    c) Entornos gráficos: la herramienta más utilizada ha sido durante años *linux-conf* pero también es posible encontrar herramientas para la administración integradas en las interfaces gráficas *gnome* y *KDE*. Sin embargo en los últimos años se ha añadido la posibilidad de administrar a través de web, siendo *webmin* (www.webmin.com) la más conocida. Esta herramienta se introduce en la sección siguiente y se utiliza en algunos capítulos del libro.

- Como se ha señalado anteriormente, la cuenta especial *root* permite realizar las tareas de administración. Se recomienda utilizar esta cuenta lo menos posible, razón por la que generalmente el administrador, además de *root*, tiene una cuenta normal con la que realiza las tareas que no requieran privilegios. Cuando sea necesaria una operación que requiera privilegios, se utilizará la cuenta *root*, para después, tras finalizar la operación, volver a la normal. Para pasar de una cuenta a otra rápidamente se utiliza el comando *su*.
- La administración de una red local amplia puede generar mucho trabajo, en función del número de máquinas y usuarios a gestionar. En estos casos se propone que, además del administrador principal *root*, se definan algunos ayudantes con cuentas normales a las que se añaden permisos adicionales. Mediante el comando *sudo*, el administrador podrá definir los privilegios de cada uno de los ayudantes.

El administrador y los usuarios deberán intercambiar información sobre los posibles problemas o novedades. Por lo general esta comunicación se lleva a cabo a través de correo electrónico, pero también existen otras posibilidades:

- Para mandar un mensaje a los usuarios conectados en un instante determinado se utiliza el comando *wall*. Es útil ante problemas graves o cuando se precisa una reacción inmediata.
- En otros casos el aviso no es tan grave y, además, se pretende que llegue a todos los usuarios, independientemente de si están conectados o no. Para ello se escribirá en el fichero */etc/motd* la información que haya que transmitir. A partir de entonces, en cada inicio de sesión se verá ese mensaje. Entre los mensajes que se suelen incluir en este fichero encontramos noticias sobre modificaciones realizadas en la instalación, cambios en el método de trabajo, información sobre nuevos programas y otros semejantes.
- Para establecer una comunicación directa con alguien concreto se dispone del comando *talk*. Es más rápido que el correo electrónico, pero solo se puede utilizar cuando los usuarios están conectados.

La gestión de *Unix* se fundamenta en una serie de ficheros básicos ubicados en el directorio */etc*. La modificación de estos ficheros se puede realizar de tres modos: directamente (mediante un editor), utilizando un comando o, por último, recurriendo a una interfaz gráfica. Esta última opción, aunque posible en muchas ocasiones, no es estándar, razón por la que en este libro nos centraremos en las dos primeras. Cuando sea posible, daremos prioridad a la utilización de un comando frente a las otras opciones, ya que, aunque puede ser en un principio más complejo que la interfaz gráfica, ofrece tres ventajas importantes:

- No consume recursos del computador por lo que el resto de servicios funcionará más rápidamente.
- Su conocimiento permite la administración de sistemas remotos por medio del servicio *ssh* que se estudiará en el Capítulo 16.
- Su uso es más seguro.

2.2.1 *webmin*

Es una herramienta web para administración. Su ventaja es que permite administración remota con una interfaz independiente de la distribución. Por el contrario, y aunque intercambia información cifrada, incrementa los problemas de seguridad al ofrecer un puerto TCP para la administración del sistema con todos los privilegios.

El equipo que haya que administrar deberá ofrecer el servicio *webmin* en el puerto 10000, mientras que el administrador usará un navegador para acceder a esa máquina por medio del protocolo *https*. Para administración local bastará con tener instalado y en marcha el servicio *webmin* y especificar en el navegador el siguiente URL:

```
https://localhost:10000
```

En las Figuras 2.1, 2.2 y 2.3 se puede observar el aspecto que ofrece este servicio.

2.3 Inicio de sesión

Linux es un sistema multiusuario en el que se pueden compartir los recursos, pero de un modo controlado, de tal modo que se protege la confidencialidad e integridad de los datos. Para llevar a cabo dicho control es imprescindible que las personas se identifiquen al trabajar en el sistema.

El método para la identificación en *Linux* es el habitual, es decir, mediante un nombre de usuario (*username*) y una contraseña (*password*). El nombre es público,

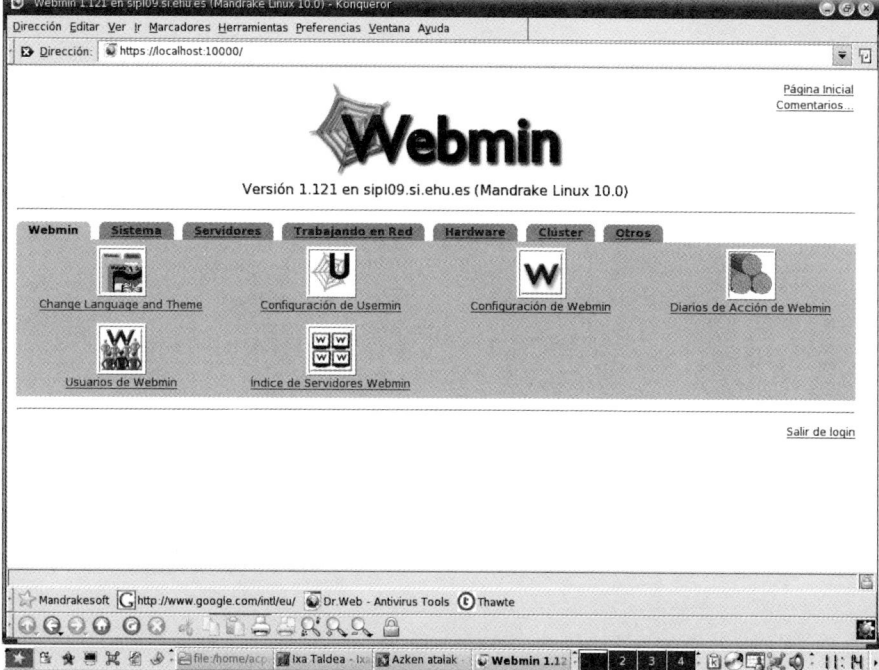

Figura 2.1
Aspecto inicial del programa *webmin*.

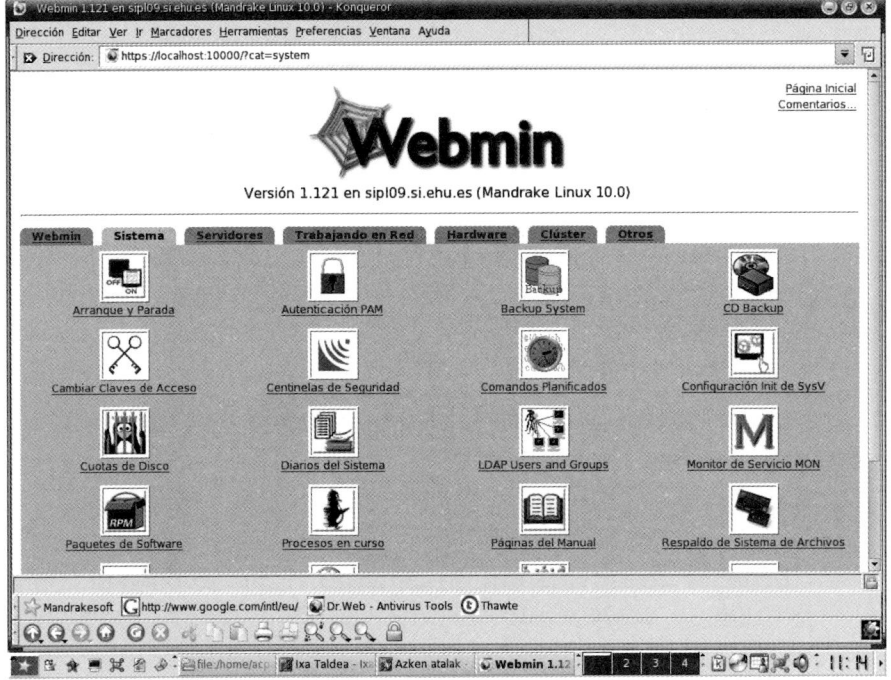

Figura 2.2
Activación de la pestaña *Sistema* del programa *webmin*.

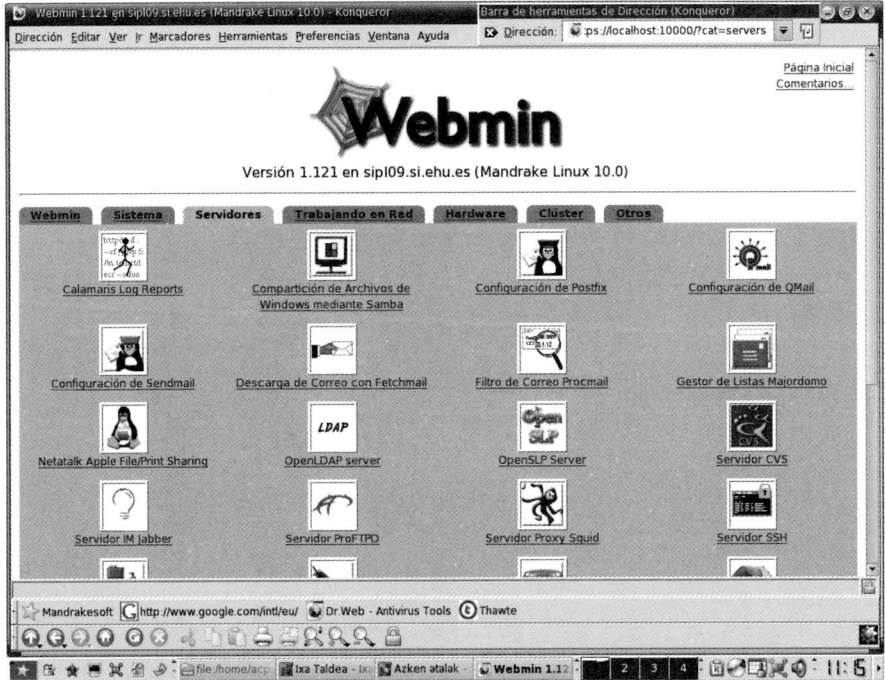

Figura 2.3
Activación de la pestaña *Servidores* del programa *webmin*.

pero la contraseña debe ser privada. Para no poner en peligro la seguridad, además de ser secreta, la contraseña debe ser fácil de recordar y difícil de adivinar, de tal modo que es conveniente evitar palabras que aparecen en los diccionarios o información relacionada con usuarios. Se recomienda combinar caracteres alfanuméricos con caracteres especiales (por ejemplo $ _ - / :) y que tenga una longitud mínima de ocho caracteres. Nunca se debe enviar una contraseña por correo electrónico.

Ya se ha señalado anteriormente que en *Linux* siempre existe una cuenta privilegiada que tiene por nombre *root*. Por razones de seguridad, se debe intentar utilizar lo menos posible esta cuenta. Además, al establecer su contraseña, si no se siguen los criterios para que sea difícil de adivinar, se pondrá en peligro tanto el sistema como la información de todos los usuarios.

Para crear nuevas cuentas se utiliza la cuenta *root*, aunque en la mayoría de las distribuciones también se permite crear algunas cuentas en la propia instalación. En el Capítulo 5 se explicará como crear nuevas cuentas.[1]

Tras el inicio del sistema *Linux*, se lanza un programa de conexión denominado *login* que solicita que se identifique con su nombre y contraseña. Recordemos que ésta es secreta y precisamente este es el motivo por el que, al introducir la contraseña, lo tecleado no se refleja en pantalla. A este modo del teclado se le denomina *sin eco*, y exige una atención especial al pulsar las teclas.

Se recomienda cambiar la palabra clave con cierta regularidad, sobre todo si es fácil de adivinar o cuando creemos que alguien puede conocerla. Para modificar la contraseña se dispone del comando *passwd*, que tras solicitar la contraseña actual (por seguridad), solicitará introducir la nueva dos veces, para evitar errores al teclear.

Tras el inicio de sesión se pone en marcha el programa de nombre *intérprete de comandos*. En este programa se invita a introducir comandos, mostrando para ello el símbolo $ para usuarios comunes y # para *root*. Sin embargo, este símbolo, denominado *prompt* puede ser sustituido por otro utilizando las variables de entorno, que se estudiarán en el Capítulo 4.

A partir de este momento trabajaremos con comandos, pero es importante recordar que al terminar debemos cerrar la cuenta utilizando *exit* o *logout*. Incluso al apagar la máquina, también deberemos cerrar la cuenta antes, ya que de lo contrario se puede dañar la información del disco.

2.4 Múltiples sesiones (consolas virtuales)

Linux, al igual que el resto de sistemas *Unix*, está preparado para trabajar en grandes computadores y servidores, por lo que admite más de una sesión de trabajo, o

---

[1] Si solo se dispone de la cuenta *root* se deberá recurrir a este capítulo para crear una nueva cuenta.

dicho de otro modo, es un sistema multipuesto. Cuando trabajamos en un PC, por lo general, no existirá la opción de conectar múltiples terminales. Sin embargo, estas conexiones pueden ser simuladas mediante las llamadas consolas virtuales.

De este modo, tras teclear una combinación de teclas, tecla *Alt* y otra entre *F1* y *F6*, se podrá acceder a uno de los seis terminales virtuales diferentes, en cada uno de los cuales se podrá ejecutar comandos (tras superar la fase de identificación). Normalmente, será suficiente con utilizar sólo uno de ellos, sin embargo no es mala idea utilizar uno como usuario normal y otro como administrador, recurriéndose al segundo cuando se necesiten permisos especiales. En este caso, el paso de un terminal a otro se realiza con la misma combinación de teclas antes mencionada.

Cuando trabajamos en modo gráfico, se utiliza el séptimo terminal. Así, para pasar del modo gráfico a la primera sesión alfanumérica, bastará con pulsar *Alt+F1*. Para volver al modo gráfico se utilizará la combinación *Alt+F7*.

2.5 Ejercicios

1. Utilizar las distintas consolas virtuales, cambiando de una a otra. Poner en marcha la interfaz gráfica utilizando el comando *startx*.[2]

2. Escribir un mensaje en el fichero */etc/motd* y comprobar que se lee al entrar en la cuenta.

3. Escribir un mensaje a todos los usuarios utilizando el comando *wall* (para ver el resultado será necesario abrir previamente varias consolas virtuales.

4. Cambiar la contraseña de la cuenta *root*, aplicando para la elección de la nueva los criterios mencionados.

---

[2] En función de la instalación de *Linux*, puede suceder que la interfaz gráfica se inicie automáticamente al encender el computador. La explicación se podrá encontrar en el Capítulo 7.

Capítulo 3

Sistema de ficheros y comandos básicos

En este capítulo

3.1 Sistema de ficheros **23**

3.2 Comandos básicos **26**

3.3 Búsqueda de ficheros **35**

3.4 Permisos y seguridad elemental **39**

3.5 Particiones y montaje **45**

3.6 Ejercicios **53**

En este capítulo se realiza un repaso de los conceptos básicos de *Linux* que todo usuario debería conocer, destacando los relacionados con el sistema de ficheros y comandos básicos. La mayoría de estos conceptos son elementales y se suponen conocidos, por lo que el repaso será breve, salvo en los aspectos relacionados directamente con la administración.

Quien proceda del mundo *Windows* deberá tener presente que en *Linux*, al nombrar ficheros y directorios se distinguen mayúsculas y minúsculas, por lo que es recomendable poner especial atención.

3.1 Sistema de ficheros

Tanto en *Linux* como en *Unix,* toda la información permanente accesible se monta sobre una única estructura de ficheros en árbol denominada sistema de ficheros. Por lo tanto, y a diferencia de los sistemas de *Microsoft* como MS-DOS o la familia *Windows,* aquí el nombre completo del fichero no incluye el dispositivo en que reside (p. ej. *C:*), sino que está compuesta por su recorrido en el único árbol que se forma con la integración de los ficheros de todos los dispositivos, es decir, el mencionado sistema de ficheros.

Mientras el computador está apagado, las unidades y particiones mantienen la información de sus propios ficheros y la estructura que forman internamente,

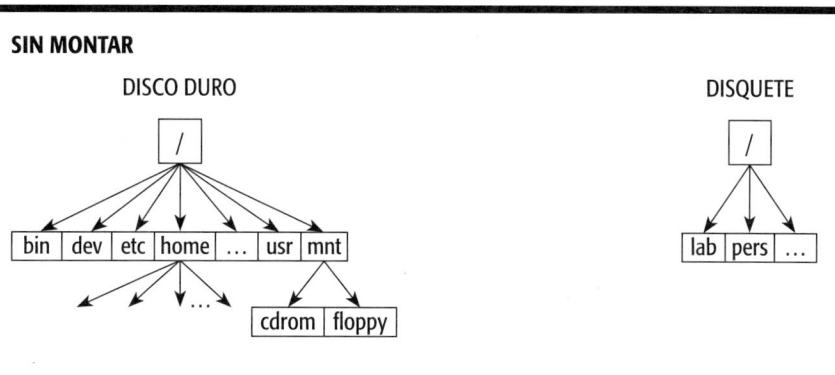
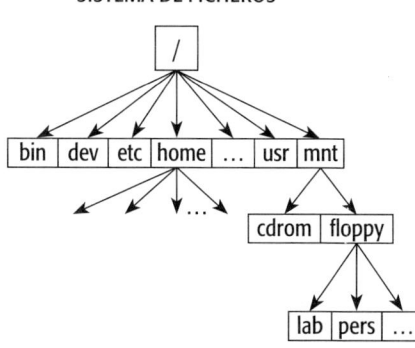

Figura 3.1
Formación del sistema de ficheros mediante montaje.

pero cuando el sistema se pone en marcha toda la información de esos dispositivos se combina y organiza en una única estructura en forma de árbol, denominada sistema de ficheros. En la creación de dicha estructura son fundamentales las operaciones de montaje llevadas a cabo por el comando *mount* y el fichero de configuración */etc/fstab*.

Por cada fichero que se crea se almacenan en el disco dos tipos de información, por un lado el contenido propio del fichero, y por otro su información de control o descriptor. El descriptor contiene el nombre del fichero, tipo, extensión, longitud, propietario e información de control, todo ello almacenado en una estructura que se conoce en el mundo *Unix* con el nombre de *i-nodo*. La información sobre el tipo, propietario, grupo, momento de creación y últimas actualizaciones y consultas, así como los derechos de acceso resultará fundamental para la gestión del sistema operativo.

Como veremos más adelante, la información de control contenida en el *i-nodo*, se puede consultar por medio del comando "*ls –l*", mientras que para visualizar el contenido se usarán los comandos *more* o *cat* (salvo para ficheros binarios o comprimidos). Cuando se inicializa un disco, partición o disquete se vacía y prepara tanto la zona de datos como la de descriptores. A esta operación se le suele llamar formatear y para ello existe el comando *mkfs*.

De todas formas, el concepto de fichero en *Unix* es especialmente extenso, ya que además de los ficheros comunes o archivos, también tienen entidad de fichero junto con su *i-nodo* asociado, otros elementos decisivos en la gestión del sistema como los siguientes:

- **directorios**: son conjuntos de ficheros que forman nodos en la estructura de árbol y cuyo fin es organizar la información. Como un directorio puede estar dentro de otro, para remarcar esta dependencia en ocasiones se habla de subdirectorio. Los subdirectorios, o directorios, como se prefiera, se crean por medio del comando *mkdir*; y los ficheros contenidos en el directorio se pueden consultar con el comando *ls*. Para facilitar el trabajo el sistema suele gestionar un directorio actual o de trabajo, que mediante el comando *cd* iremos cambiando de un directorio a otro. Un directorio, además de identificar el conjunto de ficheros contenidos directamente en él, también identifica el subsistema de ficheros formado por todos los subdirectorios y ficheros que jerárquicamente dependen de él en el árbol.
- **enlaces**: en ocasiones puede resultar interesante que un fichero o directorio se encuentre disponible desde varios puntos del árbol de ficheros, como por ejemplo en el caso de ficheros compartidos. Esta función se logra mediante los denominados enlaces, creados con el comando *ln*. Aunque seguiremos utilizando el concepto de árbol de ficheros, la utilización de enlaces lo modifica, formando una estructura de red.
- **ficheros especiales de dispositivo**: son ficheros descriptores de dispositivos de E/S, que suelen residir en el directorio */dev*. Como se verá en el Capítulo 8, forman el vínculo entre el hardware y el software correspondiente al dis-

positivo, ya que indirectamente hacen referencia al programa de manejo de dispositivo o *driver*. Si un dispositivo se puede usar de varios modos o formatos tendrá un fichero especial que describa cada uno de ellos. Para generar ficheros especiales se utiliza el comando *mknod*.

- **otros**: existen otros tipos de fichero admitidos por el sistema operativo, como los *FIFO* para comunicación interna entre programas, los *sockets* para la comunicación a través de la red, etc.

Al denominar un fichero, es fundamental conocer su ubicación en el árbol de ficheros del sistema, ya que su nombre quedará formado por el camino que haya que recorrer dentro del árbol. Para señalar dicho camino se puede recurrir a las siguientes referencias, en función de la necesidad o comodidad:

- **directorio actual o de trabajo**: como hemos mencionado anteriormente, dentro del entorno de trabajo se mantiene un directorio de trabajo por cada sesión, también llamado directorio actual o por defecto. El comando *cd* permite cambiarlo y *pwd* visualizarlo. Si el nombre del fichero no empieza por los caracteres / o ~, entonces la denominación se refiere a este directorio y se habla de *camino relativo*. Por ejemplo, los nombres *fich*, *dir1/fich2*, *./fich3* o *../dir2/fich4* son caminos relativos (el carácter punto indica el directorio actual[1] y la secuencia de dos puntos el directorio inmediatamente superior llamado directorio padre).

- **directorio raíz**: se representa por el carácter barra (/) y es el directorio raíz único del sistema de ficheros. Cuando a un elemento se le hace referencia de este modo (su nombre comienza con carácter /) se habla de *camino absoluto* y en ese caso el directorio actual no se tiene en cuenta. Por ejemplo el fichero */etc/fstab* representa el camino absoluto del fichero *fstab*.

- **directorio raíz de la cuenta**: cada cuenta tiene creado y asignado un directorio raíz personal que será el directorio actual cada vez que comience a trabajar tras abrir una sesión. Los *caminos relativos a cuenta* empiezan por el carácter ~ y puede ir seguido por el nombre de la cuenta. Si no lleva nombre se supone el directorio raíz de la propia cuenta de la sesión. Por ejemplo, el camino *~/fich* indica el fichero *fich* del directorio raíz de la propia cuenta y el nombre *~user1/fich2* el fichero *fich2* del directorio raíz de la cuenta *user1*.

Dentro de los caminos, bien sean absolutos o relativos, el carácter / es un separador que indica un descenso en el árbol de ficheros. De este modo, todos los nombres que se encuentran a la izquierda de este carácter serán directorios. Como se ha señalado previamente, en cualquier directorio del sistema de ficheros el carácter **.** indicará el propio directorio y la secuencia de dos puntos **..** el directorio superior.

En la Figura 3.2 se indican los caminos absolutos de los directorios más representativos y utilizados en los sistemas *Linux*.

---

[1] En principio *fich* y *./fich* son totalmente equivalentes por lo que, por economía se usa el primero. Sin embargo en ciertos casos nos veremos obligados a usar el punto para hacer referencia al directorio actual, como veremos en un ejemplo más adelante.

Figura 3.2
Directorios principales en *Linux*.

/	directorio raíz, a veces aquí reside el ejecutable de *Unix*, pero en algunas distribuciones reside en el directorio */boot*.
/bin	comandos básicos.
/home	directorio de donde cuelga la información de las cuentas de usuario.
/dev	definición de dispositivos por medio de ficheros especiales.
/etc	información de administración y configuración.
/sbin y */usr/sbin*	ejecutables para poner en marcha el sistema.
/mnt	directorio para montaje de unidades intercambiables (disquetes, CD, memorias *flash*...).
/tmp	ubicación de ficheros temporales.
/usr	información de las aplicaciones y comandos.
/usr/bin	comandos y ejecutables (complementario del directorio */bin*).
/usr/doc	documentación de las aplicaciones; en algunas distribuciones en el directorio */usr/share/doc*.
/usr/include	ficheros de cabecera de programas C.
/usr/lib	librería estándar de C y otras librerías; en algunas distribuciones es el directorio */lib*.
/usr/lib/X11	elementos del sistema X, imprescindible para la representación gráfica en pantalla, en algunas distribuciones puede estar en. */usr/X11R6/lib*.
/usr/local	software propio de la instalación, como por ejemplo aplicaciones propias.
/usr/man	información de consulta, manuales.
/usr/src	programas fuente de *Linux*.
/usr/adm	información de contabilidad.
/usr/tmp	ampliación para el directorio */tmp*.
/usr/share	ubicación para datos de aplicaciones.
/opt	en algunas distribuciones software opcional.
/var	información propia de los servidores, que podrán escribir ahí.
/var/log	ficheros de *log* o bitácora.
/var/spool	ubicación para diferentes subdirectorios correspondientes a trabajos periódicos o procesos retardados que conllevan colas: *at, cron, lpr*...

3.2 Comandos básicos

Como es evidente y ya se ha dicho, para ser un buen administrador es imprescindible conocimiento y pericia en el uso del sistema como usuario. Para ello, es fundamental, además, una ágil y segura utilización de los comandos básicos de *Unix* y, por lo tanto, de *Linux*. Aunque ya se han nombrado algunos de los comandos habituales en esta sección se hace un repaso de los comandos imprescindibles, siempre de forma resumida y con la ayuda de ejemplos. Para un conocimiento más detallado de los mismos nada mejor que ponerse delante del computador y recurrir a los comandos de ayuda *man* y *apropos*.

3.2.1 Formato de los comandos y metacaracteres

La forma general de escribir los comandos es la siguiente:

```
comando [opciones] parametro1 parametro2 ...
```

Las opciones aparecen entre corchetes porque pueden no necesitarse y el número de parámetros variará en función del comando, pudiendo incluso ser opcionales.

La mayoría de los comandos presuponen una entrada de datos por el teclado y una salida por la pantalla, compuesta esta última por dos tipos de información, resultados y errores. Por este motivo se dice que la entrada estándar es el teclado y la salida y error estándares la pantalla. La combinación de teclas *Ctrl-D* se utiliza para indicar fin de fichero cuando se introducen los datos desde el teclado.

Además de los elementos enunciados en el formato general de los comandos, también pueden aparecer caracteres especiales que modifiquen el comportamiento de los comandos o programas que se ponen en ejecución:

- < indica redirección de la entrada estándar al fichero que se especifica a continuación.
- > sirve para redireccionar la salida estándar a un fichero, por lo que los resultados no se verán en la pantalla.
- >> se usa cuando los resultados se quieren redireccionar a un fichero ya existente añadiéndolos al final.
- << se usa en los ficheros de comandos o *scripts*, cuando los datos de entrada de un comando se quieren especificar a continuación en lugar de tenerlos que teclear o tomarlos de otro fichero.
- 2> redirecciona los mensajes de error, para que no se intercalen con los resultados. Por lo tanto hay distintas opciones: redireccionar la salida, los errores o ambos.
- & no tiene nada que ver ni con la entrada ni con la salida. Indica que mientras esté en marcha el comando ejecutado se quieren introducir nuevos comandos (*véase* Sección 3.2.10). En terminología de sistemas, a los programas que se ponen en marcha así, se les denomina *tareas de segundo plano* o *tareas de fondo* (*background* en inglés), y suelen corresponder a tareas pesadas que exigen mucho tiempo de ejecución o que abren nuevas ventanas en entornos gráficos (p. ej., cuando se pone en marcha el navegador).
- | en la jerga *Unix* se le denomina *pipe*[2] o tubería y sirve para conectar dos comandos, de tal modo que la salida estándar del comando de la izquierda sea la entrada estándar del de la derecha. Con ello se evita la creación de ficheros temporales y se gana en velocidad ya que los comandos se ejecutan concurrentemente.

Los mecanismos de redirección son muy interesantes para las tareas de administración, ya que permiten el almacenamiento permanente de mensajes de los programas, muy útil para tareas de control y verificación.

Volviendo a los parámetros de los comandos, en ocasiones se desea hacer referencia a varios ficheros de nombre similar. Para facilitarnos la tarea el sistema

---

[2] Ninguna de las traducciones este termino ha tenido una aceptación rotunda por lo que como en otros casos, *script* por ejemplo, utilizaremos el nombre original.

ofrece los *metacaracteres* y que básicamente son símbolos que ayudan a aumentar la expresividad. También se usan cuando no recordamos el nombre de los ficheros o directorios y queremos buscarlos. He aquí los más utilizados:

- *   sustituye a cualquier secuencia de caracteres. Por lo tanto la expresión *.c indica cualquier fichero de tipo *c* del directorio.
- ?   sustituye a cualquier carácter. Por ejemplo, la expresión *fich?* representa todos los ficheros del directorio cuyo nombre empieza por *fich* y tienen un nombre de cinco caracteres, como por ejemplo *fich2* o *fichk*.
- [ ] sirve para indicar un carácter posible entre varias opciones. Así la expresión *prog.[hc]* indica los ficheros *prog.h* y *prog.c* si es que existen en el directorio.

Otro aspecto que genera complicación en los parámetros de los comandos es el uso de las comillas. En general no hace falta utilizarlas, pero en algunos casos, especialmente en los ficheros de comandos o *scripts* (*véase* Anexo B), su uso será necesario y habrá que elegir entre tres tipos de comillas, simples, dobles e inversas:

- "   se usa para expresar constantes. En su interior se pueden utilizar caracteres especiales (como \n, para indicar fin de línea) o variables.
- '   es similar a la doble comilla pero difiere en la interpretación del carácter de escape \, ya que usando comilla simple se hace la interpretación uniéndolo al siguiente. Así la expresión '\ *' indica dos caracteres, el blanco seguido del asterisco.
- `   se usa para delimitar un comando dentro de una expresión y, en este caso, conlleva una semántica totalmente distinta, ya que será sustituido por lo que produzca la ejecución del comando por la salida estándar.

En los ejemplos posteriores y en el Anexo B se utilizarán los distintos tipos de comillas.

3.2.2 Primeros comandos

A continuación se describen ciertos comandos básicos orientados a buscar información de ayuda y a visualizar ficheros.

3.2.2.1 Consulta de comandos

Para consultar opciones y características de los comandos existen dos comandos auxiliares: *man* y *apropos*.

```
man comando
apropos palabra
```

Ambos consultan el manual de ayuda *on-line* pero, mientras que en el primero se debe conocer el nombre del comando, en el segundo será suficiente con hacer referencia a alguna palabra relacionada.

3.2.2.2 Contenido de ficheros

Para consultar la cabecera de un fichero, es decir, sus primeras líneas, se dispone del comando *head*. Sin opciones imprime las 10 primeras líneas, pero se puede indicar otro número de líneas.

```
head fich1
head -100 fich1   # 100 primeras líneas
```

Al igual que en el caso de la cabecera, también es posible consultar la cola o conjunto de últimas líneas de un fichero. Para ello utilizaremos el comando *tail*.

```
tail -100 fich1   # últimas 100 líneas
tail +50 fich1    # líneas posteriores a las primeras 50
```

Para ver cómodamente el contenido del fichero por la pantalla existen los comandos *more* y *less*. *more* es el comando estándar en *Unix*, pero *Linux* nos ofrece *less*, que es más flexible a la hora de moverse por el contenido del fichero. En ambos se pueden usar expresiones regulares (*véase* Anexo C) para buscar un contenido concreto.

```
more fich1
less fich2
```

El comando *cat* también nos muestra el contenido completo de un fichero. Sin embargo, redireccionando la salida estándar, también puede utilizarse para concatenar varios ficheros en uno solo.

```
cat fich1                          # ver en pantalla fich1
cat fich1 fich2 fich3 >fich_total  # encadenar fich1, fich2 y fich3
                                   # y guardar en fich_total
```

3.2.3 Manejo de ficheros: copia, cambio de nombre, borrado, impresión...

Copia de ficheros: *cp*. Se deben especificar dos parámetros, el fichero fuente y el nombre de la copia. Si en el segundo parámetro se especifica un directorio, se copiará el fichero a ese directorio manteniendo el nombre corto, pero no su camino absoluto, como es lógico.

```
cp fich1 fich2    # copia con otro nombre
cp fich1 dir      # copia en otro directorio
```

Renominación de ficheros o cambio de ubicación: *mv*. En ambos casos modifica el camino absoluto; si el segundo parámetro es un directorio cambia de ubicación y si es un fichero tan solo cambia su nombre. A diferencia del comando *cp* no se produce un nuevo fichero.

```
mv fich1 fich2    # renombrar
mv fich1 dir      # mover fich1 a dir
```

Borrado de ficheros: *rm*. Se debe usar con cuidado ya que, en principio, no se podrá recuperar. Se recomienda el uso de la opción *-i* para que el sistema pida confirmación. Se pueden utilizar metacaracteres como *.

```
rm fich
rm -i *          # borrar todos los ficheros del directorio actual
                 # pidiendo confirmación
```

Creación de enlaces: *ln*. El comando *ln* (proviene del término inglés *link*) permite añadir enlaces a un fichero, de tal modo que crea nuevos caminos absolutos para llegar a dicho fichero. Aunque no crea copia del fichero, para borrarlo habrá que eliminar sus dos enlaces, por lo que en principio se necesitarán dos comandos *rm*. Los directorios también se pueden enlazar pero solo de forma *soft*, es decir, creando un fichero intermedio de enlace, para lo que se debe usar la opción *-s*.

```
ln fich_viejo fich_nuevo
ln -s dir_viejo dir_nuevo
```

Preparación de ficheros para su impresión: *pr*. Da formato al fichero para su impresión dividiéndolo en páginas o columnas.

```
pr fich
```

Impresión de ficheros: *lpr*. La impresión se realiza de modo diferido (*spooling*), ya que *Linux* es un sistema multipuesto. Por lo tanto, se copiará temporalmente en un fichero del sistema y se imprimirá cuando la impresora se encuentre libre, intervalo de tiempo durante el cual se podrán ejecutar otros comandos. Cuando se dispone de varias impresoras, la opción *-P* permite especificar el nombre de una de ellas.

```
lpr fich1              # en la impresora por defecto
lpr -Plaser fich2      # en la impresora de nombre láser
```

Consulta de la cola de impresión: *lpq*

```
lpq -Plineas           # cola de impresora de nombre lineas
```

Edición de ficheros: *vi, emacs, pico...*

Los pormenores de estos editores quedan fuera del ámbito de este libro. En cualquier caso, si no se conoce ninguno, el uso de *emacs* en entornos gráficos es extremadamente sencillo.

3.2.4 Ejemplos

En este caso, y a diferencia de los ejemplos posteriores, no se recomienda probar los ejemplos en el computador, ya que los ficheros seguramente no existirán.

- Eliminar todos los ficheros del tipo *txt*:

```
rm *.txt
```

- Encadenar y mostrar en la pantalla todos los ficheros cuyos nombres (sin extensión) tengan una longitud de cuatro caracteres, comiencen por *frec* y sean de tipo *txt*:

```
cat frec?.txt
```

- Imprimir *frec1*, *frec2* y *frec3*:
    ```
    lpr frec[1-3].txt
    ```
- Copiar el fichero *fich1* con el nombre *fich2* (en dos modos distintos):
    ```
    cp fich1 fich2
    cat fich1 >fich2
    ```
- Obtener la 20 primeras líneas del fichero *fich1* y acumularlas en el fichero *cab*:
    ```
    head -20 fich1   >>cab
    ```
- Guardar el manual de consulta del intérprete de comandos *sh* en el fichero *lis1* y, mientras tanto, poder seguir trabajando (tarea de segundo plano):
    ```
    man sh >lis1 &
    ```
- Obtener las 150 primeras líneas del fichero *fich1* e imprimirlas en dos columnas:
    ```
    head -150 fich1   |  pr -2  |  lpr
    ```

3.2.5 Comandos para manejo de directorios

Aunque conceptualmente un directorio es un conjunto de ficheros, en *Unix* es tratado como un tipo de fichero, razón por la que también tiene *i-nodo* o descriptor asociado. Sin embargo, también existen comandos especiales para el manejo de los directorios.

Visualización del directorio actual: *pwd*.

```
pwd
```

Modificación del directorio actual: *cd*. Es un comando muy utilizado, ya que nos permitirá caminos relativos más sencillos.

```
cd   direc
```

Creación de un subdirectorio: *mkdir*.

```
mkdir   direc
```

Eliminación de un subdirectorio: si está vacío *rmdir*. En cambio, si el directorio no se encuentra vacío tenemos dos opciones. La primera consiste en borrar su contenido (ficheros, subdirectorios…) y ejecutar después *rmdir*. Como segunda opción disponemos del comando "*rm –r*", que borra de modo recursivo todo el subsistema de ficheros que depende del directorio en cuestión. En este último caso se debe proceder con suma cautela, ya que si especificamos un subdirectorio equivocado las consecuencias pueden ser desastrosas.

```
rmdir   direc
rm -r   direc         # ¡CUIDADO!: borra de modo masivo
```

Lista de los ficheros de un directorio: *ls*. Si no se especifica directorio se hará una lista con los elementos del directorio actual. Si, además de los nombres, se quieren obtener otras características de los ficheros, se puede utilizar la opción *-l*. Con la opción *-a* se obtienen también los ficheros ocultos, que en *Unix* empiezan con el carácter punto.

```
ls -l direc          # información completa
ls -a                # todos los ficheros, incluyendo invisibles
```

A continuación se detallan las características que se obtienen por medio del comando "*ls –l*":

- tipo de fichero: indica uno de los siguientes tipos de ficheros:[3] fichero común (-), directorio (*d*), fichero especial de bloques (*b*), fichero especial de caracteres (*c*), enlace software (*l*), FIFO (*f*), *socket* (*s*)...
- información de protección: un conjunto de 9 caracteres refleja el valor de los 12 bits que el sistema mantiene para gestionar la protección del fichero y que se conoce como *control de acceso*. Los 9 caracteres se agrupan en tres grupos (propietario, grupo, resto) de tres valores correspondientes a tres operaciones: lectura (*r*), escritura (*w*) y ejecución (*x*). Se puede consultar más información sobre gestión de protecciones en la Sección 3.4.
- número de enlaces: aunque normalmente es uno, en los ficheros compartidos (por enlaces) y en los directorios el valor suele ser mayor.
- propietario: identificación del usuario que ha creado el fichero. Este identificador es el mismo que se usa para entrar en la sesión de trabajo.
- grupo: grupo de trabajo correspondiente al propietario. Si el propietario pertenece a varios grupos se le asigna uno de ellos, como se verá en el Capítulo 5.
- tamaño: ocupación de los datos del fichero en bytes.
- fecha: momento en que se hizo la última actualización del fichero.
- nombre: nombre corto de los ficheros (de cualquier tipo) del directorio, además de dos nombres especiales ya comentados: . para el directorio actual y .. para el directorio superior, denominado padre.

3.2.6 Ejemplos

- Crear el directorio *prueba*:

    ```
    mkdir prueba
    ```

- Copiar el contenido de los ejecutables de *head* y *tail* del directorio */usr/bin* al directorio *prueba*:

    ```
    cp /usr/bin/head prueba
    cp /usr/bin/tail prueba
    ```

---

[3] El valor que se detalla entre paréntesis es el que se obtiene con el comando.

- Establecer el directorio *prueba* como directorio actual:
  ```
  cd prueba
  ```
- Comprobar el directorio actual:
  ```
  pwd
  ```
- Crear el subdirectorio *subd* dentro de *prueba*:
  ```
  mkdir subd
  ```
- Enumerar los ficheros contenidos, con su información de control, en el directorio actual:
  ```
  ls -la
  ```
- Consultando el Anexo B podríamos preparar el siguiente *script* para enumerar los ficheros de forma más legible:
  ```
  ls -l | tail +2[4] |
      while read TIPO ENL USU GRUPO LONG MES DIA HORA NOMBRE
      do
              echo "_____"
              echo "nombre  : $NOMBRE"
              echo "usuar.  : $USU"
              echo "grupo   : $GRUPO"
              echo "mes     : $MES"
              echo "dia     : $DIA"
              echo "enlaces: $ENL"
              echo "tipo    : $TIPO"
              echo "long.   : $LONG bytes"
      done
  ```

3.2.7 Otros comandos para la gestión de ficheros

Para obtener mensajes por pantalla: *echo*. Solo se suele utilizar en los *script*s y a fin de obtener información sobre la ejecución de los comandos.

Ordenación del contenido de un fichero línea a línea: *sort*.

```
sort fich
sort -nr fich   # n - clasificación numérica, r - orden inverso
sort +2 fich    # la clave de ordenación es el segundo campo(palabra)
```

Eliminación de líneas repetidas contiguas: *uniq*. Se suele usar tras el comando *sort* y con la opción *-c* sirve para contar las líneas repetidas.

```
uniq -c fich    # eliminar líneas repetidas y contar cada tipo
```

---

[4] De este modo eliminamos la cabecera que incluye el comando *"ls –l"*.

Cálculo del número de líneas, palabras y caracteres de un fichero: *wc*. Si solo nos interesa el número de líneas especificaremos la opción *-l*.

```
wc fich
wc -l fich          # contar solo líneas
```

Diferencias entre ficheros: *comm* (clasificados) y *diff*. Son muy utilizados para comparar distintas versiones de programas o datos y obtener las diferencias.

```
diff fich1 fich2
```

Duplicación de la salida estándar: *tee*. Es útil cuando, dentro de una cadena de *pipes*, se quiere guardar el contenido de un paso intermedio; por ejemplo, cuando se está probando un *script*.

Para crear un fichero vacío o cambiar la fecha/hora de los existentes: *touch*.

```
touch fich              # crear fichero vacío
touch -m mmddhhnn fich  # cambio de fecha de actualización:
                        # mes (mm), día (dd), hora (hh), minuto (nn)
```

Filtros para cambios en el contenido de los ficheros. Para cambio de caracteres: *tr*. Para cambios de secuencias: *sed*. Son comandos complejos, sobre todo el segundo, que admite expresiones regulares.

```
tr car1 car2 <fich        # sustituir el carácter car1 por car2
sed 's/st1/st2/g' <fich   # El string st2 sustituye al st1
```

3.2.8 Ejemplos

- Ordenar el fichero *fich* y eliminar las líneas repetidas:

  ```
  sort fich | uniq
  ```

- Ver por la pantalla los detalles de los ficheros del directorio y guardar esa información en el fichero *copia*:

  ```
  ls -l | tee copia | more
  ```

- A partir de un fichero queremos obtener otro de nombre *pal* en el que haya una palabra en cada línea, para posteriormente contar cuántas veces aparece cada palabra y el número total de palabras. Además queremos clasificar las palabras por su frecuencia, las más frecuentes las primeras.

  ```
  tr ' ' '\012'< fich >pal      # sustituir blancos por fin de línea
  sort pal | uniq -c | sort -nr
  echo TOTAL: `wc -l pal`       # recordar `com` resultado ejecución
  ```

3.2.9 Ficheros de comandos

Como se ha comentado anteriormente, las líneas de comandos se pueden almacenar en ficheros con el objetivo de crear nuevas funciones que encadenen la ejecución, a veces condicional o iterativa, de ciertos comandos. Estos ficheros de comandos se denominan *script*s y en ellos se permiten, como se explica en el Anexo B, características de los lenguajes de programación como variables, estructuras condicionales e iterativas, etc. La escritura de *scripts* (se conoce con el término de *scripting*) es una de la habilidades fundamentales para la administración eficiente de sistemas.

3.2.10 Ejecución concurrente

Cuando el tiempo de ejecución de un comando es largo y, además, no necesita interacción desde el teclado, conviene poder introducir nuevos comandos durante la ejecución del comando anterior. Se da la misma situación cuando el nuevo comando abre una nueva ventana para su propia interacción. En estos casos se recomienda ejecutar el comando de un modo especial, denominado *concurrente* y que permitirá seguir ejecutando otros comandos sin necesidad de que el primero haya terminado. A los procesos ejecutados de este modo se les denomina tareas de *segundo plano*, *de fondo* o tareas pesadas (*background* en inglés, en contraposición a *foreground* o tareas de primer plano). Como ya se ha señalado, para conseguir que un comando se ejecute concurrentemente, es decir, que sea tarea de fondo, se añade el carácter & al final de la línea de comando.

Si la tarea concurrente no abre una nueva ventana, habrá que evitar que escriba por la pantalla, ya que en ese caso se mezclarían sus mensajes con los de las siguientes tareas a ejecutar. Por este motivo, si es necesario, se redireccionarán la salida y error estándares usando los caracteres especiales > y *2>*, seguidos por los nombres de los ficheros donde se guardarán esas informaciones.

En los sistemas de ventanas como *gnome* o *KDE*, ciertos comandos abren nuevas ventanas por lo que si se quiere seguir introduciendo nuevos comandos habrá que pedir su ejecución concurrente, aunque en este caso no hará falta redireccionamiento alguno ya que la salida estándar será automáticamente la ventana creada. Así, cuando desde la línea de comandos se quiere editar un fichero con el programa *emacs*, se realizará del siguiente modo:

```
emacs fich &
```

3.3 Búsqueda de ficheros

Para una administración eficiente es necesario conocer detalladamente la ubicación de los distintos ficheros. De todas formas, además de las herramientas gráficas de *gnome* o *KDE*, *Linux* nos ofrece herramientas para localizar ficheros cuando desconocemos o hemos olvidado su ubicación. Para la búsqueda de ficheros hay dos criterios básicos: información de control o contenido. La búsqueda más habitual se hace en función de las características o atributos de los ficheros como nombre, tamaño, tipo, extensión, fecha de creación, modificación, etc.; y para ello se dispone del comando *find*. Sin embargo, hay veces que lo único que sabemos de lo que buscamos es el contenido y, en ese caso, el comando *grep*, a veces combinado con el *find*, nos servirá de ayuda.

3.3.1 Comando *find*

Es el comando básico para la localización de ficheros. Además de buscar, con este comando se puede aplicar el mismo comando o programa a distintos ficheros, sin necesidad de un *script* complicado.

El comando *find* necesita 3 parámetros: raíz de la búsqueda (directorio desde el que se inicia la búsqueda recursiva), características de la búsqueda y acción ejecutar.

```
find raíz características acción
```

El primer parámetro es un directorio que define la raíz del subárbol de búsqueda, es decir, el subsistema de ficheros objeto de la búsqueda; /, por ejemplo, indica todo el sistema de ficheros. Buscar en todo el sistema de ficheros no es recomendable, ya que puede resultar muy lento, por lo que se recomienda intentar limitar la búsqueda indicando un directorio más preciso. Así, suele ser habitual especificar */usr* cuando se busca información sobre aplicaciones, */home* para información de los usuarios, */etc* para la configuración o el directorio raíz de una persona concreta si se busca entre sus datos.

Aunque el nombre del fichero, o parte de él, es el criterio básico de muchas búsquedas, en el segundo parámetro también se puede especificar como criterio de búsqueda cualquiera de las otras características del descriptor de ficheros. Las más utilizadas son las siguientes (se indican junto con la palabra clave que se debe indicar al utilizarlas):

- nombre del fichero: `-name fich`
- tipo de fichero: `-type tipo`
- tamaño: `-size n`
- propietario: `-user prop`
- permisos o derechos de acceso: `-perm permiso`
- momento de la última actualización: `-mtime tiempo`
- comparación con la fecha de otro fichero: `-newer fich`

Además, como se tratará posteriormente, esos criterios pueden ser combinados para localizar ficheros que cumplan varios criterios.

Cuando no se conoce el nombre exacto pero sí parte de él, por ejemplo, el comienzo o la extensión, se pueden utilizar los metacaracteres que se han descrito previamente. Así, si se sabe que el nombre empieza por *prog* y es de extensión *txt*, el criterio de búsqueda que se puede especificar es "*-name prog*.txt*".

También puede ocurrir que el tamaño no se conozca con exactitud, pero sí una aproximación. Para este caso se da la opción de especificar un tamaño mínimo o máximo, mediante los símbolos + (mayores de) y - (menores de) respectivamente.

Por ejemplo, el criterio "–size +100k" señala los ficheros de tamaño mayor o igual a 100 kbytes mientras que "-size -10k" ficheros de menos de 10. Cuando no se indique signo alguno, se estará indicando un tamaño exacto, criterio de búsqueda que no suele resultar útil. La unidad por defecto para indicar el tamaño es el bloque (por defecto de 512 bytes) pero también se puede indicar c para que la unidad sea el byte, o k, como en el ejemplo anterior, para que sea un kilobyte.

Con respecto al resto de criterios, tan solo hay que señalar que los signos + y -, muy útiles al buscar por tamaño, también se utilizarán al buscar por tiempos o permisos.

El tercer parámetro del comando *find* indica la acción que se debe realizar con los ficheros encontrados. La más habitual es mostrar el camino absoluto de cada fichero encontrado. Para ello bastará indicar *–print* (no suele ser necesario, ya que es la opción por defecto). Si deseamos visualizar el resto de características de cada fichero, se deberá utilizar la opción *–ls*.

Además de visualizar la ubicación y características, también se puede ejecutar cualquier programa o comando por cada fichero encontrado, como por ejemplo, borrarlo, cambiarlo de ubicación o someterlo a un proceso determinado. Para ello se debe especificar el siguiente patrón en el parámetro *acción*:

```
-exec comando {} \;
```

donde las llaves indican cada fichero encontrado. Como el comando puede tener parámetros asociados, se utiliza la combinación de caracteres \; para delimitarlos.

3.3.2 Ejemplos

- Buscar dentro de la cuenta propia un fichero de nombre *especial*:

  ```
  find ~ -name especial -print
  ```

- Dentro del directorio actual localizar todos los ficheros fuentes de C:

  ```
  find . -name '*.c' -ls        # nombre y características
  ```

- Buscar todos los ficheros de nombre *core*[5] y borrarlos:

  ```
  find / -name core -exec rm {} \;
  ```

- Búsqueda de ficheros propios con permiso de ejecución para cualquier usuario (*véase* Sección 3.4):

  ```
  find $HOME -perm -002 -ls
  ```

- Localización dentro de los ficheros de la cuenta los ficheros de texto que ocupen menos de 10 kB:

  ```
  find ~ -name '*.txt' -size -10k -ls   # combinando criterios
  ```

---

[5] Los ficheros de nombre *core* se generan cada vez que la ejecución de un programa ejecutable falla. Estos ficheros se generan para la depuración de los programas, pero suelen ser muy largos y poco utilizados, por lo que suele borrar para recuperar espacio libre en el disco.

- Buscar dentro del directorio *tmp* los ficheros que no se han modificado en la última semana, contarlos, hacer una lista y borrarlos.[6]

```
find /tmp -mtime +7 -print >tmp        # buscar y guardar los nombres
find /tmp -mtime +7 -exec rm {} \;     # buscar y borrar
echo "ficheros borrados:"
cat tmp
echo "numero de ficheros:" `wc -l tmp`
rm tmp
```

3.3.3 Comando *grep*

Cuando se pretenda buscar en el contenido de un fichero, en lugar de por sus características (*véase* Sección 3.3.1), se utilizará la familia de comandos *grep*, en la que se encuentran el propio *grep*, *egrep* y *fgrep*. En estos comandos se pueden indicar expresiones regulares para especificar el contenido a buscar. Estas expresiones pueden resultar complejas, por lo que se ha optado por exponerlas en el Anexo C. En este apartado tan solo se examinarán unos cuantos ejemplos.

El formato de estos comandos es el siguiente:

```
grep patrón conjunto-de-ficheros
```

En el parámetro *patrón* se indica la constante o expresión regular que expresa la cadena de texto a buscar en los ficheros y se denomina *patrón de búsqueda*. El segundo es un fichero o conjunto de ficheros expresado por medio de metacaracteres. Si se desea buscar de modo recursivo en un árbol, entonces habrá que combinar los comandos *grep* y *find*, de tal modo que se ejecute *grep* sobre los ficheros encontrados por *find*. La opción *-v* permite obtener los ficheros que no siguen el patrón.

3.3.4 Ejemplos

- Buscar las líneas que contienen la variable (cadena de texto) *cociente* entre todos los ficheros del directorio actual que son programas o cabeceras en lenguaje C:

```
grep -n 'cociente' *.[hc]
```

- Búsqueda de las líneas de cinco o más caracteres dentro del fichero *fich*:

```
grep '.....' fich          # . Cualquier carácter
```

---

[6] El comando *touch* se puede utilizar para preparar ficheros que cumplan las condiciones de tiempo y probar el ejemplo.

- Obtener en un nuevo fichero las líneas del fichero *fich* que no empiezan por una cifra:

    ```
    grep -v '^[0-9]' fich >fich_selec          # ^ inicio-de-línea
    ```

- Buscar todos los ficheros del directorio actual que contengan la palabra *Linux*:

    ```
    grep 'Linux' *
    ```

- Hacer lo mismo que en el ejercicio anterior pero para todo el árbol de ficheros que define el directorio *dir*:

    ```
    find dir -exec grep ´Linux´ {} \;
    ```

- *script* para calcular el número de ficheros de cada tipo en un directorio que se pasa como parámetro (o para el directorio raíz si no hay parámetros):

    ```
    if [ "$#" -eq 0 ]
    then
      ls -l ~ >tmp
    else
      ls -l $1 >tmp
    fi
    echo `grep '^d' tmp | wc -l` directorios
    echo `grep '^-' tmp | wc -l` ficheros
    echo `grep '^p' tmp | wc -l` pipes
    echo `grep '^l' tmp | wc -l` enlaces soft
    echo `grep '^c' tmp | wc -l` dispositivos caracteres
    echo `grep '^b' tmp | wc -l` dispositivos bloques
    rm tmp
    ```

3.4 Permisos y seguridad elemental

En el sistema de ficheros los objetivos básicos de la seguridad son la integridad y la confidencialidad. Aunque las tareas de administración son fundamentales para conseguir estos objetivos, los usuarios también deben colaborar siguiendo una correcta política de protección de sus ficheros y directorios así como una gestión adecuada de su clave de acceso. Además, la confidencialidad puede ser incrementada mediante programas de cifrado como PGP y con gestión y uso de certificados. De momento pasamos a describir los mecanismos elementales de protección en *Unix*: los permisos o derechos de acceso.

3.4.1 Permisos de acceso

12 bits del *i-nodo* son los encargados de gestionar el acceso a los ficheros, de los cuales 9 son los utilizados normalmente. Esos 9 bits se agrupan en tres grupos (propietario, grupo, resto) correspondientes a tres operaciones: lectura, escritura y

ejecución. Todos estos permisos los establece cada usuario para sus ficheros, pero puede dosificar sus propios derechos de acceso, los de los miembros de su grupo (recordemos que en *Unix* las cuentas se agrupan en grupos de trabajo) y los del resto. Lo más habitual será que cada usuario limite los derechos del resto, e incluso de su grupo. Aunque puede parecer poco razonable restringir sus propios permisos, en ocasiones puede resultar interesante, como por ejemplo limitar su escritura con el fin de evitar borrados accidentales.

Para manejar y visualizar estos bits se suelen utilizar el carácter *r* (*read*) para el permiso de lectura, *w* (*write*) para escritura y *x* (*exec*) para ejecución de programas. En la visualización, el carácter - indica la falta de ese derecho de acceso o permiso. Por ejemplo la siguiente representación:

```
rwxr-x--x
```

indica todos los permisos para el propietario, lectura y ejecución para el grupo y solo ejecución para el resto. Puede ser una protección adecuada para ejecutables o *scripts* pero para un fichero de datos sería más adecuado lo siguiente:

```
rw-r-----
```

Conviene volver a repetir que el correcto establecimiento de los permisos es fundamental para la seguridad del sistema y que es preferible ser restrictivo en los permisos que demasiado generoso, aunque las limitaciones acarreen algunas incomodidades.

3.4.2 Comando *chmod*

Para cambiar y actualizar los permisos de un fichero o conjunto de ficheros se usa el comando *chmod*. Este es el formato del comando:

```
chmod modo fichero
```

El modo indica la protección que se quiere dar al fichero y se puede especificar de dos modos: absoluto y relativo.

El *modo relativo* permite añadir o eliminar permisos sobre los ya establecidos. Se suelen usar tres caracteres para este modo:

- el primero, para referirse al propietario, grupo o resto será *u* (*user*), *g* (*group*) u *o* (*others*). También se puede usar *a* para referirse a todos a la vez.
- el segundo será + para añadir el permiso o – para eliminarlo.
- el último será el propio permiso representado por el carácter *r*, *w* o *x*.

Por ejemplo, para añadir permiso de modificación al grupo se especificará *g+w*, mientras que para quitar el de ejecución al resto de cuentas se escribirá *o-x*.

En el *modo absoluto* se pueden establecer los 9 bits de una sola vez pero para ello se deben especificar 3 dígitos octales de valores entre 0 y 7. Ese valor octal corresponde a los bits de cada dominio (propietario, grupo, resto) y se calcula convirtiendo las tres cifras binarias a base 8, o lo que es lo mismo, calculando el resultado de una suma que incrementará 4 para indicar lectura, 2 para escritura y 1 para ejecución. Por ejemplo lectura y escritura es en binario 110, por lo que su correspondiente octal es 6, que es el resultado de sumar 4 por lectura, y 2 por escritura.

Por lo tanto, para expresar en modo absoluto los valores representados en el apartado anterior usaríamos estos comandos:

```
chmod 751 prog
chmod 640 fich
```

Para pasar del primero al segundo de modo relativo se haría lo siguiente:

```
chmod a-x prog
```

Si se quiere expandir el cambio de permisos por todos los ficheros del subárbol definido por un directorio se puede usar la opción *–R*.

```
chmod 640 dir
chmod -R 640 dir
```

Mientras en la primera línea solo se cambian los permisos del directorio, en la segunda, además, se cambian los permisos de todos los ficheros y directorios que cuelgan de él.

Volviendo al comando *find* cabe recordar que se podían hacer búsquedas por la información de los permisos mediante el parámetro *perm*. En este caso se suele usar el valor absoluto, tal cual, para indicar el permiso exacto (*666* p.ej.), precedido por el carácter – para indicar ese permiso o superior (*–022* indicaría que cualquiera puede escribir) y precedido por el carácter + para indicar cualquiera de ellos (así *+022* indica que el grupo o el resto tienen permiso de escritura).

3.4.3 Permisos por defecto: comando *umask*

Una vez conocido cómo cambiar los permisos de un fichero, la siguiente duda que nos debe surgir es qué permisos se asignan cuando se genera un nuevo fichero. Pues bien, los valores por defecto para los permisos de los ficheros nuevos están establecidos en el entorno que mantiene el sistema operativo por cada usuario, y que se estudia más detalladamente en el siguiente capítulo.

El comando *umask* permite modificar los permisos por defecto. Sin embargo, su utilización posee cierta complejidad, ya que no se le pasa directamente como parámetro el conjunto de permisos que se desea establecer, sino una máscara equivalente al complemento a 7 del valor absoluto de dicho conjunto. Es decir, si se quiere establecer un valor de protección de *750* (permiso total al propietario, de lectura y ejecución para el grupo y ningún permiso para el resto), deberemos especificar una máscara de *027*. Dicho de otro modo, en la máscara no se establecen los permisos sino las prohibiciones. Un comando habitual es el siguiente:

```
umask 027
```

Con esta máscara, que se guarda en un fichero de arranque (*véase* Capítulo 4) para que se establezca por defecto, se consigue que el grupo no pueda modificar nada y que el resto no pueda acceder de ninguna manera a nuestros ficheros. Una máscara *077*, es decir, un permiso por defecto de *700* (acceso solo para el propietario), es más adecuada cuando no queremos compartir de ninguna forma nuestra información y, cuando queremos que nuestras informaciones sean públicas y compartidas, se recomienda la máscara *002*.

Una vez establecida la máscara, los derechos de acceso a los ficheros se irán generando de acuerdo con ella, a no ser que sean modificados a posteriori por el comando *chmod*. En cualquier caso, los permisos de ejecución solo se le atribuirán, en función de la máscara, a los ficheros ejecutables o copia de los mismos, por lo que en los ficheros correspondientes a *scripts*, o a programas fuente de otros lenguajes interpretados, se deberá usar el comando *chmod* para otorgar explícitamente el derecho de ejecución.

3.4.4 Permisos en directorios

La semántica de los permisos de ejecución varía un poco en los directorios. Como el derecho de ejecución no tiene sentido en los directorios, los bits correspondientes se utilizan para indicar derecho de paso por el directorio a los ficheros o subdirectorios incluidos en él. Y es que a veces es interesante no dar permiso de lectura de un directorio, ya que no queremos que se sepa su contenido, pero si dar derecho de acceso a subdirectorios inferiores que pueden contener información compartible. Lo contrario también puede ser interesante cuando queremos que se conozca el contenido del directorio sin poder acceder a sus componentes.

El significado del permiso de escritura también varía en los directorios, ya que ese derecho se referirá a si se puede o no hacer modificaciones en el directorio creando, borrando o modificando ficheros. Por lo tanto, eliminando el permiso de escritura en un directorio conseguiremos que no se creen ni se eliminen ficheros.

3.4.5 Bits especiales

Además de los 9 bits de protección básicos ya comentados, en el *i-nodo* residen otros 3 bits para el eficiente control de los derechos de acceso. Estos tres bits de los sistemas *Unix*, conocidos por *setuid*, *setgid* y *sticky* (sus nombres en inglés), son especiales y algo complejos, pero esenciales para una correcta administración. Los tres se utilizan principalmente en programas ejecutables y resultan tan potentes como arriesgados, ya que ciertos agujeros de seguridad se basan en su manipulación.

Si se activa el bit *setuid* de un programa ejecutable se consigue que los permisos de acceso a los ficheros que maneja ese ejecutable se contrasten no con la cuenta desde la que se quiere ejecutar el programa sino con el propietario del programa ejecutable. Esta función, que se entenderá mejor con un ejemplo, permite saltar de forma controlada los permisos estrictos de ciertos programas.

El ejemplo más conocido es el del programa *passwd*, que se estudia en el Capítulo 5. Este programa permite cambiar y actualizar las contraseñas o palabras claves de acceso a las cuentas, que residen en un fichero concreto (*/etc/passwd*). En principio, cualquiera debería poder escribir en ese fichero, ya que tiene derecho a cambiar su clave de acceso. Sin embargo, este hecho, sin una restricción adicional, representaría un peligro enorme, ya que un usuario podría cambiar las claves de cualquier otra cuenta mediante un editor de texto, por ejemplo, con lo que se abriría la puerta a utilizaciones maliciosas.

La solución a este conflicto es la utilización del bit *setuid* en el programa. *root* es el propietario del programa y, además, solo *root* tiene derecho de escritura en el fichero de claves mencionado. Por lo tanto no se puede escribir en ese fichero directamente, pero cuando se ejecuta el comando de cambio de clave, como ese programa tiene activado el *setuid*, los permisos que se verificarán serán los de su propietario, que es *root*, y no los del usuario que quiere cambiar la clave. De este modo se consigue el permiso de escritura de forma controlada. Es decir, gracias al bit *setuid* se consigue escribir en el fichero, pero solo por medio de ese programa.

El bit *setgid* es similar al *seguid*, pero referido a los permisos de grupo en lugar de los de propietario. En consecuencia los programas ejecutables que tienen activado el bit *setgid* tendrán los derechos de acceso de grupo del grupo asignado al ejecutable.

Finalmente la función del bit *sticky* es totalmente distinta, aunque afecta también a programas ejecutables. El objetivo de este bit es fijar el programa permanentemente en la memoria para evitar los tiempos de carga posteriores. También es un bit peligroso ya que los virus y derivados tienen precisamente ese objetivo, quedarse como residentes en la memoria.

La activación y desactivación de estos bits es similar a la de los permisos. Para la forma incremental, se usa el valor *s* en el caso de los bits *setuid* y *setgid* y el valor *t* para el bit *sticky*. Así, *u+s* activa el setuid, *g+s* el setgid y *o+t* el *sticky*. Con el signo negativo se desactivarán. En cambio, si deseamos modificarlos en modo absoluto, deberemos utilizar un cuarto valor octal, a la izquierda de los anteriores. Para el cálculo del cuarto valor deberemos sumar 4 si deseamos activar *seguid*, 2 en el caso de *setgid* y 1 para *sticky*. Así, para activar el bit *seguid* de un programa podemos utilizar cualquiera de los siguientes comandos:

```
chmod 4751 ejecut
chmod u+s ejecut
```

Como ya se ha mencionado, deberemos controlar los programas que tienen estos bits activados. Volveremos a tratar su importancia en el Capítulo 9.

3.4.6 Bits especiales en directorios

Como se ha mencionado anteriormente los bits especiales estudiados se usan, en principio, con programas ejecutables, ya que esos programas serán los que permanezcan residentes o los que superen de forma controlada la protección de los ficheros a los que acceden. Sin embargo, como sucedía con los 9 bits de protección comunes, cuando se aplican a directorios su semántica cambia, y en el caso de los bits especiales se utilizarán para modular ciertos derechos de acceso.

La activación del bit *sticky* en un directorio sirve para conseguir que quien tenga derecho de escritura en un directorio no pueda borrar los ficheros que existan en él y que no sean de su propiedad. Es común utilizar esta posibilidad en directorios que contienen ficheros temporales como /*tmp* y directorios que contienen ficheros con características diversas de protección.

Por otra parte, activando el bit *setgid* en un directorio se puede conseguir que los ficheros que se vayan creando por debajo de ese directorio hereden el grupo propietario del directorio, el cual se asignará como grupo propietario del fichero. Esto es muy interesante cuando van a trabajar en un proyecto conjunto usuarios de distintos grupos preasignados. En ese caso se creará un nuevo grupo en el que se incluirán las cuentas participantes en el proyecto (*véase* Capítulo 5). A continuación se creará un directorio raíz para el trabajo conjunto y, posteriormente, a ese directorio se le asignará como grupo propietario el nuevo grupo y se le activará el bit *setgid*. Así, cuando participantes del proyecto creen ficheros y directorios bajo ese directorio el grupo propietario que se le asignará será el heredado, es decir, el del proyecto conjunto, y por lo tanto los permisos de grupo se comprobarán respecto al grupo nuevo. Esta es una necesidad surgida desde que *Unix* permite que cada cuenta pueda ser asignada a varios grupos.

3.4.7 Cambio de propietario y grupo

El trabajo de administración se suele realizar desde la cuenta *root*, pero muchas de las acciones se realizarán en nombre de ciertos usuarios, con lo que si se crean ficheros y se quiere evitar conflictos con los permisos de acceso se debe modificar la información de usuario y grupo propietarios de esos ficheros.[7] También puede ser necesaria la modificación de esta información por usuarios comunes cuando se pertenece a varios grupos o cuando se trabaja en proyectos de colaboración.

Para cambiar la información sobre la propiedad de un fichero se usa el comando *chown* y para modificar el grupo el comando *chgrp*. Mediante la opción –R, ambos comandos permiten el cambio recursivo para todos los ficheros debajo de un directorio. Conviene también informarse sobre los comandos *groups* y *newgrp* en el Capítulo 5.

---

[7] Esta opción es fundamental en administración cuando se abren cuentas y se preparan los ficheros de configuración propios de esas cuentas.

3.4.8 Ejemplos

- Búsqueda de los ficheros que tienen permiso de escritura para cualquiera:
  ```
  find ~ -perm -002 -print
  ```
- Búsqueda, en la propia cuenta, de ficheros en los que la propietaria puede leer y escribir pero el resto no puede hacer nada:
  ```
  find $HOME \( -perm 600 -o -perm 700 \) -ls
  ```
- Prueba del comando *umask*:
  ```
  umask
    027
  touch prueba1
  ls -l prueba1
    -rw-r-----   1 acpalloi games        0 Sep  3 17:33 prueba1
  umask 077
  touch prueba2
  ls -l prueba2
    -rw-------   1 acpalloi games        0 Sep  3 17:34 prueba2
  ```
- Activación del bit *setuid* y posterior búsqueda de ficheros con esa característica:
  ```
  chmod 4750 prueba1
  ls -l prueba1
    -rwSr-x---   1 acpalloi games        0 Sep  3 17:33 prueba1
  find . -perm -4000 -ls
  ```
- Búsqueda de ficheros que tienen activado algún bit especial (*setuid*, *setgid* o *sticky*):
  ```
  find / \( -perm -4000 -o -perm -2000 -o -perm -1000\) -ls
  ```
- Adición del permiso de ejecución en todos los ficheros de un directorio:
  ```
  cd $1                              # directorio, primer parámetro
  for f in *                         # por cada fichero
    do
    if [ -f $f -a ! -x $f ]          # fichero común y no ejecutable
        then
        chmod u+x $f
        echo "añadido permiso de ejecución: $f"
        fi
    done
  ```

3.5 Particiones y montaje

Como se ha señalado en la primera parte de este capítulo, durante la ejecución de los sistemas *Unix* se mantiene un sistema de ficheros con una raíz única. En este apartado explicaremos cómo es posible conseguirlo cuando se dispone de varias unidades para la ubicación de ficheros (discos, disquetes, CD, DVD, etc.) y teniendo en cuenta que los discos pueden tener varias particiones.

Cuando el computador está apagado, cada dispositivo con información permanente guarda su propia estructura en su sistema de ficheros, es decir, existe un sistema de ficheros por unidad o partición. Pero cuando el sistema operativo se pone en marcha, se produce el montaje de esos sistemas de ficheros en un sistema único, como el del ejemplo de la Figura 3.2.

Crear y gestionar las particiones, así como configurar el montaje inicial, son labores de administración delicadas y que se suelen decidir en el momento de la instalación del sistema. Sin embargo, de vez en cuando se deben retomar y volver a configurar.

3.5.1 Particiones

Las particiones son zonas del disco duro que son contempladas por el sistema operativo como si fueran discos independientes, gracias a que en cada partición reside la información de control y datos suficiente para gestionar un sistema de ficheros propio. En las particiones *Unix* habrá por lo tanto una zona para *i-nodo*s y otra para datos. Las razones que llevan a hacer varias particiones en un disco son las siguientes:

- Posibilidad de disponer de más de un sistema operativo dentro del mismo disco (diversas distribuciones de *Linux*, *Linux* y *Windows*, etc.).
- Posibilidad de disponer de distintos tipos de sistemas de ficheros en la misma unidad. *Linux* admite, además del formato propio (*ext2* y *ext3*),[8] otros tipos de sistemas de ficheros como los utilizados por *Microsoft* en MS-DOS (*msdos*), *Windows95/98* (*vfat*) o *WindowsNT/2000* (*ntfs*); el de *Mac* (*hfs*), los estándares para CD (*iso9660*), los servicios de ficheros remotos (*nfs*) y varios más. Cada partición o unidad tendrá asignado un solo formato, pero el sistema puede manejar particiones de distintos formatos, por lo que en *Linux* se podrán leer discos u otros soportes escritos en otros sistemas.
- Minimizar el efecto de errores y pérdidas de información en los discos. Si falla el hardware de la unidad se pierde el acceso a todas las particiones, pero si se pierde o se corrompe la información de control solo se perderá la información de la partición correspondiente.
- Mayor flexibilidad en el control del disco. Por ejemplo se suele poner la información del sistema en una partición y la de los usuarios (que se montará en el directorio */home*) en otra. A veces también se separa la información de las aplicaciones (asignada al directorio */usr*). Esas informaciones suelen requerir distintas políticas de copias de seguridad, control del espacio libre, etc. y si residen en particiones diferenciadas será posible aplicarlas.

---

[8] Estos nombres de formato se usarán en los comandos *mount* y *mkfs*.

- Incrementar la velocidad de acceso al disco. Los datos de un fichero no se suelen guardar en bloques contiguos, por lo que el acceso a un fichero, aunque sea secuencial, conlleva movimiento del brazo de la unidad de disco. Sin embargo la partición limita el movimiento máximo para el acceso a un mismo fichero.

Además de los formatos y particiones comentadas en *Linux* se debe generar una partición de tipo *swap* con el objetivo de gestionar la memoria virtual. Esta partición no hará falta montarla en el sistema de ficheros, ya que el sistema operativo accede a ella directamente, sin ningún tipo de información de control adicional.

Crear o modificar particiones es una labor muy delicada que puede conllevar la perdida de toda la información del disco, por lo que se recomienda encarecidamente que, antes de cualquier operación de este tipo, se haga una copia de seguridad. Para la gestión de particiones existe una serie de comandos que completan la posibilidad de hacerla en la instalación (*véase* Anexo A).

3.5.2 Comandos *fdisk* y *mkfs*

Los comandos básicos para la gestión de particiones son dos: *fdisk* y *mkfs*. Ambos se ejecutan en modo *root* y deben ser usados con mucha precaución.

fdisk permite crear y redimensionar particiones. El operando será el nombre del dispositivo correspondiente, habitualmente del tipo */dev/hda* para discos IDE y */dev/sda*[9] para discos SCSI.

```
fdisk /dev/hda
```

Al trabajar en modo interactivo, este comando ofrece varias opciones, entre las que destacan las siguientes:

m	información de ayuda (sobre el resto de opciones)
p	visualizar las particiones
l	tipos de partición
n	crear nueva partición
d	eliminar una partición
t	cambiar características de una partición
w	terminar consolidando los cambios realizados
q	terminar sin consolidar los cambios

Las particiones de cada unidad de disco se van numerando. Así, continuando con el ejemplo, */dev/hda1* será el nombre simbólico de la primera, */dev/hda2* el de la segunda, etc. Esta numeración es para las particiones físicas, también llamadas primarias y su número está limitado por la BIOS en los PC. También se permiten varias particiones lógicas o secundarias sobre una partición definida como extendida, que en ese caso no se usará directamente ya que para el sistema las particiones útiles serán las secundarias incluidas en ella. Con la BIOS básica se puede tener

---

[9] Estos nombres se precisarán más en los siguientes capítulos.

un máximo de 4 particiones primarias y otras 4 secundarias si una de las anteriores se define como extendida, por lo que en ese caso las particiones secundarias se numeran entre 5 y 8.

Por ejemplo, si en un disco necesitamos 5 particiones suele ser típico hacer 3 primarias y una extendida que se dividirá en 2 lógicas o secundarias. Si es un disco IDE las particiones principales y la extendida se denominarán en un rango desde */dev/hda1* a */dev/hda4* y las lógicas con nombres */dev/hda5* y */dev/hda6*.

El comando *mkfs*, por su parte, sirve para generar un sistema de ficheros vacío sobre una partición existente, es decir, formatea o inicializa la partición según el tipo que se haya especificado (*véase* la página anterior) para la partición o el especificado como opción. Se debe proceder con cuidado, ya que al formatear se pierde la información que contiene la partición al eliminarse totalmente los descriptores de fichero que pudieran existir anteriormente. Además de las particiones de los discos, también es habitual formatear los disquetes y otros soportes de información.

Así, si se quiere formatear la segunda partición del disco principal con el formato típico de las últimas versiones de *Linux* se puede utilizar el siguiente comando:

```
mkfs -t ext3 /dev/hda2
```

Con ese comando se inicializa una partición con formato *ext3*, con lo que la posible información que existiera previamente en la partición desaparece y todo el espacio queda disponible para nuevos ficheros.

También se debe subrayar que indicar un nombre erróneo conllevará efectos catastróficos ya que borraremos la información de una partición distinta de la que pensábamos. Por ejemplo, si en lugar de especificar */dev/hda2* nos confundiéramos y pusiéramos */dev/hda* eliminaríamos la información de todo el disco.

Para formatear un disquete se suele usar el siguiente comando:

```
mkfs -t msdos /dev/fd0
```

siendo */dev/fd0* el nombre de este dispositivo y *msdos* el formato típico de disquetes *Windows*, que es el que más se usa para este tipo de soporte con el objetivo de conseguir portabilidad, es decir, que la información que se copie sea accesible tanto para sistemas *Linux* como *Windows*. De todas formas, *Linux* también tiene un comando específico con este fin: *fdformat*.

En cualquier caso, como ya se ha comentado anteriormente, la partición y formateado del disco se suele realizar de una forma interactiva durante la instalación del sistema operativo, según se puede observar en el primer anexo. En ese proceso también se suele preguntar el punto de montaje, es decir, el directorio del sistema de ficheros único donde se montará la información de la partición cuando se arranque el computador.

Por último, cabe señalar que el comando *fsck* permite verificar la consistencia del sistema de ficheros de un disco o partición. Este comando se suele ejecutar automáticamente también en el proceso de arranque del sistema (*véase* Capítulo 7). De todas formas, si se detectan errores será tarea del administrador intentar repararlos usando este comando de forma específica.

3.5.3 Montaje

El objetivo básico del montaje es estructurar en un único sistema de ficheros en forma de árbol los sistemas de ficheros permanentes residentes en los soportes magnéticos y otras memorias intermedias direccionables. Una de las particiones será la raíz, ya que contendrá el directorio raíz del sistema único donde se ubica el código del sistema operativo residente. Los sistemas de ficheros de otras particiones se montarán sobre ese sistema raíz, generándose así el sistema único sobre el que se verifican los caminos absolutos y relativos que se usan como nombres de ficheros. Para montar un nuevo dispositivo o partición se deberá especificar el nombre simbólico del mismo (un nombre que empieza por */dev*) y el directorio que tendrá por punto de montaje.

Ese montaje puede ser automático o manual y ambos se suelen combinar: automático para los dispositivos con soporte no intercambiable (particiones de discos principalmente) y manual para soportes intercambiables como disquetes y CD. Mientras el montaje automático se configura mediante el fichero */etc/fstab*, el manual se realiza por medio de los comandos *mount* y *umount* o con la opción de automontaje de los entornos de ventanas disponibles en *gnome* y KDE.

3.5.4 Montaje automático: fichero */etc/fstab*

Para conseguir que en *Linux* todas las particiones de los discos duros puedan ser montadas y formen el sistema de ficheros mostrado anteriormente, el fichero */etc/fstab* mantiene la configuración del montaje inicial.

Según se explicará en el Capítulo 7, el proceso de arranque de los sistemas *Linux* es complejo y tiene múltiples objetivos, siendo uno de ellos el montaje automático inicial del sistema de ficheros. Este montaje inicial se controla por medio del fichero de configuración */etc/fstab*, que contiene en cada línea los siguientes campos:

- Identificación del dispositivo o partición, con un nombre en formato */dev/xxxx*. En los discos las particiones se identificarán con nombres tipo */dev/sda1*, los disquetes con el nombre */dev/fd0* y los CD con */dev/cdrom*.
- Directorio de montaje. En el caso de la partición que contiene el sistema será */*, es decir, el directorio raíz. Otros puntos de montaje habituales son */home* y */usr*, el primero para una partición que contenga la información de los usuarios y el segundo para una que contenga las aplicaciones. Estas informaciones tienen distintas características para la protección y el mantenimiento. Mientras */home* contendrá información frecuentemente modificada con protecciones variables y necesidad de copias de seguridad, de */usr* colgará información más constante y cuya copia se suele tener previamente en CD o DVD.

- Formato del sistema de ficheros. En función del formato de la partición o unidad, se suele especificar uno de los tipos mencionados anteriormente: *ext2*, *ext3*, *msdos*, *vfat*... Linux es capaz de interpretar la información de los formatos de otros sistemas pero hay que indicarle cuál es ese formato.
- Opciones. Se especifican características opcionales para la seguridad o la gestión del espacio en disco. Por defecto suele aparecer *defaults* para particiones comunes y *sw* para la partición de tipo *swap*, por lo general sin punto de montaje. Adicionalmente, se puede especificar una o varias de las siguientes opciones (*man fstab* ofrece la lista completa):

    ro: solo lectura (*read only*), para particiones que no deben ser modificadas, por contener software o información protegida.

    usrquota y *grpquota*: establecimiento del sistema de cuotas (*véase* Sección 5.4).

    user: permiso para que, sin ser *root*, se pueda montar la partición (esto se hará en disquetes o unidades de CD, pero no en discos permanentes).

- Dígitos correspondientes a copias de seguridad y verificación de las particiones. Suelen ser dos dígitos, en los que el primero es utilizado por el comando *dump* (*véase* Capítulo 6) para decidir si debe incluir la información de la partición en función del nivel de copia de seguridad.

Veamos un ejemplo del contenido de ese fichero:[10]

```
more /etc/fstab
# /etc/fstab
/dev/hda1       /           ext2        defaults            1 1
/dev/hda2       /home       ext2        defaults, usrquota  1 2
/dev/hdb1       /msdos      vfat        defaults            1 2
/dev/cdrom      /cdrom      iso9660     ro                  0 0
none            /proc       proc        none                0 0
/dev/hda3       swap        swap        sw                  0 0
```

La primera conclusión que podemos sacar es que hay dos discos de nombres *hda* y *hdb*. El primero tiene 3 particiones, la primera es la raíz y la segunda tiene la información de las cuentas, las cuales se montan en */home* y se le aplican cuotas para evitar la saturación. Ambas son particiones *Linux* en formato *ext2*. La tercera partición de ese disco aparece en la última línea y es la partición para memoria virtual. El segundo disco parece tener una única partición, de tipo *Windows*, sin protección y que se monta en un directorio ex profeso de nombre *msdos*. En la Figura 3.3 aparece el árbol equivalente a ese montaje.

La unidad de CD tiene por nombre */dev/cdrom* y tipo *iso9660*. Con la opción *ro* se especifica que no se permiten operaciones de escritura.

Finalmente, llama la atención la aparición de la partición *none* que se monta en el directorio */proc*. No es una partición real ni un dispositivo, ni forma realmente parte

---

[10] En realidad hoy en día el contenido suele ser un poco más complejo, debido principalmente a la capacidad de automontaje de *gnome* y KDE.

SIN MONTAR

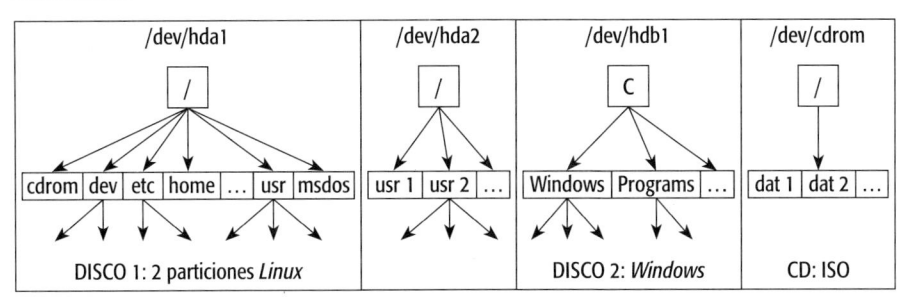

[Diagrama: /dev/hda1 con raíz / y subdirectorios cdrom, dev, etc, home, ..., usr, msdos — DISCO 1: 2 particiones *Linux*. /dev/hda2 con raíz / y usr 1, usr 2, ... /dev/hdb1 con C y Windows, Programs, ... — DISCO 2: *Windows*. /dev/cdrom con / y dat 1, dat 2, ... — CD: ISO]

TRAS EL MONTAJE

Sistema de ficheros

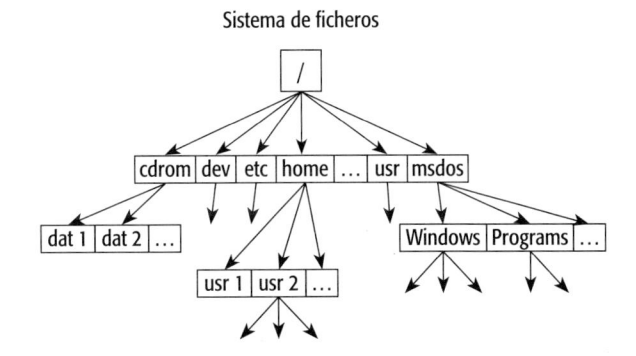

[Diagrama: raíz / con cdrom, dev, etc, home, ..., usr, msdos; bajo cdrom: dat 1, dat 2, ...; bajo home: usr 1, usr 2, ...; bajo msdos: Windows, Programs, ...]

Figura 3.3
Montaje correspondiente al fichero */etc/fstab* anterior.

del sistema de ficheros, pero sirve para incluir como si fueran ficheros diversos objetos del sistema operativo como procesos, conexiones, *drivers*, memoria, etc. También se incluyen ficheros virtuales para describir las ventanas del gestor de ventanas como si fueran terminales (en el directorio */etc/pts* en varias distribuciones).

Si se realizan cambios en este fichero y se quiere que entren en vigor sin volver a reiniciar el sistema se usará el siguiente comando:

```
mount -a
```

3.5.5 Comandos *mount* y *umount*

Para el montaje manual de dispositivos o particiones usaremos el comando *mount*, mientras que para posteriormente desmontarlos recurriremos a *umount*. Los parámetros básicos para la operación de montaje son dos: el nombre simbólico del dispositivo o partición y el directorio donde se enraíza. Adicionalmente se puede especificar el tipo de sistema de ficheros por medio de la opción *–t*. Por lo tanto, el formato general será el siguiente:

```
mount -t tipo dispositivo directorio
```

En cualquier caso, si el dispositivo y el directorio están especificados en el fichero */etc/fstab*, será suficiente con especificar el nombre del dispositivo o de la partición.

Por otra parte, el comando *mount* sin parámetros devolverá la tabla de montaje actual y, como se ha mencionado anteriormente, con la opción *-a* se volverá a realizar el montaje inicial según lo especificado por el fichero */etc/fstab*.

Para quien esté acostumbrado a los sistemas de *Microsoft* puede resultar engorroso tener que montar/desmontar dispositivos como disquetes y CD pero, salvo que se trabaje con interfaz gráfica (*gnome* o KDE por ejemplo) con soporte de automontaje, estas operaciones serán necesarias para poder utilizar los ficheros en esos soportes con los comandos habituales. Para montar un disquete de *Windows* se suele usar el siguiente comando:[11]

```
mount -t msdos /dev/fd0 /mnt/floppy
```

El comando *mount* tiene otras opciones interesantes entre las que destacan las siguientes:

-r   montaje de solo lectura

-o conv=auto   conversión automática entre caracteres equivalentes

Con la última opción se resuelven en parte los problemas de representación binaria diferente de ciertos caracteres de 8 bits entre distintos sistemas operativos.

Por último, cuando se quiere cambiar un disquete o CD habrá que utilizar el comando *umount*, que solo necesita como parámetro el nombre del dispositivo.

```
umount dispositivo
```

En el caso del disquete:

```
umount /dev/fd0
```

Hay que destacar que las operaciones de montaje y desmontaje se deben realizar desde la cuenta de *root* salvo en dos casos:

- Un dispositivo o partición para el que se ha especificado la opción *user* en su entrada del fichero */etc/fstab*.
- Utilizar ejecutables que tienen activado el bit *setuid* como sucede en ciertas utilidades de los entornos gráficos *gnome* y KDE.

La comentada opción de automontaje de disquetes, CD y similares, que integran *gnome* y KDE, se basa en un servidor o *daemon*[12] de nombre *automount*.

3.5.6 Montaje inicial en modo gráfico

La configuración de la tabla de montaje del fichero */etc/fstab* se puede realizar de forma gráfica. Usando el programa *webmin* (opción *Sistemas de archivo de disco y red*) se nos ofrece la interacción que aparece en la Figura 3.4, lo que nos llevará a un editor gráfico para manipular un contenido equivalente al del fichero */etc/fstab*.

---

[11] El paquete *mtools* permite el trabajo con disquetes sin necesidad de montaje, pero utilizando otros comandos (véase Capítulo 9).

[12] En el Capítulo 7 se trata con mayor detalle este proceso.

Figura 3.4 Configuración del sistema de ficheros por medio de *webmin*.

3.5.7 Ejemplos

- Examen de las particiones montadas inicialmente:

    ```
    mount
    more /etc/fstab
    ```

- Obtener más información:

    ```
    man fstab
    man mount
    man fdisk
    man mkfs
    man mtools
    ```

3.6 Ejercicios

1. Escribir un *script* que enumere los subdirectorios contenidos en el directorio que se pasa como parámetro.

2. Programar otro *script* que localice los ficheros de más de 50 kilobytes que estén ubicados debajo del directorio que se pasa como parámetro.

3. Buscar los ficheros que tienen la escritura prohibida a su propietario.

4. Localizar los ficheros que se han actualizado en las últimas 24 horas.

5. Buscar todos los ficheros de la propia cuenta que tengan en su contenido la palabra *script*.
6. Visualizar las particiones del disco por medio de *webmin* (pestaña de hardware) o el comando *fdisk* (procediendo con cuidado y sin utilizar la opción *w*). Visualizar asimismo la tabla de montaje inicial.
7. Conseguir un disquete viejo y formatearlo.
8. Montar el disquete anterior y copiar algún fichero en él.

Capítulo 4

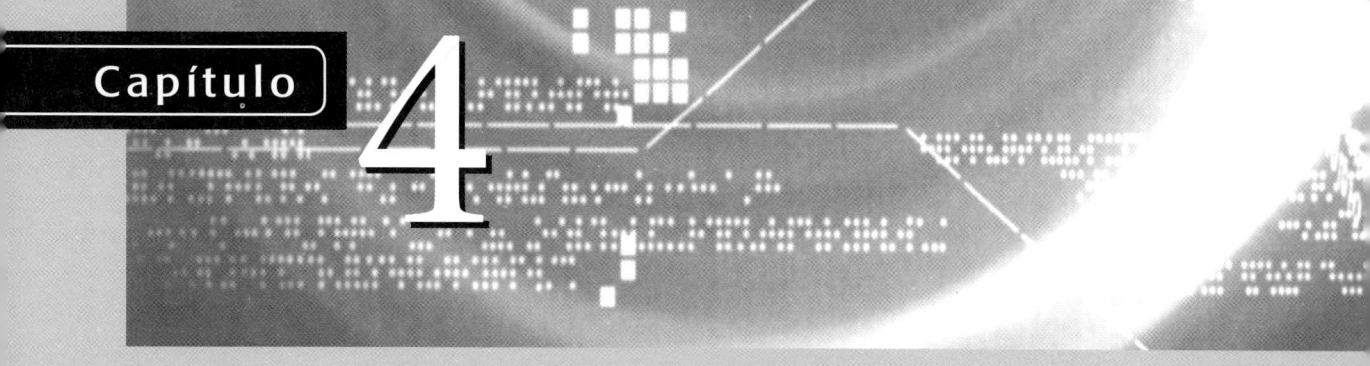

Entorno de trabajo y control de las variables

En este capítulo

4.1 Entorno de trabajo **57**

4.2 Algunas funciones especiales del teclado **61**

4.3 Control de recursos **65**

4.4 Ejercicios **69**

4.1 Entorno de trabajo

Unix/Linux también puede ser considerado como un entorno de programación. Los comandos se ejecutan en un entorno definido por un conjunto de valores, establecidos en las llamadas *variables de entorno*, y que producen efectos colaterales en la ejecución de los programas. Para establecer los valores de dichas variables se utilizan los denominados *ficheros de inicio* (*startup*). Es necesario tener en cuenta que la sintaxis, junto con algunas funcionalidades, puede variar en función del intérprete de comandos utilizado.

4.1.1 Variables de entorno

Desde el momento en que se conectan, todos los usuarios disponen de su entorno básico. En dicho entorno o contexto inicial existen muchas variables predefinidas, siendo las siguientes algunas de las más importantes:

- *USER*: nombre de usuario. Es el valor del identificador (*username*) introducido al abrir la sesión.
- *HOME*: directorio raíz de la cuenta. Es el camino absoluto correspondiente a la ubicación inicial de la sesión, por lo general dentro del directorio */home*.
- *PWD*: directorio actual.
- *PATH*: lista de directorios para buscar los comandos y ficheros ejecutables. Los elementos de la lista se diferencian mediante el carácter separador *:* .
- *MANPATH*: lista de directorios para buscar la información de los manuales.
- *PS1*: determina la composición de la invitación o *prompt*. Una "invitación" es el carácter o secuencia de caracteres (habitualmente el carácter *$*) que indica que el sistema está listo para que se tecleen comandos. Mediante un conjunto de caracteres especiales se puede colocar el valor de ciertas variables en la invitación.[1]

Al hacer referencia a estas variables, es necesario distinguir el nombre y su valor. Para indicar el valor se añadirá el símbolo *$*; de este modo, *$HOME* indica el valor de la variable *HOME*. Para mostrar el valor en la pantalla se utiliza el comando *echo*. Con el siguiente comando:

```
echo $HOME
```

obtendremos el camino absoluto de nuestro directorio raíz:

```
/home/user1
```

Si deseamos mostrar en pantalla el valor de todas las variables podemos recurrir al comando *set*. En algunos intérpretes de comandos también se utilizan con el mismo fin los comandos *env* y *setenv*.

---

[1] Las más utilizadas son las siguientes: \h nombre de la máquina, \u nombre del usuario, \w directorio actual, \! número de comando.

Para la creación o modificación del valor de las variables de entorno se utilizan los comandos *set* y *export*. En el segundo caso, el valor de la variable solo tendrá efecto en los procesos que se creen a partir de la ejecución del comando.

```
set variable=valor
export variable=valor
```

Las variables de entorno pueden ser utilizadas en la ejecución de los programas, permitiendo que estos sean más generales y flexibles. Para ello es necesario que el programa de instalación correspondiente haya establecido y almacenado el valor de las variables en un fichero de configuración. El acceso desde el programa a dichas variables se realiza mediante funciones o métodos predefinidos de librerías especiales. Por ejemplo, en el lenguaje C se dispone de las funciones de librería *getenv* y *setenv* que permiten consultar y modificar el entorno respectivamente.

4.1.2 Variable *PATH*

Las variables en su mayoría son simples o escalares, pero existen ciertas excepciones, como las listas *PATH* y *MANPATH*, que son las más interesantes.

Examinemos un posible valor de la variable *PATH*:

```
echo $PATH
   /usr/local/bin:/usr/bin/:/bin:.
```

Como podemos observar, la variable contiene los caminos absolutos de cuatro directorios separados por el carácter *:* .

El valor de esta variable es fundamental para que el intérprete de comandos encuentre los ejecutables y *scripts*. Recordemos que estos programas son ficheros (ejecutables) y que si no dispusiéramos de variables de entorno, en lugar de utilizar el nombre corto, al hacer referencia a ellos tendríamos que utilizar el camino absoluto o relativo. Con el objetivo de facilitar el trabajo, el intérprete de comandos busca el fichero asociado al comando que hay que ejecutar en los directorios indicados en la variable *PATH*, siguiendo el mismo orden en que se encuentran. Encontramos la misma relación entre el comando *man* y la variable *MANPATH*.

El mantenimiento de los valores de estas variables, de gran importancia, se facilita si utilizamos los ficheros de inicio. Por otra parte, si deseamos averiguar en qué directorio del *PATH* se encuentra un ejecutable o un *script* utilizaremos el comando *which*. Los programas no encontrados podremos buscarlos mediante los comandos de *Linux locate* o *find*.

Podemos observar que en el último ejemplo el directorio que aparece al final es el directorio actual. Por razones de seguridad, no es recomendable incluirlo en la lista, aunque en muchas ocasiones así se hace, dado que es una opción muy cómoda en el desarrollo de los programas.

4.1.3 Ficheros de inicio

Los *ficheros de arranque*, también denominados *ficheros de inicio* (en inglés *start-up*), son ficheros ocultos (se puede usar `ls -a` para verlos) que se ejecutan automáticamente y cuya finalidad es la de establecer el entorno. Algunos se ejecutan al establecer la conexión o *login*, y otros al iniciar una determinada aplicación. Fundamentalmente se utilizan para parametrizar programas y para personalizar el aspecto.

Por el momento no trataremos los asociados a las aplicaciones (principalmente programas de correo electrónico y navegadores) y nos centraremos en los ficheros de inicio de sistema más habituales.

Los ficheros de inicio más comunes son el *.profile* para el intérprete de comandos *sh* y los ficheros *.bash_profile, .bash_login* y *.bashrc* para el intérprete *bash*. En la mayoría de los sistemas *Linux*, por defecto se le aplica el perfil del fichero */etc/profile* y */etc/.bashrc*. Por perfil entendemos el modo en que se establecen las variables de entorno.

Cuando ejecutamos explícitamente un fichero de inicio, es muy importante conocer el entorno en que se hace. Existen dos opciones: creación de un nuevo entorno o actuación sobre el mismo entorno. En el primer caso bastará con especificar el nombre del fichero de inicio, al modo en que se hace con los *scripts* normales. Para modificar el entorno actual, en cambio, deberemos utilizar el comando *source*.

Entre las opciones que ofrecen estas variables podemos destacar el establecimiento de los valores de la variable *PATH* y de diversos alias (que se tratará más adelante). Recordemos que el entorno está asociado al intérprete de comandos, por lo que estas variables son definidas, modificadas y utilizadas en los *scripts*.

La función de las variables de entorno y de los ficheros de inicio es semejante a la del *registro* del mundo *Windows*. Por este motivo, cuando se desarrollan aplicaciones de ámbito general, la localización de los datos se realiza mediante variables de entorno. Más adelante, en el proceso de instalación, se incluirá en ficheros de inicio el modo en que dichas variables deben ser inicializadas. Este método dota de gran flexibilidad a la instalación de programas.

4.1.4 Variables relacionadas con el idioma

El idioma que utiliza el sistema está determinado por ciertas variables de entorno como *LANGUAGE, LANG*, etc. Gracias a estas variables, podemos modificar el idioma sin necesidad de reiniciar el sistema, siendo el método más sencillo modificar el fichero de configuración */etc/sysconfig/i18n*.[2] Sin embargo, puede ocurrir que cierta información no se encuentre en un determinado idioma, en cuyo caso dicha información aparecerá en inglés.

---

[2] *i18n* es una abreviatura especial de la palabra inglesa *internationalization*: la palabra tiene 18 caracteres entre la *i* y la *n*. Lo mismo ocurre con la abreviatura de *localization*: *l10n*.

Así, para establecer el castellano, el valor de *LANGUAGE* deberá ser *es_ES* y el de la variable *LANG es_ES* (la segunda parte indica la composición del teclado). Si utilizáramos *en* la información aparecería en inglés. Los datos sobre el idioma se incluyen en *locale*, agrupación de información asociada a la sesión que incluye entre otros la configuración del teclado, criterios para la clasificación de caracteres, unidad monetaria, calendario, etc. Mediante el comando *locale* podemos obtener dicha información.

Cuando se instala el sistema, al elegir el idioma se establecen los correspondientes valores de las variables de entorno en los ficheros de inicio, concretamente en el mencionado fichero */etc/sysconfig/i18n*.

4.1.5 El comando *su* y las variables de entorno

Como se ha señalado anteriormente, el comando *su* ofrece la posibilidad de cambiar de cuenta. Si no se indica ningún parámetro, se pasará a la cuenta de *root*, siempre y cuando se conozca la contraseña. Sin embargo, esto no cambia el contexto de la cuenta, sino que utiliza el contexto de la cuenta anterior.

Existe la posibilidad de modificar el contexto, si bien solo se recomienda para cambios largos de cuenta. Bastará con indicar como parámetro el carácter -:

```
su -
```

4.1.6 Ejemplos

- Visualizar el fichero de inicio común de *Linux*:
    ```
    more /etc/profile
    more /etc/.bashrc
    ```
- Añadir a la variable *PATH* el directorio actual:
    ```
    export PATH=$PATH:.[3]
    ```
- Visualizar el valor de las variables:
    ```
    set | more
    env
    ```
- Asignar el valor del directorio de trabajo a la variable de nombre *DIR*:
    ```
    DIR=$PWD
    echo $DIR
    ```
- Ver el valor de algunas variables predefinidas:
    ```
    echo $HOME , $PWD , $SHELL , $TERM
    ```

---

[3] Para establecerlo en todas las sesiones, habrá que añadir dicha línea en algún *profile*, como por ejemplo *.bash_profile*.

- Modificar el valor de la invitación, añadiendo el nombre de la máquina y el número de comando:

    ```
    export PS1="`hostname`-\!> "
    ```

- Examinar los valores de las variables de idioma:

    ```
    more /etc/sysconfig/i18n
    locale
    man locale
    ```

- Cambiar de cuenta sin cambiar el contexto y cambiándolo:

    ```
    su
    echo $PWD
    echo $PATH
    exit
    su -
    echo $PWD
    echo $PATH
    exit
    ```

4.2 Algunas funciones especiales del teclado

En los intérpretes de comandos de *Unix* existen algunas teclas o combinaciones de éstas con un significado especial. En ocasiones se les denomina *teclas de acceso rápido*.

4.2.1 Edición de comandos

La introducción de comandos por teclado puede resultar muy cansado, sobre todo cuando se repiten los comandos. Para facilitar esta tarea, a ciertas teclas se les asigna una función especial que permite minimizar el trabajo.

La primera característica destacable es que el intérprete de comandos guarda en su entorno un historial de los últimos comandos. Si se desea volver a ejecutar uno de esos comandos, se podrá acceder a ese historial mediante la tecla *!*. Si queremos repetir la ejecución del último comando, tan solo habrá que teclear *!!*. Si es un comando anterior, tenemos dos opciones:

1. mediante el prefijo: tecleamos el comienzo del comando de manera que lo identifique de manera unívoca (que ningún otro comando comience igual):

    ```
    !comienzo_del_comando
    ```

2. mediante el número: el intérprete de comandos asigna a cada comando ejecutado un número y este es el número en que nos basamos para la repetición. Lo más natural es no recordar el número de comando, pero mediante el comando *history* se puede visualizar la lista de comandos ejecutados y sus

números. Una vez averiguado, para repetir el comando tan solo tendremos que ejecutar:

```
!número
```

La técnica anterior nos permite repetir la ejecución de comandos, pero no cambiarlos. No todos los intérpretes de comandos ofrecen esta opción, pero sí *tcsh* y *bash* (el establecido por defecto en *Linux*). El método será bastante intuitivo: mediante las flechas de navegación (arriba, abajo, izquierda y derecha) podemos navegar en el comando, deteniéndonos donde nos interese y realizar cambios mediante el teclado del modo habitual.

4.2.2 Completar nombres

Además de los mencionados caracteres especiales, también existe otro mecanismo de ayuda en el tecleado del nombre de ficheros y directorios, aunque solo presente en ciertos intérpretes de comandos. Cuando estemos introduciendo un nombre, para completarlo bastará con pulsar la tecla de tabulación (en algunos sistemas *Unix* será la tecla *Esc*).

El procedimiento será el siguiente: cuando comencemos a teclear el nombre pulsaremos la tecla de tabulación. En función del resto de ficheros, el sistema puede responder de tres modos:

- completar el nombre; ocurrirá cuando sea el único fichero con ese comienzo
- completar el nombre parcialmente; este caso se dará cuando exista un conjunto de ficheros con ese mismo comienzo
- no hacer nada: cuando no se da ninguno de los dos casos anteriores

En el segundo y tercer caso en la pantalla aparecerá la lista de ficheros con el comienzo en común, con el fin de facilitar la introducción de los siguientes caracteres.

Como ejemplo, si después de teclear */usr/inc*, pulsamos el tabulador, probablemente aparecerá */usr/include*, ya que *include* es el único fichero (directorio en este caso) que comienza con *inc* en el directorio *usr*. En cambio, si tecleamos el tabulador tras introducir */usr/l*, se mostrarán *lib, libexec* y *local*, ya que estos son los que en este directorio comienzan con *l*.

4.2.3 Alias

Los alias o apodos constituyen un mecanismo asociado al entorno para la ayuda en la introducción de comandos por teclado. La idea básica es sustituir los comandos o porciones de comandos que se utilicen con gran frecuencia por nombres (alias), de tal modo que se utilicen estos últimos.

La pieza fundamental de este mecanismo es el comando *alias*, que permite asignar a una cadena de caracteres un apodo. El formato varía en función del intérprete de comandos utilizado; aquí presentaremos el de *bash*. El prototipo del comando es el siguiente:

```
alias apodo="parte_del_comando"
```

A partir de este momento, cada vez que utilicemos el alias, el intérprete de comandos lo sustituirá por la cadena de caracteres asociada. Por ejemplo, si el comando `ls -l` se utiliza a menudo, se le puede asignar el alias *ll* con el siguiente comando:

```
alias ll="ls -l"
```

Después de esta ejecución, dispondremos del comando *ll*, a pesar de no ser un comando real.

Además de facilitar el trabajo, el mecanismo de apodos proporciona mayor seguridad, ya que permite dotar de mayor protección la ejecución de comandos peligrosos. Por ejemplo, el comando *rm* puede resultar peligroso cuando cometemos un error al teclear el nombre del fichero o utilizamos el metacaracter * de un modo inadecuado. Para evitar este problema se recomienda utilizar `rm -i` y para no olvidarlo, se puede redefinir el comando de la siguiente manera:

```
alias rm="rm -i"
```

Si deseáramos utilizar el comando sin redefinir, bastaría con lanzar el comando entre comillas simples: `'rm'`

Los alias forman parte del contexto, por lo que es necesario definirlos en cada sesión. Para evitar este trabajo, se recomienda crearlos en un fichero de inicio, en nuestro caso en el fichero *.bashrc*. Esta podría ser la lista de apodos para incluir en este fichero:

```
alias ll='ls -l'
alias ls='ls -F --color=auto'
alias la='ls -a'
alias rm='rm -i'
alias cp='cp -i'
alias mv='mv -i'
```

4.2.4 Teclas especiales y el comando *stty*

Los intérpretes de comandos de *Unix* incluyen ciertas funciones mediante combinaciones de teclas. Algunas están predefinidas, aunque todas pueden ser parametrizadas con el comando *stty*. Estas son las funciones y combinaciones de teclas predefinidas:

- *Ctrl-C*: termina la ejecución del programa o comando. Se utilizará cuando un programa no funcione adecuadamente o nos hayamos equivocado al lanzarlo.
- *Ctrl-Z*: detiene la ejecución del comando o programa. Más adelante se podrá proseguir mediante el comando *fg* (o *bg* para ejecutarlo en segundo plano).

- *Ctrl-D*: indica el final del fichero. Cuando se introducen datos por el teclado, se utiliza para señalar el final de los datos.
- *Del* o *Ctrl-H*: borrar el último carácter introducido.

Para visualizar la lista de todas las teclas de función se utiliza el siguiente comando:

```
stty -a
```

Para modificar las combinaciones de teclas existentes o añadir nuevas utilizaremos el mismo comando *stty* del siguiente modo:

```
stty función tecla
```

Por lo general, las teclas predefinidas no se modifican.

Unix es un sistema multipuesto, razón por lo que puede tener varias terminales conectadas al mismo tiempo. *Linux*, en cambio, está pensado para ejecutarse en un PC y no podría aprovechar esta posibilidad si no fuera por los denominados *terminales virtuales*. Como se explicó en la Sección 2.4, existen siete terminales definidos, seis alfanuméricos y uno gráfico. El paso de uno a otro se realiza mediante la combinación de las teclas *Alt* y *Fn*, siendo *n* el número de terminal; pulsando *Alt+F2* pasaremos al segundo, con *Alt+F6* al sexto y con *Alt+F7* al gráfico. *Alt+F1* nos permite volver al terminal por defecto.[4]

4.2.5 Ejemplos

- Examinar el fichero de inicio estándar:
    ```
    more /etc/profile
    ```
- Ver los últimos comandos:
    ```
    history
    !!
    ```
- Visualizar los alias y añadir uno:
    ```
    alias
    alias hi='history'
    hi
    ```
- Examinar las opciones del comando *stty*:
    ```
    stty -a
    man stty
    ```
- Terminales virtuales:
    ```
    Alt-F3
    Alt-F1
    ```

---

[4] Cuando trabajamos en modo gráfico, el terminal por defecto es el séptimo.

4.3 Control de recursos

Por lo general, tanto usuarios normales como administradores, quieren tener información sobre la actividad del sistema, sobre todo cuando el funcionamiento es incorrecto o demasiado lento. En estos casos resulta interesante conocer la información relacionada:

- usuarios conectados
- programas en ejecución; su estado y la del procesador
- estado de la memoria, tanto física como virtual
- espacio libre de los discos y las fraccionamientos
- información asociada a las sesiones de trabajo

Existe más información incluida en este apartado, relacionada principalmente con los dispositivos y las redes pero dada su complejidad la dejaremos para más adelante.

Si bien la información asociada a los recursos puede ser obtenida en el entorno gráfico de otro modo, nos centraremos en los comandos básicos que nos permiten obtenerla.

Antes de comenzar a tratar los comandos debemos hacer una pequeña introducción sobre conceptos relacionados con los sistemas operativos. En primer lugar debemos señalar que nos encontramos ante un sistema multiprogramado, hecho que implica que el sistema esté controlando varios procesos en ejecución al mismo tiempo. Examinemos pues, estos conceptos:

- **proceso**: programa que se pone en marcha como consecuencia de una solicitud de usuario. Es un elemento básico para el sistema y tiene un identificador asignado. Podríamos considerarlo como sinónimo de un ejecutable, pero es un concepto dinámico, ya que el mismo ejecutable puede ser el programa de dos procesos distintos. Por ejemplo, cuando dos usuarios distintos ejecutan el mismo programa, se crean dos procesos asociados a un único programa.
- **estado del proceso**: desde el punto de vista del sistema operativo, el proceso puede estar en distintos estados, siendo los más importantes los siguientes: *ejecutando* (*run* en inglés), cuando se están ejecutando las instrucciones de dicho proceso; *bloqueado* o *durmiendo* (*sleep*), a la espera de algún servicio; *listo* (*ready*), cuando está esperando su turno para el procesador; *detenido* (*stopped*), cuando se encuentra a la espera de una acción desde el teclado; y, por último, *zombie*, cuando ha terminado, pero se encuentra a la espera de un evento.
- **recurso**: término genérico que se le da a todo elemento que gestiona el sistema operativo. Recursos son el procesador, la memoria, los dispositivos de entrada/salida, etc.

4.3.1 Usuarios conectados

En el mundo de los grandes servidores, es habitual que en cualquier momento pueda haber muchos usuarios conectados en distintas sesiones. En los PC, también se puede dar una situación similar mediante los terminales virtuales.

El comando *who* permite controlar los usuarios que están conectados en un momento dado. Además de aparecer el nombre, también aparece el tiempo de conexión, dato de gran utilidad, ya que permite controlar a usuarios que se han marchado *sin cerrar la sesión*, situación a la que se denomina *dejar la cuenta abierta*. Esta situación supone un gran riesgo para la seguridad.

Aunque un usuario no esté conectado, mediante el comando *lastlog* podemos obtener datos como cuándo se ha conectado por última vez. El comando *finger*,[5] en cambio, nos permitirá ver los usuarios conectados desde máquinas remotas.

4.3.2 Estado del procesador y procesos

Entre los procesos que están en marcha, ya sean del sistema o normales, se pueden distinguir varios tipos: interactivos (los comandos normales), los de segundo plano (indicando & al final del comando al ejecutarlos) y los de tipo *batch*. Para lanzar estos últimos se utilizan los comandos *at* y *batch*.

La herramienta básica para obtener información sobre los procesos es el comando *ps*. En la salida, además del identificador y el programa asociado, también aparecerán el terminal desde el que se ha lanzado, el estado del proceso y el tiempo transcurrido desde que se inició.

Cuando se utiliza sin parámetros, el modo más habitual, solo aparecerán los procesos pertenecientes a la sesión de un usuario, es decir, al terminal. Esta sería la salida si estuviéramos ejecutando *emacs* en segundo plano:

```
ps
   PID TTY       TIME CMD
  2204 tty1   00:00:00 bash
  2359 tty1   00:00:00 emacs
  2360 tty1   00:00:00 ps
```

La información que aparece en las cuatro columnas es la siguiente, respectivamente: identificador del proceso, terminal utilizado, tiempo de CPU y el comando.

En ocasiones nos interesará obtener más información, en cuyo caso tendremos que hacer uso de los parámetros disponibles en *ps*. Así, para ver los procesos de otros usuarios tenemos la opción *a*, para ver los servidores del propio sistema (también llamados *daemon* y que se tratarán más adelante) la opción *x*, para mostrar la información asociada a los recursos el parámetro *u* y para que aparezcan los nombres completos de los programas, la opción *w*. Para visualizar todas las opciones al mismo tiempo se utilizará la opción *auxw*. Como la información a mostrar puede ser mucha, podemos utilizar el siguiente comando para ver la información de modo más cómodo:

```
ps auxw | more
```

---

[5] En algunas distribuciones no se encuentra presente, ya que puede crear problemas en la seguridad.

Además de la mencionada, con la opciones comentadas aparecerá más información por cada proceso: el usuario, memoria asignada, estado y momento en el que se inició.

Las abreviaturas del estado son: R *ejecutando* o *preparado* (*running/ready*), S e I *bloqueado* (*sleeping/idle*), T *detenido* (*stopped*), Z *zombie*, H *abortado* (*halt*), P *paginando* (*page wait*) y D *esperando al disco* (*disk wait*). Ni que decir tiene que para obtener más información se puede recurrir al comando *man*.

Por lo general, la cantidad de procesos suele ser grande, por lo que si buscamos procesos concretos podemos combinar *ps* y *grep*. Por ejemplo, con el siguiente comando obtendremos información de todos los procesos que utiliza el programa *emacs*:

```
ps auxw | grep emacs
```

En *Linux* encontramos el comando *top* que permite examinar los procesos según el consumo de recursos y que, además, se actualiza con una frecuencia constante. Asimismo, también ofrece información sobre el estado de la memoria. Todo administrador debería tener este programa ejecutándose en una ventana, ya que es una herramienta fundamental para seguir la actividad del sistema.

Existe otro comando en *Linux*, de nombre *pstree*, cuya mayor ventaja es que muestra las relaciones entre procesos. Como se incluyen los procesos del sistema, es habitual combinarlo con *more*:

```
pstree | more
```

En ciertas ocasiones, debido a varias posibles razones, desearemos terminar con la ejecución de un programa, objetivo para el que existe el comando *kill*. Si el proceso que hay que detener se está ejecutando en segundo plano o si es el administrador quien debe detenerlo, no se podrá utilizar *Ctrl-C*, por lo que será imprescindible el comando *kill*. Para señalar el proceso que queremos detener, bastará con indicar como parámetro el identificador de proceso que devuelve el comando *ps*. Desde la cuenta *root* se puede "matar" cualquier proceso; un usuario, en cambio, solo puede detener los que hayan sido creados por él.

Así, para dar fin al proceso *emacs* del ejemplo anterior, utilizaremos cualquiera de los dos siguientes comandos (la segunda versión sólo se utiliza cuando no funciona la primera):

```
kill 2359
kill -9 2359
```

Si deseamos terminar el programa utilizando su nombre en lugar de su identificador, recurriremos al comando *killall*.

Además de utilizar comandos especiales, en las últimas versiones de *Linux*, es posible consultar los procesos y sus características mediante el sistema de ficheros, consultando los semificheros existentes en el directorio virtual */proc*. En este directorio, por cada proceso existe un subdirectorio con su identificador por nombre y en cuyo interior se encuentran múltiples ficheros que proporcionan amplia información sobre el proceso. Junto con la información sobre procesos, en el directorio

/proc también se encuentra información sobre interrupciones, dispositivos, DMA, puertos, entorno...

La información que ofrece es muy amplia, por lo que no profundizaremos en esta ocasión. Sin embargo, cuando se detecte un comportamiento inadecuado, puede resultar una herramienta muy útil para encontrar sus causas. Para ampliar la información utilizaremos el comando *proc*.

Para modificar la prioridad de los procesos se puede utilizar el comando *renice*.

4.3.3 Memoria y disco

En el apartado anterior hemos visto que para examinar el estado de la memoria libre y de la virtual podemos recurrir a los comandos *ps* y *top*. En este apartado trataremos dos comandos más con este fin: *free* y *vmstat*. No se utilizan a menudo, pero son interesantes cuando surgen problemas con la memoria.

Para controlar el espacio de los discos y sus particiones, encontramos el comando *df*. Al ejecutarlo se nos mostrará el espacio libre y ocupado, tanto en datos como en *i-nodos*, de cada partición de disco o disco montado.

En muchas ocasiones no es suficiente conocer el estado de toda la partición o disco, sino que puede interesar conocer el espacio ocupado por los ficheros de un usuario o de un subdirectorio, cuando, por ejemplo, el disco está casi lleno o para el autocontrol de los propios usuarios. Para este caso existe el comando *du*. Si solo se indica como parámetro un directorio, ofrecerá información sobre los elementos de éste y el espacio que ocupa cada uno de ellos. Si, en cambio, se utiliza la opción *-s*, tan solo aparecerá la cantidad total, habitualmente el dato más interesante. Este es el formato más utilizado:

```
du -s directorio
```

Para determinar el espacio ocupado por un usuario tan solo habrá que indicar su directorio raíz o *$HOME*.

4.3.4 Ejemplos

- Ver los usuarios conectados y los procesos en marcha:
  ```
  id
  whoami
  who
  ps auxw | more
  pstree | more
  man renice
  ```
- Ver los procesos que más recursos consumen, con actualización automática (para terminar, pulsar *Ctrl-C*)
  ```
  top
  ```

- Controlar el espacio del disco:

  ```
  df
  man du
  du -s $HOME                        # -s: general
  du $HOME | sort -nr                # ordenado por tamaño
  ```

- Ver el estado de la memoria y las características de la partición *swap*:

  ```
  free
  man vmstat
  vmstat 5 4                         #cada cuatro segundos, 5 veces
  ```

- Características de los procesos, mediante el sistema de ficheros:

  ```
  man proc
  ls /proc
  more /proc/meminfo
  more /proc/ioports
  ```

- *Script* que diariamente compara la utilización de disco en diversos momentos. Para probarlo, previamente es necesario crear el fichero *du.sav*:

  ```
  if [ ! -s du.sav ] ;
  then
     echo "disco1: no se ha encontrado la información del día"
     echo "anterior (du.sav). Es preciso crearlo previamente"
     du $HOME >du.sav
     exit 1
  fi
  du $HOME >du.log
  diff du.log du.sav
  mv -f du.log du.sav
  ```

4.4 Ejercicios

1. Cambiar las variables de entorno para que en la invitación aparezca el nombre de usuario y el directorio de trabajo. Modificar además del modo que se crea conveniente los permisos por defecto de los ficheros utilizando el comando *umask*. Incluir estas acciones en un fichero de inicio para que sean permanentes.

2. Mediante alias, utilizar en el intérprete de comandos las ordenes de MS-DOS (*copy*, *del*, *ren*, etc.). Conseguir que los cambios sean permanentes, introduciendo las instrucciones correspondientes en un fichero de inicio.

3. Escribir un *script* que, a partir de un camino relativo indicado como parámetro, proporcione el absoluto.

4. Utilizando las variables de entorno, conseguir que la información del manual utilizado por el comando *man* se pueda consultar en otros idiomas (en inglés).

5. Comprobar mediante el comando *top* cuáles son los procesos que más recursos consumen.

6. Lanzar un comando en segundo plano (con la opción &). Después obtener el identificador y detener el proceso utilizando dicho dato. Una opción es abrir una ventana de comandos en el entorno gráfico e iniciar *emacs*.

7. Programar un *script* que calcule el número de procesos de una sesión (utilizar los comandos *ps*, *grep* y *wc*). Calcular el número de procesos de la cuenta *root*. A partir de lo anterior, crear un fichero de comandos que cuente el número de procesos por cada usuario conectado.

8. Crear un nuevo comando que obtenga los directorios con un tamaño superior a 1 Mbyte. Utilizar para ello el comando *awk* (para más información consúltese el Apéndice C).

Capítulo 5

Control de usuarios y contabilidad

En este capítulo

5.1 Notas sobre la seguridad **73**

5.2 Administración de cuentas **73**

5.3 Grupos **79**

5.4 Auditoría, contabilidad y cuotas **81**

5.5 Ejercicios **84**

Linux es un sistema multiusuario, por lo que el control de usuarios es una de las tareas fundamentales del administrador. Implementar una gestión estricta de los usuarios tiene un doble objetivo: dar el imprescindible primer paso para la seguridad básica y gestionar los recursos de un modo equilibrado. Para este último caso se recomienda utilizar la contabilidad que ofrece *Linux* de modo opcional.

5.1 Notas sobre la seguridad

Conseguir la seguridad absoluta se considera un objetivo imposible. Sin embargo, si la cooperación entre administración y usuarios es la correcta, se puede lograr un nivel de seguridad aceptable. Es necesario recordar que gran parte de los ataques no son en absoluto sofisticados. Es más, si se aplican unos criterios de seguridad mínimos, la mayoría de los ataques podrán ser evitados.

Una de las partes fundamentales de la seguridad reside en las contraseñas de las usuarios y administradores. Como se señaló en el segundo capítulo, la contraseña, además de secreta, debe ser difícil de adivinar. Por este motivo se deben evitar palabras que aparecen en diccionarios o relacionadas con nosotros. Lo más adecuado resulta combinar caracteres alfanuméricos con caracteres especiales (por ejemplo $ _ - / :). Además, cuando existen sospechas sobre la confidencialidad de las contraseñas, se deben modificar (para lo que se utiliza el comando *passwd*).

Para gestionar la seguridad, calidad y actualización de las contraseñas se recomienda instalar el programa *shadow* (que podría traducirse como *contraseñas ocultas*). En las versiones más recientes de *Linux* no es necesario debido a que ya se encuentra incluida. Sobre este programa se tratará en el Capítulo 9.

Por otro lado, existe un importante punto metodológico que podríamos resumir con el lema *un usuario, una cuenta*. No se debe admitir que dos usuarios utilicen la misma cuenta, ya que es fundamental que no se comparta la contraseña. Si dos usuarios desean trabajar como una sola, para trabajar en grupo, por ejemplo, se les asignarán dos cuentas en las que, tan pronto como comiencen la sesión sean direccionadas al mismo directorio.

En los sistemas *Unix* solo se prevé un superusuario. Sin embargo, los permisos para los trabajos de administración pueden ser asignados con el comando *sudo*. También es posible definir más de un superusuario mediante el denominado *UID*, que será tratado más adelante. En cualquier caso, solo existirá una cuenta de nombre *root*.

5.2 Administración de cuentas

Cuando se instala *Linux* se crean la contraseña del administrador y un usuario, pero más adelante puede surgir la necesidad de crear nuevos usuarios o darles de baja. El fichero */etc/passwd* es la clave en la gestión de usuarios, ya que a cada una de las cuentas le corresponde una línea en este fichero.

5.2.1 El fichero /etc/passwd

En cada una de las líneas de este fichero hay varios campos separados por el carácter *dos puntos*:

- Nombre de la cuenta o identificador. Suele tener una longitud máxima de ocho caracteres y es público. Para iniciar la sesión, es necesario proporcionar este identificador junto con la contraseña. El identificador de la cuenta de superusuario es *root*.
- Contraseña cifrada. Como es privada, no puede quedar a la vista, razón por la que *Linux* la codifica y así la guarda en el fichero. Cuando se introduce la contraseña, *Linux* la codifica y la compara con la del fichero. Este mecanismo proporciona cierta seguridad, ya que no es posible obtener la contraseña original a partir de la cifrada. Sin embargo, no es suficiente garantía, ya que si alguien accede a las contraseñas codificadas, pueden intentar obtener las originales mediante programas especiales basados en diccionarios. El programa *shadow* permite eliminar las contraseñas cifradas de este fichero y guardarlas en el archivo */etc/shadow* que tiene el permiso de lectura deshabilitado.
- Identificador numérico de usuario (*UID, user identification*). Es un número para uso del sistema que se utiliza en lugar del nombre de la cuenta y principalmente para la comprobación de permisos. La administradora puede elegirlo, pero por lo general lo asigna el sistema. En la línea de *root* aparecerá 0, ya que este es su identificador. Precisamente este número es la clave para obtener los permisos especiales y no el nombre *root*. Si se desea establecer más de un superusuario, se recomienda asignar a las correspondientes cuentas el UID 0. Sin embargo, se deberá proceder con sumo cuidado, ya que este es precisamente el objetivo de los *hackers*. Otra alternativa es la utilidad *sudo*.
- Identificador de grupo (*GID, group identification*). Es el número que permitirá controlar los permisos del grupo. Es una herencia de las primeras versiones de *Unix*, ya que hoy en día una cuenta puede formar parte de más de un grupo. Así pues, el definido aquí será considerado como el principal. Si se desea obtener los grupos a los que pertenece una cuenta se deberá recurrir al archivo */etc/groups*.
- Información convencional. Aquí se almacena todo lo que se necesita conocer sobre los usuarios (nombre y apellidos, teléfono, dirección…). El sistema no utiliza estos datos, pero es importante poder identificar al propietario de la cuenta para que el administrador pueda ponerse en contacto con él en caso de surgir algún problema.
- Directorio raíz de la cuenta. Éste será el directorio de trabajo cuando se entre en la cuenta y en el mismo se ubicará su sistema de ficheros propio. Aunque el administrador puede elegirlo, en *Unix* por defecto se crea un directorio con el nombre de la cuenta en la ubicación */home*. De este modo será habitual encontrar dentro del directorio */home* varios subdirectorios, cada uno con el mismo nombre que el de la cuenta asociada, y en los que se ubicarán los archivos propios. A modo de excepción, si dos usuarios siempre trabajan en grupo es posible definir el mismo directorio para las dos cuentas.

- Intérprete de comandos asignado. En este apartado se indica la ubicación absoluta del programa ejecutable que se lanza al entrar en la cuenta. Por lo general, en *Linux* se utiliza */bin/bash*, pero existen alternativas interesantes. Por ejemplo, si en una cuenta siempre se utiliza una aplicación ofimática, lo más adecuado será especificar el camino absoluto de esa aplicación en este campo. Para anular temporalmente una cuenta, se puede indicar */bin/false*.

A continuación encontramos el ejemplo de una línea del fichero */etc/passwd*:

```
scx003:nt4wg1iI0:1100:511:LeireAgirre:/home/scx003:/bin/bash
```

El nombre de la cuenta de Leire Agirre es *scx003*, el UID es 1100, el GID es 511 y tanto el directorio raíz, como el intérprete de comandos son los esperados. *nt4wg1iI0* es la contraseña codificada. Si *shadow* estuviera instalado, la línea sería la siguiente:

```
scx003:*:1100:511:Leire Agirre:/home/scx003:/bin/bash
```

Junto con las cuentas reales, *Linux* mantiene cuentas de conveniencia con el fin de proporcionar seguridad en varias aplicaciones. Estas cuentas están relacionadas con el proceso *daemon* que se tratará en el Capítulo 7. Estos son algunos ejemplos de usuarios especiales: *daemon, bin, sys, adm, cron, mail, lp, lpd*.

Para consultar los identificadores correspondientes a la sesión con la que estamos trabajando se utiliza el comando de *Linux id*.

5.2.2 Creación de cuentas

Una de las tareas de administración más importantes es la creación de nuevas cuentas, además de las cuentas que se crean automáticamente durante la instalación (crear la cuenta *root* al comienzo es imprescindible). Antes de que un usuario pueda comenzar a trabajar adecuadamente en un computador, el administrador debería seguir los siguientes pasos:

- Editar el fichero */etc/passwd* y añadir una línea como se ha indicado en el apartado anterior (sin contraseña, ya que no podemos codificarla).
- Crear el directorio raíz y asignar los permisos correspondientes. Será *root* quien los cree, pero la propiedad y el grupo deben ser de la nueva cuenta. Para ello se pueden utilizar los comandos *chown* y *chgrp*.
- Crear el directorio para el correo electrónico. Por lo general se creará en */var/mail* o */var/spool/mail*.
- Crear los ficheros de inicio (*start-up*) de la cuenta. No está muy claro a quién corresponde esta tarea, pero se recomienda que lo realice el administrador para facilitar el trabajo y ahorrar tiempo en el futuro. Este paso puede ser innecesario si se configura adecuadamente el fichero */etc/profile*. Sin embargo, se puede necesitar particularizar el fichero. Para ello suele ser preciso modificar los ficheros *.bash_login* y *.bashrc* del directorio raíz de la cuenta, teniendo en cuenta los *esqueletos* que se preparan en el directorio */etc/skel* y otras inicializaciones generales en */etc/.bashrc*.

- Definir la contraseña, labor para la que el comando *passwd nombre_cuenta* será la única opción. Esta palabra clave será la inicial y el usuario deberá preocuparse por cambiarla lo antes posible. Aun así, pese a ser temporal, deberá cumplir las reglas señaladas para la creación de contraseñas.
- En caso de ser miembro de un nuevo grupo, realizar la correspondiente modificación en el fichero */etc/group*, como se indicará más adelante. Para hacer al usuario miembro de varios grupos, también habrá que modificar este fichero.
- Preparar los límites de disco, registros para la contabilidad, etc. como se señalará más adelante.
- Marcarlo como accesible desde otras CPU mediante el servicio NIS. Se estudiará en la parte de redes.

Los cuatro primeros pasos se pueden realizar de una sola vez mediante los programas *useradd* o *adduser* y cuya utilización es muy recomendable. *adduser* es más cómodo, ya que es interactivo, pero no aparece en todas las distribuciones. Ambos comandos tienen una serie de opciones por defecto, como el intérprete de comandos o el directorio raíz, que pueden ser consultadas en algunas distribuciones en el fichero */etc/default/useradd*.

Las interfaces gráficas *Linuxconf*, *gnome* y *KDE* tienen sus propias herramientas para la gestión de las cuentas, más cómodas en su uso que las aquí tratadas.

Se recomienda poner especial atención en la creación de las cuentas, ya que errores en este proceso pueden suponer una gran carga de trabajo en la administración más adelante.

5.2.3 Gestión de las contraseñas

El tratamiento de la contraseña inicial de las cuentas tiene especial importancia, ya que puede suponer un agujero en la seguridad.

De hecho *root*, bien sea de modo manual o automático, introducirá inicialmente la contraseña o palabra clave, pero el usuario deberá cambiarla cuanto antes.

Por este motivo, se recomienda seguir los siguientes pasos:

- Asignar una contraseña adecuada al crear la cuenta. Se dispone del comando *passwd* para este fin. Para evitar el eco la contraseña se indicará cuando se pida.
- Comunicar la contraseña. Se recomienda no escribirla en ninguna parte, por lo que el teléfono será el medio más adecuado para este paso.
- Obligar al usuario a modificar la contraseña en ese momento, de modo que elija una de su agrado. De lo contrario, olvidará la asignada en la administración o, peor, la apuntará y pondrá en juego la seguridad del sistema. Lo más adecuado será que, tan pronto como se le facilite la contraseña, se invite al usuario a que abra una sesión y a que escoja una nueva contraseña.

5.2.4 Modificar las características de la cuenta

No es habitual que las características de los usuarios cambien. El mayor trabajo proviene de los efectos de cambiar la contraseña. Aparte de este campo, el único cambio que se suele hacer es el del intérprete de comandos. En cualquier caso, para realizar modificaciones se utilizará el comando *usermod* o algunas de las opciones de la interfaz gráfica disponibles, aunque también podrá editar directamente el fichero */etc/passwd*.

La excepción la encontramos al modificar la contraseña, ya que para ello se debe utilizar el comando *passwd*. Si el superusuario desea cambiar la palabra clave de otra cuenta, deberá especificar el identificador de su cuenta, ya que de lo contrario modificaría la propia. Esta será la operación que deberá realizarse cuando un usuario comunique que ha olvidado su contraseña, ya que es la única forma de asignar una nueva.

5.2.5 Cierre de cuentas

Las cuentas que se dan de baja deben ser borradas, pero no de cualquier modo. En algunas empresas, el cierre de las cuentas debe retrasarse un tiempo, por ejemplo hasta final de mes por motivos de contabilidad. Sin embargo, el acceso a la cuenta debe permanecer deshabilitado. En otros casos, en lugar de borrar la cuenta, tan solo se desea bloquearla como medida preventiva ante un posible uso inadecuado. La sospecha de que en esa cuenta existen problemas de seguridad o que no se recibe un pago convenido por su uso también pueden ser las causas de esta situación.

El mejor método para bloquear una cuenta es establecer el valor */bin/false* en el campo asociado al intérprete de comandos dentro del fichero */etc/passwd*. Otra buena técnica consiste en añadir un carácter a la contraseña (en el mismo fichero o en */etc/shadow*). En algunas distribuciones de *Linux* se puede conseguir el mismo resultado con el comando:

```
passwd -l usuario
```

Para borrar las cuentas se utiliza el comando *userdel*. Sin embargo, debe tenerse en cuenta que existe información asociada: una parte del sistema de ficheros, varios mensajes, trabajos periódicos, etc. Por este motivo será una buena idea hacer una copia de seguridad de la información antes de cerrar la cuenta.

Para la realización de copias de seguridad se utiliza el comando *tar*, que será tratado en el Capítulo 6. La mayor parte de la información asociada a una cuenta se encuentra en el directorio de la cuenta dentro del directorio */home*, pero si queremos obtener toda, podemos utilizar el comando *find* del siguiente modo:

```
find / -user usuario -ls
```

Para borrar la información de la cuenta, incluyendo el directorio raíz y su contenido, se utilizará el siguiente comando:

```
userdel -r usuario
```

5.2.6 Ejemplos

- Mostrar la información de la cuenta:

    ```
    id
    more /etc/passwd
    ```

- Estudiar los comandos:

    ```
    man useradd
    man userdel
    ```

- *Script* para la comprobación de las cuentas. Examina las cuentas sin contraseña y las nuevas cuentas. Se ejecutaría periódicamente, cada semana por ejemplo. Antes de la primera ejecución debemos copiar el fichero */etc/passwd* y guardar la copia con el nombre *passwd_anterior* dentro del directorio */usr/local/bin/old*

    ```
    umask 077
    cd /usr/local/bin/old   #hay que crearlo previamente
    echo ">>> Comprobación de las contraseñas. Fecha: `date`\n"
    echo "**** cuentas sin contraseña:"

    grep '^[^:]*::' /etc/passwd       # cuentas sin contraseña
    if [ $? -eq 1 ]                   # si ninguna
          then
              echo "todas tienen contraseña"
        fi
    echo ""
    # comprobación de passwd_anterior
    if [ ! -s passwd_anterior ]
          then
              echo "no existe el fichero passwd_anterior"
              cp /etc/passwd passwd_anterior
              exit 1
          fi
    # comparar las anteriores con las nuevas
    sort </etc/passwd >tmp1
    sort <passwd_anterior >tmp2
    echo "**** Cuentas nuevas:"
    comm -23 tmp1 tmp2
    echo ""
    rm -f tmp1[1-2]
    cp /etc/passwd passwd_anterior
    ```

5.2.7 Gestión de las cuentas en modo gráfico

También existe la posibilidad de añadir y modificar las cuentas mediante la interfaz gráfica. En la Figura 5.1 se muestra el aspecto de la gestión de cuentas, por medio de la opción *Usuarios y Grupos*, usando *webmin*.

Desde la misma interfaz, también se pueden gestionar los grupos.

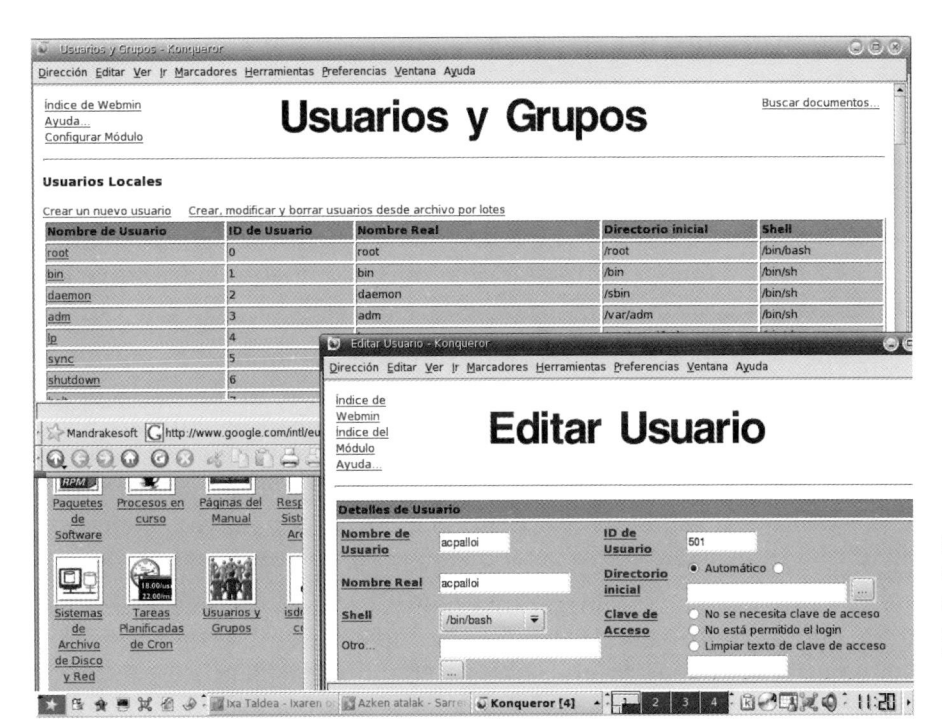

Figura 5.1
Configuración de las cuentas mediante *webmin*.

5.3 Grupos

El concepto de grupo en los sistemas *Unix* ofrece la posibilidad de compartir la información de modo controlado. Como se ha señalado en la Sección 3.4, cada fichero tiene asignado unos determinados derechos de acceso, tanto de usuario como de grupo. La adecuada gestión de esos derechos es fundamental para la seguridad de la información, por lo que la gestión de los grupos es de suma importancia.

Aunque en el fichero */etc/passwd* solo se puede indicar un identificador de grupo, una cuenta puede pertenecer a más de un grupo. La relación de grupos secundarios a los que pertenece una cuenta se encuentra en el fichero */etc/group*. En cada línea de este fichero se describe un grupo con la siguiente información (diferenciada mediante el carácter *:*):

- Nombre simbólico del grupo.

- Contraseña del grupo para los no miembros. Por lo general, no se suele utilizar y se indica con *.
- Identificador numérico del grupo (*GID*).
- Nombres de cuentas (*username*), separados por comas.

Una línea de ejemplo podría ser:

```
alumnos:*:520:sike000,sike001,sike002
```

En dicho ejemplo se describe el grupo *alumnos*, formado por 3 usuarios y cuyo *GID* es 520.

Al igual que en la gestión de cunetas, para la gestión de grupos se recomienda el uso de comandos especiales. Así, para crear un nuevo grupo utilizaremos *groupadd*, para eliminarlo *groupdel* y para modificarlo *groupmod*.

También podemos encontrar grupos de conveniencia, similares en concepto a los usuarios de este tipo, y que permite gestionar adecuadamente la información del sistema: *root*, *daemon*, *sys*, *kmem*, *tty*, *users*, etc.

La creación de nuevos grupos se realizará a medida que surjan nuevos grupos de trabajo entre los usuarios. De este modo, si se añade al sistema un nuevo dispositivo y se quiere restringir su utilización, los usuarios con permisos se reunirán en un nuevo grupo. Por otro lado, por cada cuenta nueva que se da de alta en el sistema también se crea un grupo asociado, labor que realiza automáticamente el comando *useradd*. Por este motivo, para que sea incluido en un grupo previo, al ejecutar este comando deberá indicársele como parámetro un grupo que ya exista.

En cualquier caso, se deberá contemplar una política para la gestión de grupos. En una empresa, por ejemplo, cada departamento puede tener su grupo asociado. En un colegio, en cambio, puede resultar más interesante clasificar a los usuarios en los grupos *profesorado*, *administración* y *alumnado*. Si el número de alumnos fuera muy grande, o por incrementar la seguridad, el último grupo podría dividirse en grupos asociados a asignaturas.

5.3.1 Otros comandos relacionados con grupos

En *Unix*, mediante el comando *groups* podemos obtener los grupos a los que pertenece una cuenta. En *Linux*, adicionalmente disponemos de otro comando, *id*, ya tratado anteriormente.

Una cuenta puede formar parte de varios grupos, si bien en un determinado momento, solo tiene uno asignado, generalmente el especificado en el fichero */etc/passwd* y que se le asigna al comenzar la sesión.

En cualquier caso, resulta muy poco práctico tener que cambiar de grupo al crear un fichero en función de con quien se desea compartir ese fichero. Por este motivo en el sistema *Unix* se puede utilizar el bit especial *setgid*, que se tratará en el Capítulo 3. Si activamos dicho bit en el directorio raíz del subsistema de ficheros compartido, el grupo por defecto para todos los ficheros que se creen en este subsistema será el que tenga asignado dicho directorio. De este modo se evita automáticamente se les asigne el grupo que tenga asignado en ese momento la cuenta y la obligada utilización posterior del comando *newgrp*.

El comando *chgrp* nos permitirá cambiar el grupo de un fichero. Es interesante recordar que si añadimos al comando la opción *-R* la modificación será recursiva.

5.3.2 Ejemplos:

- Visualizar los grupos:

    ```
    groups
    more /etc/group
    ```

- Obtener mediante un *script* (*script_cuentas2*) la información sobre la cuenta y grupo proporcionada por el comando *id:*

    ```
    grep '^$LOGNAME' /etc/passwd >linea  # obtener los datos de la cuenta
    uid=`cat linea | cut -f3 -d":"`      # [1]dejar en variables uid y gid
    gid=`cat linea | cut -f4 -d":"`
    grupo=`grep $LOGNAME /etc/group | cut -f1 -d":"`
    echo uid=$uid\($LOGNAME\) gid=$gid\($grupo\)
    rm -f linea
    ```

5.4 Auditoría, contabilidad y cuotas

La función de estas tareas es la seguridad y la adecuada utilización de los recursos que, a pesar de tener gran importancia, apenas se tienen en cuenta. La dificultad más importante la encontramos en que los modos en que se controla la utilización de los recursos no están normalizados en los sistemas *Unix*.

5.4.1 Auditoría

En los sistemas modernos, el sistema operativo lleva un control sobre toda la actividad del sistema, generando los denominados ficheros de auditoría[2] (ficheros *log* en inglés). La información contenida en dichos ficheros puede ser útil para detectar posibles ataques contra la seguridad. Por este motivo, puede ser consultada directamente mediante ciertos comandos (*who, finger...*).

Por lo general, en *Linux* los ficheros de auditoría se encuentran localizados en el directorio */var/log*, si bien también podemos encontrar algunos de ellos en el direc-

---

[1] Para entender mejor el ejemplo se recomienda utilizar la ayuda *(man cut)*.

[2] El nombre que se le da a este tipo de ficheros puede variar: ficheros de actividad, de registro, etc. En este libro se utilizará el término "ficheros de auditoría".

torio /etc. Los permisos de superusuario son necesarios para la consulta de algunos de ellos. El responsable de estos ficheros será uno de los *daemon* que se tratarán en el Capítulo 7 y que se controla mediante el fichero */etc/syslog.conf*. Estos son los ficheros más interesantes:

- *messages*: en este fichero se almacenan los mensajes que deberían aparecer en el terminal de la administración, de modo que se puedan consultar en el futuro. Gracias a este fichero, no se perderán estos mensajes cuando no se esté frente a la pantalla.
- *lastlog*: informa de la última sesión de cada cuenta. Basándose en la información de este fichero, cada vez que un usuario inicia una nueva sesión, el sistema le informa de cuándo fue la última vez que se conectó. De este modo es posible detectar la utilización inadecuada de la cuenta.
- *loginlog* edo *btmp*: intentos fallidos de conexión o apertura de cuenta.
- *utmp*: usuarios conectados.
- *wtmp*: proporciona información sobre duración de las sesiones. El contenido del archivo puede ser consultado mediante el comando *last*.
- *aculog*: sesiones abiertas a través del *modem*.

A menudo, el tamaño de estos ficheros es grande, por lo que resultan difíciles de entender y manejar, razón por la que, por lo general, se utilizan aplicaciones especiales para estudiarlos. Además, en algunas distribuciones no se almacenan en modo texto, sino que se comprimen para minimizar la ocupación en el disco. En el capítulo sobre seguridad se mencionarán algunos de estos programas (*logcheck* y *tripwire*, por ejemplo).

5.4.2 Contabilidad

Además de la seguridad, también es posible almacenar información sobre la contabilidad de los recursos, si *root* así lo desea.

Como explicaremos más adelante, la gestión de la contabilidad varía en función de la versión de *Unix* utilizada y en algunas distribuciones de *Linux* no está disponible.

La activación no es estándar para todos los sistemas *Unix* y se distinguen dos modos:

- *accton*, cuando se basa en el tipo BSD.
- asociando */etc/init.d/acct* al fichero */etc/rc2.d/S22acct*, en el caso del tipo System V. Además, es necesario colocar *ckpacct*, *runacct* y *monacct*, del directorio */usr/lib/acct* en el fichero *crontab*.

Para llevar el control de la contabilidad, se deberán examinar varios directorios. Por regla general la información se almacena en los directorios */var/adm* o */var/log*. En los ficheros creados la información almacenada es la siguiente: comando, tiempo CPU, tiempo de servicio, hora inicial, identificador de la cuenta y grupo, memoria utilizada, cantidad de caracteres o bloques escritos/leídos, terminal y forma de terminación.

La manera en que se obtienen los resultados de la contabilidad, al igual que en el caso de la activación, depende del sistema. Los dos estándares son los siguientes:

- Utilizando los comandos *ac* y *sa* en los sistemas de tipo BSD.
- En los de tipo System V se almacenan en el subdirectorio *sum*, como consecuencia de los trabajos periódicos.

En *Linux* se puede utilizar la contabilidad de tipo BSD, si bien en gran parte de las distribuciones no se instala ni mucho menos se activa. Cuando se encuentra activa, el control se basa en el programa */sbin/accton* y el fichero */var/log/pacct*. Para más información consúltese la dirección www.linux.org/docs/ldp/howto/mini/Process-Accounting

5.4.3 Cuotas

Cuando se llena el disco, los usuarios tienen problemas para trabajar. Este es un ejemplo típico de la denominada negación de servicio. Para evitar este problema se pueden preparar algunos *script* utilizando *du* o *df*. Otra opción consiste en asignar a cada cuenta un límite o cuota. La cuota se puede establecer en una cantidad de bloques, de ficheros o directorios, pudiendo ser esta cantidad flexible (*soft*) o estricta (*hard*). El límite flexible puede ser superado, pero advierte de la situación mediante un aviso. Los límites estrictos, en cambio, nunca pueden ser superados.

Para establecer y controlar los límites se debe seguir una serie de pasos. Estos son los más importantes

- En el fichero */etc/fstab* se debe indicar que se establecerán cuotas. La estructura de este archivo ya apareció en la Sección 3.5 y en este punto se puede consultar cómo utilizar la opción *usrquota*. Después de montar nuevamente el sistema de archivos (para ello se puede utilizar *mount -a*), se podrán establecer las cuotas.
- En el directorio */home* se deberán almacenar los ficheros *quota.user* y *quota.group*, que contienen los límites indicados. En algunas distribuciones el nombre de estos ficheros es *quota.user* y *quota.group*. El comando *edquota* permitirá gestionar de una manera más cómoda dichos ficheros, ofreciendo la posibilidad de consultar y modificar las cuotas de las cuentas.
- Controlar las cuotas por medio del comando *quotacheck*. Este comando examina el sistema de ficheros, por lo que puede ralentizar el sistema.

Como hemos señalado, el comando *edquota* permite establecer cuotas, bien sean flexibles o estrictas, tanto para usuarios como para grupos.

Existen más comandos relacionados con las cuotas, de los cuales podemos destacar *quota* y *quotaon*. El primero informa al usuario de la cuota que tiene asignada, mientras que el segundo activa el sistema de cuotas. En algunos sistemas, *quotaon* se activará automáticamente al iniciar el sistema, como se explicará en el Capítulo 7.

Además del límite del disco, se pueden establecer más límites con el comando *ulimit*. Entre los parámetros que se pueden modificar encontramos los siguientes: número de ficheros abiertos, tiempo de CPU del proceso y la longitud del fichero *core*. Para visualizar todos los límites se utilizará la opción *-a*:

```
ulimit -a
```

Dichos límites se establecen en el fichero utilizado para la parametrización de las cuentas, */etc/profile*. Por ejemplo, en *Mandrake 8.2*, el tamaño de los ficheros *core* quedará limitado si en dicho fichero añadimos la siguiente línea:

```
ulimit -S -c 1000000
```

5.4.4 Ejemplos

- Para obtener información sobre la auditoría:
    ```
    man wtmp
    man last
    last
    man lastlog
    lastlog
    ```

- Para profundizar en la gestión de cuotas:
    ```
    man quota
    quota
    man edquota
    man quotaon
    man quotacheck
    man bash        # buscar ulimit en el texto
    ulimit
    ```

5.5 Ejercicios

1. Crear cuentas para todas las personas del grupo o de la casa.

2. Crear dos grupos y asignarlos a la propia cuenta como grupos secundarios. Crear un directorio y asignárselo al segundo grupo, activando el bit *setgid*. Trabajando con el grupo primario, crear un fichero dentro del directorio y comprobar el grupo asignado.

3. Examinar el directorio */var/log* y buscar todo la información referente a la propia cuenta.

4. Crear dos cuentas que compartan el directorio raíz.

5. Modificar un ejemplo anterior para hacer un *script* que enumere las cuentas cuyo campo *uid* tenga el valor cero (superusuarios).

6. Intentar activar las cuotas del disco.

Capítulo 6

Protección de la información y nuevo software

En este capítulo

6.1 Planificación de las copias de seguridad **87**
6.2 Comandos **88**
6.3 Instalación de software nuevo **93**
6.4 Compilación del núcleo **98**
6.5 Ejercicios **100**

Una de las funciones más importantes de la administración es la recuperación de la información tras una pérdida de la misma. Los motivos por los que se producen pérdidas de información pueden ser muchos: ataques, errores del usuario, accidentes, etc. Para recuperar la información será preciso haber realizado con anterioridad un trabajo preventivo: la creación y correcto almacenamiento de copias de seguridad (*backup* en inglés).

Es habitual que el tamaño de las copias de seguridad sea muy grande, por lo que los programas para realizarlas suelen combinarse con aplicaciones que comprimen la información.

En la parte final de este capítulo también se tratará la instalación de software relacionado con la recuperación de las copias de seguridad.

6.1 Planificación de las copias de seguridad

La realización de copias de seguridad, conocida con el término inglés *backup*, es un proceso importante, largo y poco agradecido, por lo que deberá contar con una buena planificación.

Para la creación de copias de seguridad se podrá contar con varios tipos de unidades, en función del computador: disquetes, CD-ROM, DVD, cintas magnéticas, unidades de soporte óptico, etc. En los PC comunes, los primeros son lo más utilizados.

Se distinguen dos tipos de *backup*: completos e incrementales. En un *backup* completo se guarda toda la información del sistema de ficheros. En ocasiones se utiliza una versión reducida: la copia completa de la información modificable. En este último caso se guarda toda la información de los usuarios, pero no la que no se modifica, como el propio sistema, las aplicaciones, etc. En cualquier caso, la realización de copias de seguridad completas exige mucho tiempo y un soporte de gran capacidad.

En el caso de la copia de seguridad incremental, solo se guardan los archivos que se han modificado desde que se realizó la última copia. Por este motivo, si se realiza con frecuencia, la operación será rápida.

Para asegurar que la información se recupera correctamente, será preciso disponer de la última copia de seguridad completa junto con todas las incrementales que posteriormente se hayan realizado. De este modo, dentro de la política de seguridad se debe decidir la frecuencia con la que se realizan las copias de seguridad completas e incrementales.

Lo más habitual es programar un *backup* completo semanal o mensualmente y los incrementales cada día. En caso de que la completa solo se realice una vez al mes, se recomienda que las copias incrementales sean semanales, de modo que no se necesite utilizar 20 copias incrementales si la pérdida ocurriera a final de mes.

Entre las causas que producen la pérdida de información podemos encontrar catástrofes como inundaciones, incendios, etc. Precisamente debido a estas situaciones es recomendable mantener las copias de seguridad completas en un lugar distante de la máquina, de tal modo que se pueda recurrir a ellas en estas situaciones. Este trabajo requiere una buena planificación, labor que queda fuera del alcance de este libro. En cualquier caso se recomienda guardar en el exterior la penúltima copia completa.

La realización de copias de seguridad en empresas o redes con gran número de computadores puede resultar un trabajo laborioso y costoso. Para minimizarlo, en estos casos se recomienda utilizar aplicaciones más sofisticadas (*Amanda* por ejemplo) que las que se tratarán a continuación. Hay una alternativa a esta situación: guardar los datos en un solo servidor o en un conjunto de ellos, mientras que los computadores de la red se mantienen con contenido estático y estándar. Para ello, la red deberá ser rápida y los ficheros deberán encontrarse compartidos en red (*véanse* los servicios *NFS* y *NIS* que se tratarán más adelante) y, en caso de ser posible, utilizar un programa que permita arrancar los computadores de la red a partir de un servidor. En *RedHat* se dispone de un programa de este tipo, de nombre *kickstart*. La misma idea se sigue en la solución *TerminalServer* de *Microsoft* o el programa no libre *Rembo* (www.rembo.com).

6.2 Comandos

Entre los programas habituales de *Linux* podemos encontrar el comando *tar*, fundamental para la realización de las copias de seguridad. A decir verdad, este programa no proporciona gran potencia ni precisión en estas labores. Son más adecuados tanto el comando *dump*, presente en algunas distribuciones de *Linux* y sistemas *Unix*, como la aplicación *amanda,* disponible en la red. También existen otras opciones, como por ejemplo los comandos *cpio, rdist* y *rsync*.[1] Sin embargo, además de su capacidad para realizar copias de seguridad, el comando *tar* es muy flexible y es un estándar en el intercambio de información.

6.2.1 Comando *tar*

Mediante el comando *tar* es posible almacenar de modo conjunto varios ficheros o directorios en un solo archivo. Además de los ficheros que contienen la información, también se guardará su estructura, es decir, el subárbol formado por los subdirectorios y ficheros de ese directorio. De este modo, al recuperar la información se mantendrá la estructura original, independientemente de si se recupera en el directorio original o en otra ubicación.

Para guardar la información se utilizará la opción *c* y para recuperarla la opción *x*.

---

[1] Las dos últimas opciones, *rdist* y *rsync*, son interesantes para mantener múltiples copias dentro de una red local.

La sintaxis del comando es la siguiente:

```
tar opciones fichero raíz
```

El nombre correspondiente a la copia de seguridad se señala en *fichero*, mientras que el subárbol que se desea guardar se especifica en *raíz*.

Se pueden especificar muchas opciones; bastará con indicarlas de modo secuencial.[2] A continuación se señalan las principales, teniendo en cuenta que es posible ampliar la información con *man tar*:

- *c*   crear una copia de seguridad.
- *x*   recuperar la información de una copia de seguridad.
- *f*   indicar que se utilizará un fichero. Esta es la forma más usual de usar el disco. Si no aparece *f* en lugar de un nombre de fichero, será necesario indicar un dispositivo. Por ejemplo, */dev/fd0* para guardar o recuperar directamente usando la unidad de disquetes.
- *v*   mostrar en la pantalla la lista de ficheros que se guardan o almacenan.
- *p*   utilizada al recuperar la información, permite mantener la información de control y atributos de los ficheros y directorios.
- *t*   mostrar en la pantalla la lista de ficheros. Principalmente se utiliza en dos casos: para que al guardar se pueda comprobar lo almacenado y para que antes de recuperar se pueda consultar el contenido.
- *z*   comprimir la copia al guardar y descomprimirla al recuperar. Esta opción no siempre está disponible, dependiendo del sistema *Unix*. En caso negativo, se deberá utilizar el programa *gzip* combinado con el comando *tar*.
- *l*   almacenar solo los ficheros locales. Esta opción tiene sentido cuando se utiliza el servicio NFS, que se tratará más adelante.
- *d*   obtener las diferencias entre los ficheros de una copia de seguridad y los del sistema de ficheros.
- *u*   almacenar solo los ficheros modificados respecto a la última versión. Es muy útil para realizar copias de seguridad incrementales, pero no está presente en todas las distribuciones.
- *T*   cuando se indica la lista de ficheros a guardar.

Teniendo en cuenta lo anterior, el comando habitual para realizar copias de seguridad completas es:

```
tar cvf nombre.tar nombre
```

De este modo se conseguirá una copia de seguridad en el archivo *nombre.tar*. Más adelante, este fichero, de gran tamaño, podrá ser almacenado utilizando una grabadora de CD, por ejemplo. También es posible indicar directamente dentro del comando *tar* el dispositivo especial en el que se desea almacenar el archivo.

---

[2] Del mismo modo que en el comando *ps*, en este comando no es habitual utilizar el carácter -, si bien en la mayor parte de las distribuciones se aceptan los dos modos.

Para ello bastará con indicar el fichero especial asociado al dispositivo en lugar del archivo de tipo *tar* (*nombre.tar*).

Para la recuperación se deberá utilizar un comando semejante (previamente se deberá copiar en el directorio adecuado del disco el fichero *nombre.tar*):

```
tar xvf nombre.tar
```

Con la opción anterior se recuperan todos los ficheros. Sin embargo, en ocasiones solo se desea recuperar un fichero o un subconjunto. En este caso, el primer paso es obtener los nombres de los ficheros a recuperar. Con el siguiente comando se mostrará en pantalla el contenido de un fichero de tipo *tar*:

```
tar tvf nombre.tar
```

Una vez obtenidos los nombres, los archivos podrán ser recuperados con:

```
tar xvf nombre.tar ficheros
```

El comando *tar* también puede ser utilizado para copiar o mover información en el sistema de ficheros. En una sola línea se puede indicar guardar y recuperar, sin que el correspondiente archivo *tar* se cree. Para ello se deberá utilizar el comando del siguiente modo, donde *dir1* y *dir2* son los directorios fuente y destino:

```
(cd dir1 && tar cf - .) | (cd dir2 && tar xvf -)
```

6.2.2 Compresión

Las copias de seguridad pueden generar problemas en el disco debido a su gran tamaño. Para minimizar este problema se pueden utilizar programas de compresión. Los comandos que más se utilizan con este fin en el mundo *Linux* son *gzip* y *gunzip*. El primero permitirá comprimir la información y el segundo descomprimirla.

Siguiendo el ejemplo anterior, para comprimir la copia de seguridad se utilizará el siguiente comando:

```
gzip nombre.tar
```

De este modo, se obtiene un fichero de nombre *nombre.tar.gz* y que contiene la misma información que el anterior, pero de tamaño más reducido. La extensión *.gz* hace referencia a que el fichero está comprimido.

En los sistemas *Linux* actuales es posible realizar la compresión al tiempo que se realiza la copia de seguridad. Para ello bastará con utilizar la opción *z* en el comando *tar*.

Así, para realizar copias de seguridad completas se puede utilizar el comando que sigue:

```
tar cvfz nombre.tgz nombre
```

El formato *tgz* es equivalente al *tar.gz* pero no intercambiable; es decir, el primero se puede descomprimir en un solo paso pero el segundo necesita hacer referencia a dos programas, *gunzip* y *tar*.

Por ejemplo, cuando deseamos almacenar la información de todas los usuarios, pero no la del sistema o de la configuración, se deberá utilizar:

```
tar cvfz home.tar /home
```

En cambio, para realizar un *backup* completo:

```
tar cvfz backup.tar /
```

La recuperación, en cambio, se puede realizar del siguiente modo:

```
tar xvfz nombre.tar ficheros
```

En las últimas versiones de *Linux* ha surgido un nuevo formato para la compresión, de nombre *bzip2*. Aunque su capacidad de compresión es mayor que la de *gzip*, este último continúa siendo el más utilizado, ya que es más rápido y estándar. El nombre del comando correspondiente a este nuevo formato también es *bzip2*, y se integra en el comando *tar* con la opción *j*.

6.2.3 Copias de seguridad incrementales

Como hemos señalado en la introducción, para la adecuada realización de las copias de seguridad es necesario combinar las de tipo completo con las incrementales. Las copias completas se podrán realizar sin dificultad con el comando *tar*, pero para la realización de las incrementales es habitual tener que combinar los comandos *find* y *tar*.

La opción *newer* del comando *find* es idónea para esta labor. Utilizando esta opción es posible encontrar todos los ficheros más recientes que otro concreto. Así pues, al realizar un *backup* incremental generaremos (o actualizaremos) un fichero que será tomado como referencia, de modo que en la copia incremental se incluirán todos los ficheros más recientes que el de referencia.

Para ello se puede crear un *script* de nombre *backup_incre* con estos dos comandos:

```
find / -newer /etc/control ! type d -print | tar cvfzT /tmp/incre -
touch /etc/control
```

Gracias al fichero */tmp/control* será posible diferenciar los archivos modificados desde el último *backup*, ya que la fecha de este fichero se actualiza tras realizar la copia de seguridad.

En las últimas versiones de *Linux* el propio comando *tar* incluye la opción *–newer* para la realización de copias de seguridad incrementales, en cuyo caso no sería necesario el comando *find*. En algunas distribuciones también se puede utilizar la opción *u*.

En cualquier caso, cuando el tamaño de las copias de seguridad es muy grande y se precisa realizar incrementales con gran frecuencia, estos comandos no serán suficientes. En estas situaciones se utilizan aplicaciones y dispositivos especiales específicos, dada la importancia de las copias de seguridad.

6.2.4 El comando *dump*[3]

Este comando tiene mayor potencia que *tar* y está más orientado a la realización de copias de seguridad. Sin embargo, no aparece en todas las distribuciones de *Linux* y solo se puede utilizar en las particiones de tipo *ext2* y *ext3*.

Las copias realizadas con el comando *dump* serán completas o incrementales en función del parámetro utilizado. Los más utilizados son:

- Nivel: mediante un número se indica si es completa (0 ó 1) o incremental (2-9). El nivel, 5 por ejemplo, señala que solo se deben guardar los archivos modificados desde las copias incrementales de nivel inferior, 3 y 4 en el ejemplo. La información necesaria para ello queda almacenada en el fichero */etc/dumpdates*.
- Ubicación destino: se utiliza para indicar el dispositivo o fichero en el que se almacenará la copia de seguridad, por ejemplo, el dispositivo */dev/cdrom*.
- Directorio-raíz: el sistema de ficheros o subconjunto que se desea proteger. Los valores habituales son / y */home*.

Se pueden probar distintas combinaciones de niveles con el fin de encontrar el mejor equilibrio entre la seguridad y el tiempo de recuperación. Una opción recomendable es que los semanales sean de nivel 3 y los diarios de nivel 4.

Para almacenar todos los ficheros modificados desde el último *backup* completo (segundo nivel), se puede utilizar el siguiente comando:

```
dump -2 /dev/cdrom /
```

Las recuperaciones se pueden realizar utilizando el comando *restore*, relacionado con el comando *dump*. Un comando típico para una recuperación completa puede ser:

```
restore -rf /dev/cdrom
```

También se ofrece un modo de recuperación interactivo, que permite recuperar de modo independiente algunos ficheros o directorios. Para ello se indicará la opción *–i* y con la operación *add* se marcarán los elementos que hay que recuperar. Por último, la opción *extract* realizará la recuperación.

---

[3] Los programas correspondientes a esta utilidad para la distribución *Mandrake* se pueden encontrar en la dirección rpms.mandrakeclub.com/rpms/dump.html, en formato *rpm* (este formato se explicará más adelante).

6.2.5 Ejemplos

- Copiar en el catálogo /*tmp* toda la información contenida en el directorio *usr1*:

    ```
    tar cvfz /tmp/tmp.tar usr1
    cd /tmp
    tar xvfz tmp.tar
    ```

- El proceso anterior, pero utilizando el disquete:

    ```
    tar cvfz /dev/fd0 usr1
    tar xvfz /dev/fd0 /tmp
    ```

- Guardar y enumerar todos los ficheros de tipo *.txt*:

    ```
    find . -name '.txt' -print >tmp
    tar cvfz textos.tar `cat tmp`
    tar tf textos.tar
    ```

- Comandos *dump/restore*:

    ```
    man dump
    man restore
    ```

6.3 Instalación de software nuevo

La instalación de software nuevo y el mantenimiento de las versiones se incluyen entre las tareas de administración. Si bien gran parte del trabajo lo acapara la instalación y configuración de aplicaciones y servicios nuevos, el mantenimiento de las librerías también es una tarea destacable, ya que frecuentemente se producen errores debido a la ausencia de librerías o versiones incorrectas.

Por lo general, para realizar estas labores será preciso trabajar en modo *root*.

6.3.1 Control de las librerías

Si bien en principio para ejecutar un programa tan solo sería necesario el ejecutable correspondiente, la realidad no es así. Algunas aplicaciones precisan de las llamadas librerías dinámicas para poder ejecutarse. Estas librerías, conocidas en el mundo *Windows* como *DLL* no se incluyen dentro del ejecutable, sino que se ubican aparte, de tal modo que puedan ser compartidas por varios programas. Gracias a esta técnica, el tamaño final de los programas ejecutables es menor. Otra ventaja radica en que la actualización de una librería supone una actualización implícita en todos los programas que la utilizan.

Sin embargo, también se presentan desventajas, como la portabilidad, ya que para activar un servicio ya no será suficiente con el ejecutable asociado, sino que deberán estar presentes en el sistema todas las librerías que utilice, tanto dinámicas como estáticas. Es más, la versión de estas últimas deberá ser la que el programa exija u otra más reciente (ya que por lo general se mantiene la compatibilidad con las versiones anteriores).

En *Linux* las librerías estáticas tienen la extensión *.a*, y las dinámicas *.so*. Por lo general, en ambos casos se ubican en los directorios */lib*, */usr/lib* y */usr/local/lib* (en algunas distribuciones estas ubicaciones se definen en el archivo */etc/ld.so.conf*). Es importante tener en cuenta que, si bien los problemas relativos a las librerías estáticas se detectan al compilar, los asociados a las librerías dinámicas solo aparecen al probar el ejecutable.

Los nombres de las librerías siguen una nomenclatura concreta: al comienzo *lib*, a continuación el nombre correspondiente a la librería y después *.so* o *.a*; por último, una cadena numérica que indica la versión. De este modo, dada la librería *libc.so.5.0*, sabemos que es la versión 5.0 de la librería dinámica del lenguaje C.

Crear una librería dinámica es una tarea sencilla. Tan solo hay que señalar la opción *–shared* al utilizar el comando de compilación *gcc*.

El comando *ldd* permite obtener la lista de las librerías dinámicas que utiliza un programa en concreto. Si en la instalación de un programa surgen problemas, mediante este comando será posible comprobar cuáles son las librerías que utiliza. Si alguna de estas librerías (en la correspondiente versión) no está presente en el sistema, habrá que obtenerla para poder ejecutar el programa. Con este fin se podrá recurrir al servicio *ftp* de software público que ofrecen algunas organizaciones (como direcciones útiles podemos citar ftp.gnu.org y ftp.rediris.es).

No es suficiente, sin embargo, que las librerías estén presentes, sino que además se le deberá indicar al sistema dónde se encuentran. Este último busca las librerías en las ubicaciones señaladas en la variable de entorno *LD_LIBRARY_PATH*. Así pues, para que no se produzca error al ejecutar un programa, habrá que comprobar que los directorios que contienen sus librerías se encuentren incluidos en la variable de entorno anterior (cuyo contenido puede ser visualizado mediante el comando *echo $LD_LIBRARY_PATH*). Existen tres alternativas:

- Copiar las librerías en uno de los directorios de la lista. Si bien es la idea más sencilla, no es recomendable, ya que duplicar las copias no es adecuado.
- Crear un enlace simbólico a uno de los directorios de la lista, utilizando el comando *ln –s*. Es una solución adecuada. De hecho, los enlaces a librerías son habituales en *Linux*.
- Cambiar el valor de la variable de entorno como se explicó en la Sección 4.1. Este cambio es temporal, por lo que es recomendable incluirlo en el fichero de inicio.

Por lo general, los directorios en los que se realizan estas búsquedas se guardan en una *caché*, con el fin de que estas últimas sean más rápidas. Por este motivo, cuando se produzcan cambios será necesario actualizar esta *caché*, para lo que se dispone del comando *ldconfig*.

6.3.2 Implantación y actualización de nuevas aplicaciones.

El proceso de implantación de nuevas aplicaciones no es una tarea sencilla. Se debe seguir una serie de pasos: descomprimir los ficheros y copiarlos, establecer las variables de entorno en el correspondiente fichero de inicio, configurar los permisos, etc. Por este motivo en todos los sistemas se ha impulsado la creación de sistemas automáticos que faciliten esta labor. En el mundo *Unix* se dispone del programa *make* (*véase* Anexo D), una herramienta básica de gran importancia y potencia, que resulta muy útil en estas tareas. Sin embargo, en algunas distribuciones de *Linux* se han adoptado soluciones que tratan de facilitar aún más esta labor. Las más exitosas han sido los paquetes *RPM* en *RedHat*, que también usa *Mandrake*, y los paquetes *deb* en *Debian*. Debido a la falta de compatibilidad entre ellos, la solución portable es instalar a partir del código fuente.

6.3.2.1 RPM

En las distribuciones *RedHat*, y también en sus modificaciones (*Mandrake*, por ejemplo), se incluye un gestor especial para administrar los paquetes, de nombre *rpm* (*RedHat Package Manager*). Ha cosechado un gran éxito y actualmente se dispone de una gran cantidad de paquetes de este tipo tanto en los CD de la distribución como en Internet. Las aplicaciones y librerías están contenidas en los paquetes, y estos últimos se numeran según las versiones. Las dependencias entre paquetes son posibles, por lo que en estos casos, para instalar el paquete será necesario instalar previamente aquellos de los que depende.

La parte fundamental del sistema RPM es su base datos. Los paquetes instalados y sus interdependencias quedan reflejados en dicha base de datos, que puede ser consultada o actualizada por medio del comando *rpm*. Las actualizaciones se producen al instalar o desinstalar paquetes. A continuación vamos a estudiar las opciones principales del comando *rpm*:

- *-i* para instalar
- *-U* para actualizar
- *-e* eliminación o desinstalación
- *-q* para realizar consultas. Combinada con la opción *a* se visualizan todos los paquetes. Si se combina con la opción *i*, al tiempo que se indica un paquete, se podrá consultar la versión o todas sus características. Si se utiliza la opción *f* aparecerá el paquete asociado a un fichero, mientras que con la opción *l* obtendremos lo contrario: los ficheros asociados a un paquete.
- *-v* modo explicatorio, para obtener más información (se combina con las opciones *i* y *e*).

Tanto en la instalación como en la desinstalación se comprueban las dependencias y en caso de problemas se muestra el correspondiente aviso.

Los RPM generalmente se encuentran en los CD de la distribución, por lo que a ellos recurriremos cuando busquemos un paquete. En el siguiente código podemos ver los pasos que se siguen en *Mandrake 8.2* para consultar los paquetes:

```
mount /mnt/cdrom
cd /mnt/cdrom/Mandrake/RPMS
ls
```

Cuando encontremos los paquetes que nos interesen podemos instalarlos utilizando el comando *rpm* con la opción *i*. Por ejemplo, si no se han instalado los mensajes en castellano deberemos buscar el paquete que comience con *locales-eu*. Para instalarlo directamente haremos lo siguiente:

```
rpm -i locales-es*
```

Si no se dispone de los paquetes, se pueden buscar en Internet. Uno de los mejores sitios para buscar es el siguiente: http://rpmfind.net/linux/RPM.

También es posible consultar e instalar los paquetes de modo gráfico, para lo cual podemos utilizar el programa *rpminst*.

Las interfaces gráficas incluyen la gestión de estos paquetes, dando la posibilidad de buscar, instalar/desinstalar, bajar de Internet, etc. En la Figura 6.1 se puede ver el modo de instalación usando *webmin*, tras elegir la opción *Paquetes de Software*.

Figura 6.1
Gestión de paquetes de software utilizando *webmin*.

6.3.2.2 Paquetes *deb*

La distribución *Debian*, y otras basadas en ella como *Ubuntu*, utilizan paquetes *deb*, funcionalmente similares a los RPM, pero que internamente tienen un funcionamiento distinto. Por tanto los comandos también cambian.

Los comandos *dpkg* y *dpkg-deb* son los que sustituyen al comando *rpm* para estas distribuciones. Sin embargo la administración de paquetes *deb* ofrece la ventaja de la búsqueda automática de paquetes dependientes por medio de la familia de comandos *apt* y especialmente del comando *apt-get*, que se encarga de actualizar el software sin necesidad de conocer dónde están los paquetes que se buscan.

6.3.2.3 Instalación de programas fuentes

En ocasiones, en lugar de los paquetes *rpm*, o como alternativa, es posible, gracias a que usamos código abierto, obtener los programas fuente, compilarlos e instalarlos. Para este tipo de trabajo es necesario el programa *make*. Por lo general estos son los pasos que se siguen:

- Obtener el paquete. Normalmente será un fichero comprimido de tipo *tar*. En un archivo de nombre *readme* se indicará cómo se instala.
- Descomprimir el paquete utilizando los comandos *gzip* y *tar*.
- Señalar las opciones en un fichero de nombre *config.h*, siguiendo las indicaciones del fichero *readme*.
- Realizar la instalación mediante el comando *make*. Por lo general se utilizará *make install*. Algunas veces será necesario ejecutar *./configure* previamente.

Si el proceso ha finalizado con éxito, el servicio estará disponible. En las aplicaciones sencillas el tercer paso no suele ser necesario.

Para realizar la desinstalación, en cambio, se deberá utilizar *make clean*. Con este comando, además de borrar el ejecutable, también se eliminan los ficheros de datos y los datos asociados en las correspondientes variables de entorno.

6.3.3 Ejemplos

- Más información sobre las librerías:

    ```
    man ldd
    man ldconfig
    ```

- Librerías presentes en un directorio:

    ```
    ls -l /lib
    ```

- Para obtener las librerías que precisa un ejecutable:

    ```
    ldd /bin/gzip
    ```

- Más información sobre RPM:

    ```
    man rpm
    ```

- Visualizar los paquetes instalados:

    ```
    rpm -qa | more
    rpm -qa | grep locale
    ```

- Características del paquete *libc*:

    ```
    rpm -qi glibc
    rpm -ql glibc | more
    ```

6.4 Compilación del núcleo

6.4.1 Introducción

En el núcleo del sistema, más conocido en el mundo de los sistemas como *kernel*, se concentran los módulos necesarios para arrancar el sistema y ejecutar las aplicaciones. Como se explicará en el próximo capítulo, el núcleo se carga en la memoria tan pronto como se enciende el computador y allí se mantiene hasta que se apaga, por lo que se puede afirmar que sin el núcleo no se puede trabajar. El núcleo de *Linux* es el fichero *vmunix*, situado en el directorio raíz. Cuando se instala el sistema, precisamente este es el primer módulo que se instala.

Las diferentes versiones del núcleo se distinguen por tres números separados por puntos. El primer número indica la versión principal y a menudo no aparece. La versión actual es la 2. El segundo número indica la versión de segundo nivel (subversión). Cuando es par señala que se trata de una versión estable, si es impar, que es utilizada para pruebas, en cuyo caso solo es recomendable para aquellos que participan en el desarrollo. Por lo tanto, para propósito general se utilizará la versión par. El tercer y último número indica el número de parche. Este número varía en función de los pequeños cambios que se van realizando, sobre todo cuando se añade al sistema la posibilidad de trabajar con un nuevo dispositivo o se corrige algún error. Para conocer la versión del sistema utilizado se utiliza el comando *uname*.

La compilación del núcleo no es una tarea habitual de administración, pero en ocasiones y debido a la necesidad de una aplicación o a un agujero de seguridad será un trabajo que haya que realizar. Es más, también es una tarea imprescindible para optimizar el sistema, ya que en el núcleo genérico de *Linux* hay una serie de módulos que no se utilizan en nuestro computador (sobre todo los controladores de E/S que se tratarán en el Capítulo 8) y que la compilación elimina, de tal modo que no ocupan memoria.

La compilación del núcleo es una tarea compleja y arriesgada. Aunque tratar este tema en profundidad queda más allá de los objetivos de este libro, a continuación se señalarán los pasos básicos.

6.4.2 Cambio de versión

Para la compilación del núcleo es necesario disponer del código fuente. Esta necesidad no plantea problema alguno en *Linux*, ya que dicho código es libre. Si se ha instalado, estará presente en el directorio */usr/src/Linux* (*véase* Anexo A). Este será el directorio de trabajo para este apartado.

Si el objetivo de la compilación es la optimización no será necesario ningún fichero nuevo. Sin embargo, si deseamos actualizar la versión o aplicar algún parche, previamente será necesario obtener los correspondientes ficheros. Para actualizar la subversión será preciso un nuevo núcleo y para aplicar un parche el fichero que lo contenga. En ambos casos se podrán encontrar los ficheros en la dirección ftp.kernel.org.

Por regla general, el núcleo se encuentra comprimido en formato *tar*. Después de guardar la versión actual y descomprimir la nueva, estos son los siguientes pasos a dar: *make config*, *make dep*, *make clean* y *zImage*. La ejecución del último comando puede necesitar mucho tiempo, por lo que se recomienda tener paciencia. El comando *rdev* permite comprobar el resultado de la compilación.

El paso de la configuración conlleva una gran complejidad, ya que se eligen los módulos a incorporar en el nucleo. Este es el motivo por el que se utilizan interfaces más agradables, siendo *make xconfig* la más recomendable.

En el mismo directorio se dispone de un fichero de nombre *README* como apoyo en esta tarea. En el mismo se explica cómo se debe realizar la instalación de un nuevo núcleo. En general se utilizará *LILO*, explicado en los anexos, por elegir también entre los sistemas *Linux*.

6.4.3 Aplicación de parches

Los parches se distribuyen como código fuente, por lo que, después de su instalación, será preciso realizar su compilación.

Cada parche se corresponde con un fichero comprimido de tipo *gz*. Después de descomprimirlos, se instalarán con el comando *patch*, ya que por lo general son creados con el comando *diff*. Así pues, si el nombre del parche es *patchn*, ésta será la línea de comandos:

```
gunzip -c patchn | patch
```

Si se desea instalar más de un parche, será obligatorio aplicarlos en orden, debido a que para instalar un parche es necesario que los anteriores estén instalados.

6.4.4 Ejemplos

- Consultar la versión del núcleo y sus características:

```
man uname
uname -a
```

- Visualizar los complementos del núcleo (solo aparecerán si en la instalación se ha seleccionado la fuente del núcleo):

    ```
    ls -l /usr/src/linux
    ```

- Más información sobre los parches:

    ```
    man patch
    ```

6.5 Ejercicios

1. Escribir un *script* que mueva un subárbol de una partición a otra.

2. Guardar de forma comprimida toda la información de una cuenta en un fichero de un disquete.

3. Almacenar todos los cambios realizados por una cuenta en el sistema de ficheros, mediante una copia incremental.

4. Programar un *script* que guarde en formato comprimido todos los ficheros modificados en la última semana.

5. Elegir un programa fuente o paquete *rpm* para instalarlo y probarlo (por ejemplo buscando en Internet el paquete *backup2l* o *XnView*). Examinar si el programa ejecutable necesita librerías dinámicas.

Capítulo 7

Arranque del sistema y procesos periódicos

En este capítulo

7.1 Apagado del sistema 103

7.2 Arranque del sistema 104

7.3 Procesos *Daemon* 111

7.4 Procesos periódicos 113

7.5 Ejercicios 117

En este capítulo se tratarán los aspectos relacionados con la automatización del sistema, el arranque del sistema, los procesos servidores, denominados *daemon,* y los procesos periódicos. Sin embargo, antes de tratar los pasos que se siguen al iniciar el sistema, es conveniente conocer el proceso para detenerlo.

Antes de entrar en detalle no está de más recordar que para utilizar las funciones que se tratan en este capítulo se deberá contar con privilegios de *root*.

7.1 Apagado del sistema

El apagado de la máquina no puede ser una operación habitual en sistemas multiusuario/multipuesto, ya que además afecta directamente al hardware y a su utilización. Hoy en día, se desea que los servidores sean capaces de ofrecer servicios sin interrupción y *Linux* es adecuado para estos casos, dada su conocida estabilidad. De vez en cuando habrá que detener el sistema, debido principalmente a las siguientes razones:

- Para que tengan efecto cambios realizados en ficheros que solo se leen al iniciar el sistema, como por ejemplo cuando se cambia el código o la versión del núcleo del sistema.
- Por posibles problemas con dispositivos y, en ocasiones, al instalar cierto hardware. Sin embargo, actualmente esta necesidad está desapareciendo.
- Cuando el sistema lleva mucho tiempo en marcha, puede ser necesario realizar comprobaciones del sistema, como por ejemplo examinar la coherencia del sistema de ficheros. Actualmente, se tiende a que estas operaciones también puedan realizarse sin apagar el sistema.
- Cuando se pierde el control del sistema desde la consola. Como *Linux* es un sistema muy estable esta situación se dará en muy pocas ocasiones.

Vamos a examinar tres posibilidades para detener el sistema:

- Utilización del comando *shutdown*. Este es el método adecuado, ya que es el único modo seguro. Con los comandos *reboot* y *halt* también se pueden conseguir acciones similares, ya que son modificaciones del primero.
- Otra posibilidad es utilizar la combinación de teclas *CTRL-ALT-SUPR,* heredada del mundo *Windows,* siempre y cuando previamente esté configurado adecuadamente el fichero */etc/inittab*, cuyo contenido se explicará más adelante.
- Apagar directamente la CPU (utilizando el interruptor). Esto NO se debe hacer nunca, ya que algunos datos pueden estar en la memoria sin haber sido guardados, por lo que se puede llegar a producir una inconsistencia en el sistema de ficheros. Por lo tanto, la costumbre de pulsar el interruptor, herencia de la utilización del sistema MS-DOS, se debe evitar por completo.

Además las interfaces gráficas como *gnome* y *KDE* también ofrecen la posibilidad de apagar o reiniciar el sistema.

7.1.1 El comando *shutdown*

Es el comando principal para detener el sistema. Este comando acepta dos parámetros. El primero está relacionado con el plazo de tiempo, en cuántos minutos o a qué hora se apagará el sistema. El segundo es el mensaje de advertencia que se les mostrará a los usuarios conectados.

Además de los parámetros, también es posible especificar las siguientes opciones:

- *-r* para reiniciar la máquina (*reboot*), esto es, para apagarla e iniciar el sistema de nuevo.
- *-h* para apagar la máquina (*halt*).
- *-k* para tan solo mandar el mensaje de advertencia, sin llegar a apagar la máquina.
- *-c* para detener el proceso de apagado, ya que es posible cancelar la acción si todavía no se ha cumplido el plazo.

Si no se establece ninguna opción, el sistema se reiniciará, pero al hacerlo, entrará en modo monousuario, de tal modo que el administrador pueda realizar labores de mantenimiento y reparación, como por ejemplo la utilización del comando *fsck*, que será tratado más adelante.

El formato más utilizado es el siguiente:

```
/sbin/shutdown -r tiempo mensaje
```

Si el tiempo se especifica con un número, se tomará como el plazo expresado en minutos. De lo contrario, habrá que expresar una hora concreta (hora y minutos). También se puede utilizar el literal *now* para especificar que se desea que la acción se lleve a cabo en ese mismo momento, sin plazo.

Si debido a algún problema, como por ejemplo si se prevé un corte en el suministro de electricidad, se desea apagar el computador en diez minutos, se debería utilizar el comando del siguiente modo:

```
/sbin/shutdown -h 10 "apagado: interrupción suministro eléctrico"
```

El mensaje se les mostrará varias veces a los usuarios conectados: en el momento de ejecutar el comando, cuando se llegue a la mitad del plazo (en este caso cinco minutos), a los tres cuartos del plazo (dos minutos después), etc.

Para detener el sistema a las 11 de la noche, el comando sería el siguiente:

```
/sbin/shutdown -h 23:00 "Programado para detenerse a las 11"
```

7.2 Arranque del sistema

Cuando se pone en marcha el computador, el código del sistema operativo se carga en la memoria, tras lo cual se inician varios procesos de sistema. Como se ha dicho, esta situación se produce cuando se pulsa el interruptor de la máquina o como consecuencia de una acción de reinicio.

Los pasos que se siguen en el arranque del sistema *Linux* se pueden agrupar en los siguientes conjuntos de acciones:

- Carga del programa ejecutable de *Unix* en la memoria. A este código, que se carga al comienzo, se le denomina núcleo, *kernel* en inglés, y suele estar en el directorio raíz con el nombre *vmunix*.
- Prueba y configuración del hardware, para lo cual se iniciarán los controladores (*drivers*) correspondientes a los dispositivos.
- Ejecución de los procedimientos de inicio por medio del proceso *init*. Este proceso puede ser parametrizado según el *nivel de ejecución*, concepto que se explicará más adelante. Entre las opciones posibles, cabe señalar la de que el operador pueda trabajar en modo monousuario, para resolver problemas sin otros usuarios conectados. Por otro lado, el inicio de los procesos servidores, denominados *daemon*, es vital en este paso.
- Cambio a modo multiusuario. A partir de este instante los usuarios se podrán conectar sin ningún problema.

A lo largo del proceso de arranque, aparecerá en pantalla información sobre estos pasos, como se puede observar en la Figura 7.1. Estos mensajes se guardan en el fichero especial */var/log/messages*, que ofrece la posibilidad de ser consultado en cualquier momento en el caso de que se desee detectar la fuente de algún posible error.

Es necesario señalar que existe un primer paso previo en el que si *Linux* está instalado en la máquina junto con algún otro sistema operativo, se ofrece la posibilidad de elegir el sistema operativo que se desea iniciar, para lo cual es habitual utilizar los programas *LILO* o *GRUB*. Las opciones posibles dependerán de la configuración del programa en concreto.

7.2.1 El fichero */etc/inittab*

La función del fichero */etc/inittab* es parametrizar los procesos de inicio y parada del sistema. Para dicha labor será esencial comprender los posibles niveles de ejecución.

En *Linux* se distinguen varios niveles de ejecución diseñados para el inicio y apagado del sistema. A continuación se detallan los niveles existentes, junto con una pequeña descripción (puede haber pequeños cambios entre las distintas distribuciones):

- 0: desconexión. Detención del sistema.
- 1 o S: modo monousuario. Para actividades especiales como la reparación del sistema de ficheros.
- 2: modo multiusuario, pero sin servicio de red NFS.
- 3: modo multiusuario normal, incluyendo la red.
- 4: no se utiliza.

Iniciando iptables:		[OK]
Verificando si hay hardware nuevo:		[OK]
Configurando parámetros de red:	[OK]	
Activando interfaz loopback:	[OK]	
Activando interfaz eth0:	[OK]	
Iniciando el portmapper:	[OK]	
Iniciando el registro del sistema:	[OK]	
Iniciando el registro del núcleo:	[OK]	
Iniciando partmon:		[OK]
Starting NFS lockd:		[OK]
Starting NFS statd:		[OK]
Iniciando servidor de tipografías X:	[OK]	
Iniciando slapd (ldap + ldaps):	[OK]	
Iniciando atd:		[OK]
Iniciando named:			[OK]
Iniciando sshd:		[OK]
Iniciando xinetd:	[OK]	
Iniciando el sistema de impresión CUPS:	[OK]	
Iniciando servicios NFS:	[OK]	
Starting NFS daemon:		[OK]
Starting NFS mountd:		[OK]
Cargando mapa de teclado: es-latin1	[OK]	
Cargando teclado compuesto: compose.latin9.inc	[OK]	
La tecla BackSpace envía: ^?		[OK]
Iniciando sendmail:		[OK]
Iniciando sm-client:		[OK]
Iniciando numlock:		[OK]
Iniciando proftpd:		[OK]
Iniciando vidmem:		[OK]
Iniciando crond:		[OK]
Iniciando Webmin:			[OK]
Iniciando servicios SMB:	[OK]	
Reiniciando los servicios NMB:	[OK]	
Starting httpd2:		[OK]

Figura 7.1
Mensajes durante el proceso de puesta en marcha.

- 5: modo multiusuario normal, incluyendo la red, pero iniciando la interfaz gráfica.
- 6: reiniciar, manteniendo el nivel de ejecución.

Para visualizar el nivel de ejecución en un momento dado, se deberá utilizar el comando *who –r* o el comando *runlevel*.

No es habitual cambiar el nivel de ejecución. Sin embargo, en caso de ser necesario, se puede realizar de tres modos: utilizando el comando *init* (solo en algunas distribuciones), por medio de *telinit* (en otras distribuciones) y, por último, reiniciando el sistema con el comando *shutdown*. En cualquiera de los tres casos anteriores será necesario utilizar como parámetro el nivel de ejecución que deseamos establecer. Este cambio de modo es una operación delicada, ya que implica una nueva inicialización, por lo que en sistemas multiusuario se recomienda un reinicio del sistema.

También será posible especificar el nivel de ejecución en caso de que se utilice LILO, ya que es una de las opciones que se le puede indicar al iniciar el sistema.

Una vez tratado el concepto de nivel de ejecución, nos centraremos en el fichero */etc/inittab*. El arranque del sistema no solo depende del nivel de ejecución elegido, sino también del contenido de este fichero. Sus funciones principales son dos: la parametrización del inicio del sistema y el lanzamiento de los terminales virtuales mencionados con anterioridad (*véase* Apartado 2.4).

Cada línea del fichero */etc/inittab* contiene información sobre un comando o *script* que debe ejecutarse, junto con el modo en el que debe hacerlo. Para ello, dentro de cada línea se distinguen cuatro campos, separados por el carácter dos puntos.

Examinemos los cuatro campos de cada línea:

- Identificador: es una etiqueta que identifica unívocamente la línea por medio de dos caracteres, sin tener en cuenta cuáles son.
- Nivel de ejecución: el comando o *script* especificado en el cuarto campo se ejecutará para el nivel de ejecución especificado en este apartado. Si aparece más de un número, el comando se ejecutará en más de un nivel.
- Modo: modo en el que se lanza el comando. Los modos más utilizados son *wait* y *respawn*. El primero indica que el comando se debe ejecutar cuando se entre en el nivel de ejecución indicado y que el proceso *init* deberá esperar a la finalización de este comando para continuar. Con el segundo se indica además que cuando finalice el comando, se ponga de nuevo en marcha.
- Comando o *script* a ejecutar. Es necesario especificar el *path* completo, ya que el entorno de usuario está sin inicializar.

A continuación figura un ejemplo simple del fichero */etc/inittab*, con algunas notas indicativas:

```
# nivel de ejecución por defecto
id:3:initdefault:

# Inicio en función del nivel de ejecución
l0:0:wait:/etc/rc.d/rc 0
l1:1:wait:/etc/rc.d/rc 1
l2:2:wait:/etc/rc.d/rc 2
l3:3:wait:/etc/rc.d/rc 3
l4:4:wait:/etc/rc.d/rc 4
l5:5:wait:/etc/rc.d/rc 5
l6:6:wait:/etc/rc.d/rc 6

# iniciar los terminales virtuales.
# 2 ó 6 terminales según el modo
# una línea por terminal
c1:12345:respawn:/sbin/mingetty 38400 tty1
```

```
c2:12345:respawn:/sbin/mingetty 38400 tty2
c3:35:respawn:/sbin/mingetty 38400 tty3
c4:35:respawn:/sbin/mingetty 38400 tty4
c5:35:respawn:/sbin/mingetty 38400 tty5
c6:35:respawn:/sbin/mingetty 38400 tty6

# Reinicio al estilo Windows
ca::ctrlalddel:/sbin/shutdown -t3 -r now
```

En el primer párrafo, de siete líneas, se hace referencia al *script rc*, que es el responsable de la puesta en marcha de los procesos servidores o *daemon*. En algunas distribuciones la ubicación de este fichero puede ser distinta, pudiendo estar en el directorio */etc/init.d*. El parámetro que utiliza este *script* es el nivel de ejecución. En el siguiente capítulo se profundizará en su función.

En el siguiente párrafo de seis líneas se controla el lanzamiento de las seis consolas o terminales virtuales, siendo la función de *mingetty* (o *agetty*, en otras distribuciones) la identificación por medio de contraseña. Como se ha comentado, debido a la opción *respawn*, al terminar una sesión se oferta una nueva.

El objeto de la última línea es que la combinación de teclas que se utiliza en *Windows* para reiniciar el sistema también se pueda utilizar aquí. Como se puede observar, el comando que se le asigna es *shutdown –r now*. El nuevo nivel de ejecución será 3, ya que se ha incluido como parámetro *–t3*. Si se hubiera puesto *–t1*, el sistema se iniciaría como monousuario.

En caso de realizar cambios en el fichero, para que dichos cambios tengan efecto sin tener que reiniciar el sistema, se deberá ejecutar el siguiente comando:

```
/sbin/init q
```

7.2.2 El comando *fsck*

La información del sistema de ficheros es permanente, ya que se encuentra almacenada en el disco. Para asegurar que la información contenida sea correcta en todo momento, es necesario que el sistema de ficheros sea consistente. Sin embargo, en ocasiones esta consistencia se pierde debido a que la información modificada en la memoria no se almacena en el disco. Esto se debe a que, con el objetivo de que el sistema funcione más rápido, la información no se actualiza en el disco siempre que se modifica en la memoria. En esta situación, el sistema de ficheros puede contener inconsistencias momentáneas, ya que la información correcta se encuentra en la memoria. La sincronización entre el contenido de la memoria y el sistema de ficheros la realiza el sistema operativo de modo automático, sobre la base de criterios relacionados con la optimización. Sin embargo, se puede forzar dicha sincronización utilizando el comando *sync*, si bien no se usa más que en situaciones muy especiales.

La pérdida de consistencia es preocupante cuando el sistema de ficheros no es actualizado adecuadamente y se suele dar en tres casos: cuando se produce un corte de luz, cuando se apaga el computador de un modo incorrecto y, por último, cuando ocurre un error del sistema.

Como se ha comentado, cuando el sistema se pone en marcha, se comprueba la consistencia del sistema de ficheros y, si hay problemas, el administrador deberá tomar una serie de decisiones. Sin embargo, dicha comprobación se podrá realizar en cualquier momento, utilizando el comando *fsck*. El formato de dicho comando es el siguiente:

```
fsck partición
```

Si el comando encuentra problemas ofrecerá al administrador información sobre los daños y, si es posible, la opción de repararlos. Esta última opción depende en gran medida del sistema de ficheros. Por esta razón, si se prevé que será necesario recuperar la información se recomienda utilizar los tipos *ext2* y *ext3*, ya que el comando *e2fsk* podrá realizar dicha labor.

El comando *fsck* se activará automáticamente si se elige el nivel de ejecución 1 o S, es decir, el modo monousuario. Recuérdese que para ello se puede utilizar la opción *–t1* en el comando *shutdown* o *linux S* en LILO.

7.2.3 *Scripts* de inicio

Como se ha comentado anteriormente el *script* que se ocupa de iniciar los servidores es */etc/rc.d/rc*. Este *script* tiene como parámetro el nivel de ejecución. Es un *script* muy complejo, ya que redirige las acciones hacia otros *scripts* y para entender el código contenido hay que conocer detalladamente el funcionamiento del sistema. A continuación vamos a realizar una aproximación a su contenido.

El directorio */etc/rc.d* se divide en varios directorios, formando una estructura que puede ser distinta en función de la distribución de *Linux* que se utilice. A cada uno de estos subdirectorios le corresponde un nivel de ejecución, razón por la que suelen tener el nombre *rcN.d*, siendo *N* el nivel de ejecución.

Dentro de cada uno de estos subdirectorios hay varios ficheros, *scripts* cuyos tres primeros caracteres del nombre forman un prefijo con un significado especial. El primer carácter suele ser S o K y los dos siguientes un número. En primer lugar se ejecutan los *scripts* que comienzan con K, cuya función es finalizar servicios y a continuación se ejecutarán los que comienzan con S, para iniciar los servicios. El significado del número incluido en el prefijo es el del orden de ejecución dentro de cada uno de los dos conjuntos anteriores. Así, por ejemplo, por medio del *script* de nombre *K20netfs*, se desactivarán los servicios correspondientes al sistema de ficheros en red (NFS). Del mismo modo, el fichero *S50xinetd* activará los servicios asociados a Internet.

Para poder utilizar estos *scripts* en distintos niveles se utilizan enlaces simbólicos (recordemos que se generan por medio del comando *ln –s*), por lo tanto, los ficheros examinados son enlaces, y los originales se suelen encontrar en el directorio */etc/init.d*, si bien en algunas distribuciones se encuentran en el directorio */etc/rc.d/init.d*.

Algunos de los servicios que se suelen activar y sus *scripts* correspondientes son los siguientes: *network* para los servicios de red, *syslog* para los ficheros de *log*, *netfs* para activar el sistema de ficheros de red, *atd* para servicio de trabajos de tipo *batch*, *crond* para realizar tareas periódicas, *xinetd* o *inetd* para atender a algunos servicios de Internet, *httpd* para activar el servidor web *Apache*, *smbd* para activar la compatibilidad llamada *Samba*, etc. Al realizar la instalación del sistema (*véase* Apéndice A) se eligen los servicios que se desea instalar y activar. Puede suceder que algunos no hayan sido instalados y, en este caso, se deberá acudir a la Sección 6.3.2, que trata de la instalación de nuevo software. Algunos de estos servicios se tratarán detalladamente en los próximos capítulos.

Son tareas de administración activar y desactivar de forma directa los servicios, ejecutando el *script* correspondiente al servicio con el parámetro *start* y *stop* respectivamente. En los capítulos en los que se explican los servicios de red, se tratarán los *scripts* para activar y desactivar los servicios correspondientes a la red.

Por ejemplo, para detener el servicio de impresión, existen las siguientes dos opciones equivalentes:

```
/etc/init.d/lpd stop
/etc/rc.d/rc3.d/S60lpd stop
```

Conviene señalar que modificar estos *scripts*, bien sea para añadir, borrar o utilizar directamente, requiere tener mucha experiencia. La gestión directa de estos *scripts* no es sencilla, por lo que al principio es recomendable utilizar para ello las interfaces gráficas (como se verá en la Sección 7.3.4). En algunas distribuciones se dispone del comando *chkconfig* para controlar la activación de servicios en función de los niveles de ejecución.

7.2.4 Inicio personalizado

Para poder incluir inicios personalizados en nuestro computador se usa el *script* */etc/rc.d/rc.local*. Esta inicialización se ejecutará después de todos los anteriores, por lo que el contenido de este fichero no influirá en la inicialización estándar.

La modificación de *rc.local* puede realizarse cuando deseamos poner en marcha una aplicación o servicio no estándar tan pronto como el sistema se ha iniciado. En estos casos, lo mejor es preparar un *script* para arrancar dicho servicio y añadir la referencia de este *script*, con el *path* completo,[1] en el fichero */etc/rc.d/rc.local*.

7.2.5 Ejemplos

- Examen del *script* de inicio:
    ```
    more /etc/inittab
    who -r
    ```

---

[1] Hay que tener en cuenta que, cuando se inicia este *script*, las variables de entorno correspondientes a nuestra cuenta estarán sin activar.

- Examen de los *scripts* que se ejecutan en el inicio:
    ```
    ls -l /etc/rc.d/rc3.d | more
    ls /etc/init.d
    more /etc/rc.d/rc.local
    man chkconfig
    chkconfig --list
    ```

7.3 Procesos *Daemon*

7.3.1 Introducción

Los procesos denominados *daemon* son procesos servidores encargados de realizar trabajos del sistema y puestos en marcha en el proceso de arranque. El objetivo principal es dividir los servicios del sistema operativo en módulos con el fin de activar solo aquellos que sean necesarios y, de este modo, ahorrar memoria y aumentar la velocidad. Con esto se consigue, por ejemplo, no cargar los programas relacionados con Internet cuando no tenemos conexión.

Esta es la razón por la que estos servicios se dividen en procesos autónomos llamados servidores o *daemon*, normalmente un proceso por servicio, y por la que, además, su código no se incluye dentro del núcleo del sistema, aunque formen parte de las tareas del sistema operativo. Esto implica que dichos servicios deben ser arrancados explícitamente tras la carga del núcleo del sistema por medio de los *scripts* de */etc/rc.d* o */etc/init.d*.

7.3.2 Algunos servidores

En *Linux* es posible encontrar muchos servidores. Aunque los más importantes serán tratados con más detalle en los próximos capítulos, cabe destacar los siguientes:

- *init*: *daemon* inicial de gran importancia. Es el responsable del proceso de inicialización y todos los procesos de usuario se crean a partir de sus procesos-hijo. Su identificador de proceso (*pid*) es siempre 1.
- *swapper*: se encarga de la gestión de memoria. Tiene distintos nombres y suele tener el identificador 0. En algunos sistemas existe otro proceso que se encarga de la paginación, de nombre *pagedaemon*, con el identificador 2. En la distribución *Mandrake*, tiene el nombre *kswapd* y su *pid* es el 5.
- *crond*: servidor que gestiona los procesos relacionados con el reloj. La mayor parte del tiempo está dormido y periódicamente, cada minuto, se despierta y se encarga de los procesos periódicos.
- *lpd*: se encarga de la impresión retardada (en modo *spooling*).

- *syslogd*: se encarga de los ficheros de bitácora, fundamentales para la detección de errores o intrusiones.
- Hay muchos servidores relacionados con el entorno Internet y los servicios de red; entre los más reseñables podemos encontrar los siguientes: *inetd* o *xinetd* [2] (servidor principal de Internet), *nfsd* (sistema de ficheros de red), *httpd* (servidor web), *sendmail* (el servidor de correo electrónico más extendido), etc.

Utilizando el comando *ps* con la opción *x* es posible visualizar la lista de servidores de este tipo que están en marcha.

En la mayor parte de los casos el propietario de estos procesos es *root* pero, como se ha señalado anteriormente, *Linux* utiliza usuarios especiales de conveniencia (*daemon*, *bin*, *sys*, *adm*, *cron*, *mail*, *lp*, *lpd*) por motivos de seguridad.

Como se ha indicado antes, los servidores pueden ser activados, desactivados o reiniciados utilizando el *script* asociado al servidor con los parámetros *stop*, *start* o *restart* respectivamente. De este modo, para desactivar y volver a activar el servidor *lpd* (para que se aplique un cambio en la configuración, por ejemplo), se utilizarán los siguientes comandos:

```
/etc/init.d/lpd stop
/etc/init.d/lpd start
```

Otra opción puede ser utilizar los *scripts* equivalentes mencionados en la Sección 7.2.3 y además, en la mayoría de las distribuciones de *Linux*, existe una tercera opción que es usar el comando *service* que nos permite hacer lo mismo de forma más clara:

```
service lpd stop
service lpd start
```

7.3.3 Ejemplos

- Consulta de todos los procesos, identificando los de tipo *daemon*:

    ```
    ps -auxw | more
    ```

- Detención del servidor *lpd* e iniciarlo de nuevo:

    ```
    /etc/init.d/lpd stop
    ps -auxw | grep lpd
    /etc/init.d/lpd start
    ps -auxw | grep lpd
    ```

---

[2] Cuando examinemos los servicios de red, estudiaremos con más detalle este servicio, pero hay que señalar que es el servidor de múltiples servicios, ya que en lugar de tener siempre en marcha un servidor por cada servicio de Internet, los servicios con poca utilización solo se pondrán en marcha cuando sean necesarios, por medio de *inetd* o *xinetd*.

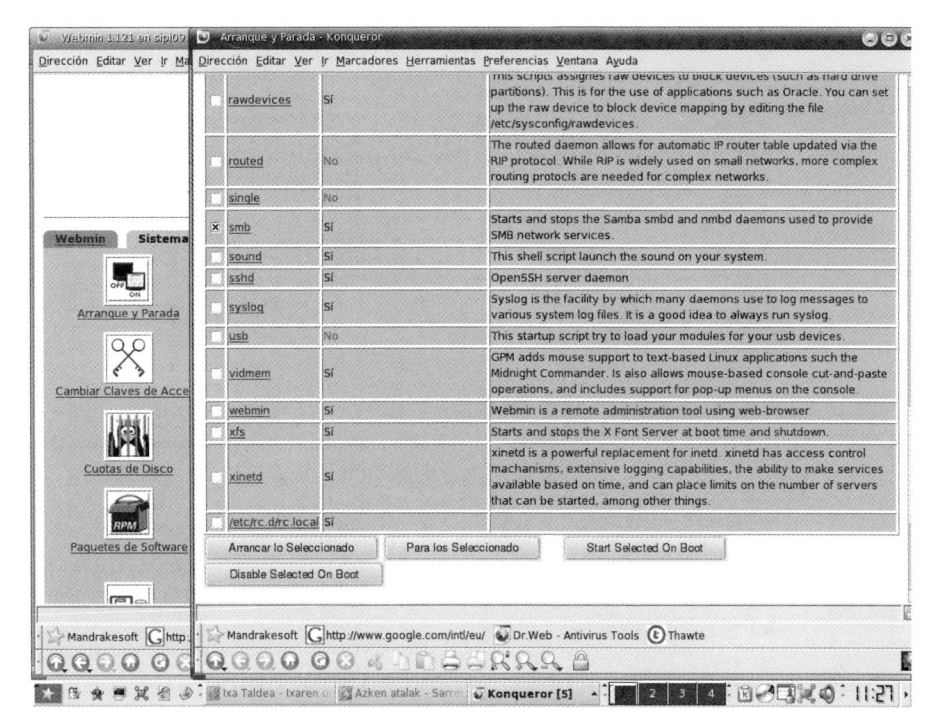

Figura 7.2
Configuración de los servidores utilizando *webmin*.

7.3.4 Gestión en modo gráfico de los servidores

Webmin permite controlar los *daemon* utilizando una interfaz gráfica (*véase* la Figura 7.2). Por medio de la opción de *Arranque y Parada* se obtiene la información de los servidores, que puede ser configurada.

7.4 Procesos periódicos

7.4.1 Introducción

Entre las funciones de los sistemas operativos se encuentra la de automatizar trabajos que deben realizarse periódicamente. Estos trabajos automatizados suelen ser para aplicaciones como, por ejemplo, realizar las nóminas a final de mes o visualizar en la pantalla cada hora las cotizaciones de bolsa, por ejemplo. Incluso los trabajos de administración pueden ser automatizados: copias de seguridad, limpieza de disco, comprobaciones de seguridad, etc.

Para que un programa o *script* sea ejecutado periódicamente se deberá incluir una línea con su información en un fichero de configuración situado en el directorio */var/spool/cron*. Sin embargo, dicho fichero, en lugar de editarse directamente, se suele gestionar por medio del comando *crontab* de *Unix*.

El comando *crontab* permite configurar los procesos periódicos, pero no es el responsable de su ejecución. Esta labor le corresponde al servidor o *daemon crond*, ya comentado anteriormente.

El administrador siempre puede programar procesos periódicos, no así el usuario. En algunos sistemas se exige que tenga permiso específico para ello y en ese caso se deberá incluir la identificación de los usuarios con permiso en el fichero */etc/cron.d/cron.allow*. En otros sistemas los usuarios normales ni siquiera tienen esta posibilidad.

7.4.2 Especificación de los trabajos periódicos

Anteriormente hemos señalado que el comando *crontab* y el servidor *crond* gestionan la información contenida en el fichero */var/spool/cron*. En este fichero la información está estructurada en líneas, siendo el formato de cada línea el siguiente:

```
minuto hora día mes día_semana comando
```

El día de la semana se enumera del 0 al 6, siendo el 0 el identificador correspondiente al domingo.

En este fichero, los campos se delimitan utilizando caracteres en blanco, y no el carácter *:* como es habitual en otros ficheros de administración. Todos los campos salvo el último son numéricos, pero se pueden utilizar símbolos denominados metacaracteres. Los metacaracteres tienen asociado un significado concreto, y son los siguientes:

- *   sustituye a cualquier valor. Si se utiliza en el campo de la hora se está especificando que se desea ejecutar cada hora, en el campo de los días, todos los días, etc.
- -   se utiliza para expresar un rango de valores. De este modo, si se señala *8-18*, el trabajo periódico se restringirá a esta franja horaria.
- ,   para completar listas. Por ejemplo, si en el campo de los minutos se especifica *0,15,30,45*, se está señalando que se desea ejecutar cada cuarto de hora.
- /   en función del número que aparezca a continuación. Si en el día aparece */5, se está señalando que cada 5 días se desea ejecutar una vez.

El comando especificado en el último campo se ejecutará cuando se comprueben los valores de los otros campos, por lo que suele ser habitual utilizar el metacarácter * en varios de ellos, ya que si se especificara un valor en todos los campos la frecuencia de ejecución sería anual.

Por ejemplo, si se desea que todos los días laborables, a las 4.30 de la mañana se borren todos los ficheros del directorio */tmp*, se debería escribir la siguiente línea:

```
30 4 * * 1-5 rm -f /tmp
```

Es conveniente señalar la conveniencia del *path* absoluto del comando o *script*, ya que las variables de entorno no están activadas cuando se ponen en marcha los procesos periódicos. Por otro lado, cuando el comando es demasiado largo, es recomendable programar un *script* con este comando y utilizar el *script* en esta especificación. En este caso no conviene olvidar que este *script* deberá contar con los correspondientes permisos de ejecución.

Una vez conocido el formato que debe tener la línea asociada a un proceso periódico, vamos a estudiar cómo se realizan cambios en el fichero de configuración.

El primer paso antes de editar las líneas comentadas, será conseguir el fichero con los trabajos periódicos que existen previamente. Para ello deberá ejecutarse el siguiente comando:

```
crontab -l >fich
```

Si en lugar de obtener el fichero, solo se deseara consultar la programación de los trabajos periódicos en pantalla, se debería utilizar el comando *crontab –l*.

Una vez obtenido el fichero, el siguiente paso será editar el fichero *fich* y realizar los cambios deseados: añadir, modificar o borrar líneas. Finalmente, para que los cambios realizados sean aplicados, se deberá ejecutar:

```
crontab fich
```

También es posible programar directamente los trabajos por medio del comando *crontab -e*.

El funcionamiento del sistema, como se ha comentado anteriormente, se basa en un programa *daemon* de nombre *crond*. Este programa se despierta cada minuto (el resto del tiempo está bloqueado) y examina los ficheros del directorio */var/spool/cron*. Tras conseguir los comandos que se deben ejecutar, los lanza.

La ejecución de los procesos periódicos puede generar mensajes. Dichos mensajes, en lugar de mostrarse en la pantalla, se envían por correo electrónico; es decir, la salida estándar se redirecciona sustituyendo la pantalla por el buzón. Esto es lógico, ya que cuando se ejecuta el proceso periódico puede no haber nadie conectado.

También existe la posibilidad de redireccionar el comando, especificando el dispositivo o fichero que deseemos. Esto es lo que haremos en las primeras pruebas.

En las nuevas distribuciones, *crond* también es capaz de leer configuración de trabajos periódicos especializados en tareas con periodicidad horaria (directorio */etc/cron.hourly*), diaria (*/etc/cron.daily*), semanal (*/etc/cron.weekly*) y mensual (*/etc/cron.monthly*).

7.4.3 Procesos periódicos de modo gráfico

Por medio de la opción *Tareas Planificadas de Cron* de *webmin* se pueden visualizar y configurar los servicios periódicos (*véase* Figura 7.3).

7.4.4 Ejemplos

- Más información acerca de los procesos periódicos:
    ```
    man crontab
    ```

Figura 7.3
Configuración de los procesos periódicos utilizando *webmin*.

- Guardar la configuración actual en el fichero *cron.txt*:

    ```
    crontab -l >cron.txt
    ```

- Borrar cada día a las dos de la noche todos los ficheros de nombre *core* y que lleven 7 días o más sin ser utilizados:

    ```
    0 2 * * * find / name core -atime +7 -exec rm -f{} \;
    ```

- Escribir la hora cada cuarto de hora durante toda la noche (de este modo, si se apaga el computador, sabremos cuándo ha ocurrido):

    ```
    0,15,30,45 20-8 * * * echo Hora:`date` >>/tmp/horas
    ```

- Apagar el computador por la noche si no hay nadie conectado (probar cada 20 minutos):

    ```
    0,20,40 20-8 * * * sh /usr/sbin/local/desconexión
    ```

    Previamente deberemos haber programado *desconexión*:

    ```
    n=`who | wc -l`
    if [ $n -eq 1 ]
    then
       /sbin/shutdown -h now
    fi
    ```

- Actualizar los trabajos periódicos y probarlos:

    ```
    crontab cron.txt
    ```

7.5 Ejercicios

1. Comprobar cuál es el nivel de ejecución por defecto en la máquina. Analizar los servidores que se activan en este nivel y comprobar que están en marcha. Detener uno de estos servidores y ponerlo en marcha de nuevo.

2. Cambiar el nivel de ejecución inicial para que cuando se arranque el computador se active la interfaz gráfica. Si se activaba por defecto, seguir los pasos necesarios para conseguir lo contrario.

3. Configurar el sistema para que *script_cuentas1* del Capítulo 5 se ejecute semanalmente.

4. Programar un proceso periódico que vaya almacenando en un fichero cada media hora los usuarios conectados y los procesos que están en marcha en ese momento.

5. Se desea realizar copias de seguridad de la información de los usuarios. Seguir los pasos necesarios para que semanalmente se realice una copia completa y todos los días una incremental.

Capítulo 8

El control de los dispositivos

En este capítulo

8.1 Los ficheros especiales y los controladores **121**

8.2 Terminales **124**

8.3 Impresoras **127**

8.4 Discos **129**

8.5 Otros: disquetes, cintas y CD-ROM **129**

8.6 Configuración gráfica de dispositivos **130**

8.7 Ejercicios **131**

En los capítulos anteriores ya se han explicado algunos conceptos relacionados con la gestión de dispositivos. El objetivo del presente capítulo será tratar este tema con más detalle.

La configuración de los dispositivos es a menudo una tarea compleja, por lo que los instaladores hoy en día suelen realizar este trabajo automáticamente. Si se desea realizar este trabajo de modo manual, se recomienda utilizar una interfaz gráfica, *linuxconf* por ejemplo, ya que hacerlo directamente de modo manual suele ser un trabajo penoso y en absoluto satisfactorio. En cualquier caso, para realizar estas labores será preciso disponer de permisos de administración.

8.1 Los ficheros especiales y los controladores

El funcionamiento de los dispositivos se basa en dos elementos básicos; los ficheros especiales de dispositivos, ya mencionados en la Sección 3.1 y los controladores asociados (*drivers*). Adicionalmente, también hay variables de entorno asociadas a la configuración de los dispositivos. En Mandrake y en otras distribuciones, los ficheros de configuración se guardan en el directorio */etc/sysconfig*. Como ejemplos de ficheros en este directorio tenemos *mouse*, *keyboard*, *console*, *pcmcia*.

En este libro tan solo se presentan los dispositivos más habituales, con excepción de la tarjeta de red y el módem, en los que se profundizará en los capítulos sobre redes.

8.1.1 Ficheros especiales

Los ficheros especiales se ubican en el directorio */dev* y son descriptores que relacionan los controladores de los dispositivos. Por esta razón se les denomina ficheros especiales, ya que no son ficheros realmente. Estos dispositivos se crean junto con el sistema y hay más ficheros que dispositivos tenemos realmente, debido a que, además de los dispositivos reales, también se definen dispositivos virtuales.

Estos ficheros especiales son de dos tipos: de bloques y de caracteres, en función del modo de acceso al dispositivo en cuestión, o utilizando bloques (los discos, cintas, etc.) o utilizando caracteres (el terminal, el ratón, etc.). Para diferenciarlos se puede recurrir al comando *ls –l*; en la primera columna los de tipo bloque tendrán una *b*. Los de carácter, en cambio, tendrán una *c*.

Cuando se utiliza el comando anterior, en lugar de aparecer el tamaño del fichero, aparecen dos números, denominados *major* el primero y *minor* o de segundo nivel el segundo. El primero identifica el controlador y el de segundo nivel el dispositivo. Este último número suele ser el mismo que está incluido en el nombre. Como la parte software del controlador (*driver*), dependiente del sistema, es distinta en función del controlador (hardware), el número *major* también identifica el *driver* y, de este modo, se establece la relación entre el mencionado fichero y el *driver*.

En lo que respecta a la denominación de estos ficheros especiales, se siguen algunas reglas al establecer el nombre; se forma uniendo un conjunto de caracteres alfabéticos y un número. De este modo, por ejemplo, el nombre del primer terminal es *tty1* y el de la segunda partición del primer disco *hda2* o *sda2*, dependiendo de si el tipo de disco es *IDE* o *SCSI*. La denominación del dispositivo nulo es */dev/null* y se utiliza cuando no se desea descartar resultados en la salida de un proceso. Debido a lo críptico de estos nombres, a algunos ficheros se les asigna nombres más significativos por medio de enlaces simbólicos (utilizando el comando *ln -s*). Ejemplo de ello es */dev/cdrom*.

La creación de estos ficheros especiales corresponde normalmente al instalador, si bien es conveniente que el administrador sepa cómo crearlos para solventar problemas que puedan surgir. Para crear estos ficheros especiales, se utiliza el siguiente comando:

```
mknod nombre tipo major minor
```

Los permisos y la propiedad de estos ficheros se gestionan como en los ficheros corrientes. Es necesario destacar que se deberán gestionar con sumo cuidado, ya que son clave en la seguridad del sistema. Para ello se podrán utilizar los comandos *chmod*, *chown* y *chgrp*, si bien suele utilizarse el *script /dev/MAKEDEV* con este fin.

8.1.2 Controladores de dispositivo

En el controlador del dispositivo, denominado *driver*, se incluye el software necesario para realizar las operaciones asociadas a dicho dispositivo: lecturas, escrituras, configuración, etc. Por lo tanto, cuando adquirimos un nuevo dispositivo, si el sistema no incluye su controlador o *driver*, será necesario hacerse con él.

Cuando se compra un nuevo dispositivo, su *driver* suele incluirse junto con el mismo. Sin embargo, es dependiente del sistema operativo y habitualmente sólo se incluye el asociado a *Windows*. Éste es un problema habitual en el mundo *Linux*, ya que encontrar el controlador adecuado tanto para los dispositivos recientes, como para los muy antiguos suele resultar complicado. En ocasiones es posible encontrarlos en Internet, pero la búsqueda a menudo es un trabajo engorroso y no siempre termina con éxito. En muchas ocasiones, cuando el dispositivo sea muy reciente, será mejor instalar una nueva versión de *Linux* que lo incluya.

Es más, algunos dispositivos sólo están pensados para *Windows*, y no se pueden utilizar en *Linux*. Ejemplo claro de esto último son los *WinModem*, módems utilizados para conectarse a la red que solo funcionan en *Windows*.

Los controladores de dispositivo forman parte del sistema operativo y al principio formaban parte del núcleo. Sin embargo, con el objetivo de reducir el tamaño del *kernel*, algunos han sido extraídos de este último. Un criterio general para decidir cuáles se incluyen, es que los que se utilicen a menudo se incluyan dentro y los específicos se queden fuera. De modo general, en *Linux* los controladores se denominan con el término inglés *modules* y se almacenan dentro del directorio */lib/modules*.

Como se ha señalado en el párrafo anterior, en *Linux* los controladores pueden formar parte del núcleo o no. Los de uso general formarán parte del núcleo y los específicos se tratarán aparte. De este modo, se evitará la compilación del núcleo en la mayor parte de los casos. Para visualizar todos los módulos cargados en la memoria se puede utilizar el comando *lsmod*. También aparecen en el sistema virtual de ficheros */proc/modules*.

Para cargar los controladores externos, en primer lugar estos han de ser incluidos en los ficheros */etc/modules* y */etc/modules.conf*.[1] Una vez incluidos, la carga se realizará por medio de los comandos *insmod* y *modprobe*. Para realizar esta tarea de modo automático se cuenta con el servidor *kerneld*, que se implementa en algunos sistemas mediante el *thread* o hilo *kmod*.

Para incluir módulos nuevos dentro del núcleo, será necesario compilar este último. Sin embargo, no es una tarea recomendable para los administradores inexpertas.

Los módulos externos son la opción más utilizada cuando surgen problemas con los controladores. En este caso se deberá conseguir el *driver* adecuado, introducirlo correctamente en el directorio */lib/modules* y, por último, realizar la modificación correspondiente en los ficheros */etc/modules* y */etc/modules.conf*.

8.1.3 Ejemplos

- Ficheros especiales correspondientes a particiones de disco y a los terminales:

    ```
    ls -l /dev/hda*         # sda para los discos de tipo SCSI
    ls -l /dev/tty*
    ls -l /dev/console
    ls -l /dev/mouse
    ls -l /dev/cdrom
    ```

- Más información sobre los ficheros especiales:

    ```
    man mknod
    man MAKEDEV
    ```

- Configuración de los dispositivos (no en todas las distribuciones):

    ```
    ls /etc/sysconfig
    ```

---

[1] En algunas distribuciones el fichero de configuración es */etc/conf.modules*.

- Control de los *drivers*:

  ```
  man lsmod
  lsmod
  man modprobe
  more /etc/modules
  more /etc/modules.conf
  ```

8.2 Terminales

Los terminales pueden trabajar en dos modos: en modo carácter y en modo gráfico. La característica más destacable del primero es la configuración del teclado. El modo gráfico, en cambio, es más complejo, ya que incluye la configuración de la tarjeta gráfica, del ratón, de la librería X, etc.

8.2.1 Teclado

La configuración del teclado en *Linux* se realiza por medio de los ficheros especiales */dev/tty**. Los de línea serie se conocen con el nombre de */dev/ttyS** y las seis consolas virtuales presentadas en la Sección 2.4 toman los nombres entre */dev/tty1* y */dev/tty6*. El terminal principal tiene un segundo nombre, */dev/console*, establecido normalmente por medio de un enlace simbólico.

Para gestionar los terminales que utilizan ventanas y los que trabajan con conexiones remotas se definen varios ficheros en el directorio */dev/pts*.

La gestión de las teclas de los terminales resulta algo compleja. En el fichero */etc/termcap* se guardan las características del terminal, pero es un fichero muy complejo y en el mismo se incluyen las características de los terminales en función del tipo de terminal: líneas, columnas, *scrolling*, caracteres de control, etc. Esta información es almacenada en la variable TERMCAP al iniciar la sesión.

Para facilitar la configuración del teclado del terminal, en algunas distribuciones se incluye el *script /etc/sysconfig/keyboard*. A continuación figuran las líneas más importantes de ese fichero.

```
more /etc/sysconfig/keyboard
   BACKSPACE=DELETE
   KEYTABLE=es-latin1
```

El tipo de terminal se selecciona por medio del comando *tset* (y quedará almacenado en la variable TERM). El valor establecido podrá ser consultado más adelante utilizando el comando *tty*. Como se ha señalado en la Sección 4.2, el comando *stty* permite modificar características del terminal, como por ejemplo las teclas de función (*erase*, *kill*, *intro*, *eof*) y el número de filas y columnas.

En el Capítulo 7 ya se explicó que en el fichero */etc/inittab*, junto con más información, también se indican los terminales conectados a fin de que en el proceso de arranque se cree un proceso de tipo *getty* por cada uno de estos. Será posible trabajar con cualquiera de ellos tras introducir la correspondiente identificación.

8.2.2 Terminal gráfico

En el mundo *Linux*, el sistema de ventanas de estilo *Windows* se basa en tres elementos: la tarjeta gráfica o tarjeta de video, el sistema X y el gestor de ventanas (*Windows manager*). Gracias a estos tres elementos, se consigue un sistema flexible y potente; sin embargo, la administración puede resultar compleja cuando la instalación automática falla.

El sistema gráfico presenta una arquitectura cliente-servidor, la cual permite que también pueda utilizarse en red. De este modo, los sistemas basados en el sistema X, *Linux* entre ellos, ofrecen la posibilidad de visualizar el sistema gráfico de una máquina en el terminal de un segundo computador.

8.2.2.1 Configuración de la tarjeta y *Xfree86*

La configuración de la tarjeta gráfica y del monitor se realiza durante la instalación de *Linux*. El instalador intenta identificar las características de la tarjeta y, una vez conseguido y tras elegir el *driver* adecuado, procede a su configuración.

Los resultados de la configuración quedan reflejados en el fichero */etc/X11/XF86Config*, de gran complejidad. Es posible estudiar su contenido con un editor, pero para realizar modificaciones se recomienda utilizar los comandos *xconfig* o *XF86Setup*. Si no hay otro remedio habrá que realizar los cambios directamente, pero siempre después de haber consultado la documentación contenida en el fichero *README.Config*.

La configuración se basa en la librería X, conocida en los sistemas *Linux* con el nombre *XFree86*, ya que es una librería libre. Un problema típico suele ser que esta librería no detecte nuestra tarjeta. En la dirección www.xfree86.org/cardlist.html se mantiene actualizada la lista de tarjetas admitidas. La ubicación de la librería suele ser el directorio */usr/X11R6/lib*.

8.2.2.2 Ratón

El fichero especial correspondiente al ratón suele ser accesible mediante el enlace simbólico */dev/mouse*. Este nombre figurará en el fichero de configuración */etc/X11/XF86Config*, el mismo que el de la tarjeta gráfica, ya que la configuración del ratón se realiza al mismo tiempo. Los parámetros del ratón se sitúan dentro del apartado *Pointer* y la característica principal es el protocolo utilizado (existen distintos protocolos en función del fabricante: *BusMouse*, *MouseMan*...).

8.2.2.3 Gestor de ventanas

Una vez explicada la base, pasaremos a centrarnos en las aplicaciones. En las aplicaciones también se distingue entre clientes y servidor. El servidor se conoce con el nombre de gestor de ventanas o *windows manager*.

En una aplicación se lanzan varios clientes y un servidor. Para ello se suele utilizar el comando *startx*; si no se inicia será porque en la instalación así lo hemos indicado o porque el nivel de ejecución es 5 (*véase* la Sección 7.2). Sin embargo, *startx* no es más que un *script* que lanza el comando *xinit*, cuya configuración se realiza por medio del fichero de lanzamiento *.xinitrc*. Si no se encontrara en nuestra cuenta, se utilizará el del fichero */usr/lib/X11/xinit/xinitrc*.

En la parte final de esos ficheros se indica un gestor de ventanas. Si bien el aspecto general varía enormemente en función del gestor, el más utilizado hoy en día es *fvwm2*. Una de sus principales aportaciones es su escritorio virtual. Los aspectos más destacables del escritorio, como colores, tipo de letra, etc. se pueden configurar en el fichero *.fvwm2rc*, pero normalmente se hará por medio de opciones en menús de la misma interfaz.

Por otro lado, hay muchos clientes, pero hay que destacar *xterm*, ya que se ejecuta por cada ventana de comandos. El cliente puede residir en otro computador, aunque para ello previamente se deberá indicar en la variable DISPLAY el identificador del servidor. De este modo, si el identificador del computador en el que está el servidor fuera *comp5.red*, para que el sistema de ventanas funcionara en el cliente habría que realizar la siguiente asignación:

```
DISPLAY=comp5.red:0.0
export DISPLAY
```

8.2.2.4 Entornos de ventanas

El sistema de ventanas presentado resulta complejo para no expertos, por lo que en el mundo *Linux* surgieron proyectos para desarrollar escritorios semejantes al de *Windows* y que fueran cómodos e intuitivos. Frutos de este esfuerzo son los entornos *gnome* y *KDE*.[2] En el primer capítulo ya se explicaron sus características más importantes. Aunque se utilizan interfaces gráficas para modificar el escritorio por defecto, su referencia queda almacenada en un fichero, generalmente en /etc/sysconfig/desktop.[3]

8.2.3 Ejemplos

- Examinar las características del sistema de ventanas:

  ```
  man X
  more /etc/X11/XF86Config
  more /etc/sysconfig/desktop
  ```

---

[2] Estos son los más conocidos y utilizados, pero hay más, como por ejemplo *IceWm*.

[3] El nombre del fichero se determina en el *script /etc/X11/prefdm*.

8.3 Impresoras

8.3.1 Introducción

El sistema de impresión de *Linux* es muy potente y a la vez complicado. Se utiliza una impresión retardada (*spooling*) para permitir concurrencia. Gracias a esta técnica, los programas que deseen imprimir, así como el comando *lpr*, escribirán en un fichero de sistema en un primer paso para que, cuando la impresora esté libre, el contenido de ese fichero sea impreso. Además, mientras se imprime, se podrán realizar otras tareas.

El sistema de impresión se basa en los siguientes elementos:

- El fichero */dev/lp0* o */dev/lp1*, para describir el puerto de la impresora (el puerto paralelo). Si se trata de la serie, el fichero será */dev/ttyS0*.
- El comando de impresión *lpr*, junto con otros comandos auxiliares para controlarla: *lpc*, *lpq*, *lprm*, *lptest*...
- El proceso *daemon lpd*, responsable de la impresión.
- El directorio */var/spool/lpd*. En su interior se ubicarán los temporales y varios ficheros que permitirán controlar la impresión.
- El fichero de configuración */etc/printcap*.

Este último fichero se utiliza para cohesionar todos los elementos. Dada su complejidad, se le ha dedicado el siguiente apartado.

8.3.2 El fichero */etc/printcap*

En el fichero */etc/printcap* se describen todas las impresoras que se pueden utilizar, junto con una serie de parámetros por cada una de ellas. Los parámetros y su valor asignado se distinguen por medio del carácter :. Estos son los parámetros más importantes:

- *lp*: fichero de dispositivo asociado. Será un fichero dentro del directorio */dev*.
- *sd*: se utiliza para indicar el directorio de *spooling*. Normalmente toma el nombre de la impresora dentro del directorio */var/spool/lpd*.
- *lf*: fichero de errores, para que el sistema notifique los errores producidos.
- *lo*: fichero de tipo cerrojo cuyo fin es permitir el acceso exclusivo.
- *rm*: en caso de tratarse de una impresora situada en red, en este campo se debe indicar la dirección IP del computador o impresora remota.
- *mx*: tamaño máximo del fichero que puede imprimirse, indicado en bloques. Cuando no hay límite se utiliza el valor 0.
- *rw*: es necesario indicarlo cuando la impresora sea capaz de devolver mensajes de error.
- *af*: identificador del fichero de contabilidad.
- *of* o *if*: en este campo se indican los filtros, gracias a los cuales es posible adaptarse a las características de la impresora. Suelen ser ficheros dependientes del fabricante de la impresora y pueden ser de modo texto o modo *postscript*. Para obtener la lista de los filtros disponibles se puede utilizar el comando *apropos filter*.

La línea comienza con el nombre de la impresora (es posible indicar más de un nombre utilizando el carácter |). Como la línea suele resultar demasiado larga, se utiliza el carácter \ para continuar con la descripción de la impresora en la siguiente línea. Como ocurre en otros *scripts*, el carácter # al comienzo de una línea es utilizado para indicar comentarios.

La descripción de una impresora podría ser la siguiente:

```
lp-red:sd=/var/spool/lpd/lp:\
      :rm=158.223.112.37:\
      :mx#0:\
      :if=/var/spool/lpd/lp/filter:
```

Si la instalación de una nueva impresora se realizara de forma manual, además de incluir su descripción en el fichero, también habría que crear los ficheros y directorios asociados, asignando las características necesarias (permisos, propietario...) por medio de los comandos *chmod*, *chown* y *chgrp* (consúltese */usr/doc/HOWTO/Printing-HOWTO*). Como esta labor sería muy compleja, y arriesgada, normalmente se utiliza la ayuda *printtool*, presente en todos los sistemas. Sin embargo, en algunas distribuciones también se pueden encontrar ayudas más sofisticadas basadas en entornos gráficos y precisamente a ellas se recurrirá en muchas ocasiones al utilizar *printtool*.

Así ocurre en las últimas versiones de *Mandrake* y otras distribuciones, en las que la impresión se basa en el sistema CUPS (www.cups.org).

8.3.3 Comandos

Puede haber más de una impresora, por lo que el nombre asignado es importante. Cuando solo hay una, el nombre utilizado normalmente es *lp*, en cuyo caso no será necesario especificarlo en los comandos. En caso contrario, se deberá indicar el nombre por medio de la opción –P. De este modo, en el ejemplo señalado anteriormente habría que utilizar el parámetro *–Plp-red*.

Los comandos más importantes que habitualmente se utilizan son:
- *lpr*: para imprimir ficheros.
- *lpq*: para visualizar el estado de la cola.
- *lprm*: para eliminar una tarea de la cola (la identificación se puede conseguir por medio del comando *lpq*).
- *lpc*: para controlar la impresora. Admite varias acciones (se pueden consultar con la opción *?*), siendo las más utilizadas, *status*, *restart* y *clean*.

8.3.4 Ejemplos

- Controlar las características del sistema de impresión:

```
more /etc/printcap
ls -l /var/spool/lpd
lpc
```

8.4 Discos

Las características de discos y particiones ya se han explicado en capítulos anteriores (*véase* Sección 3.5), por lo que ya conocemos que su descripción aparece en los ficheros */dev/hd** (IDE) y */dev/sd** (SCSI), así como su modo de crear y comprobar particiones (comandos *fdisk* y *fsck*), sus opciones de montaje manual o automático (*mount* y fichero */etc/fstab*) y otras características que ya han sido comentadas previamente.

El control del espacio libre y ocupado en la administración del disco es de gran importancia, ya que la falta de espacio libre en una partición suele ser causa habitual de errores. Para realizar esta labor se dispone de los comandos *df* y *du*, ya tratados en la Sección 4.3.3.

Si se desea obtener información sobre las características físicas del disco, en algunas distribuciones se puede utilizar el comando *hdparm*.

8.5 Otros: disquetes, cintas y CD-ROM

8.5.1 Dispositivos removibles

Al igual que el resto de dispositivos, se definen utilizando ficheros especiales en el directorio *dev*. Los dispositivos más utilizados son los siguientes:

- Disquetes: aunque cada vez se utilizan menos, todavía se pueden encontrar en la mayor parte de los computadores. El fichero descriptor es */dev/fd0* y en ocasiones se utiliza como enlace el fichero */dev/floppy*.
- CD: estos dispositivos, bien sean de solo lectura o de lectura y escritura, se describen por medio de los ficheros */dev/sr0* y */dev/cdrom*. Al montarlos se debe utilizar el tipo *iso9660* (*véase* la Sección 3.5), ya que el sistema de ficheros tiene una organización distinta a la de los discos. A modo de ejemplo se podría ejecutar el siguiente comando para que la información del CD esté disponible dentro del directorio */cdrom*:

    ```
    mount -r -t iso9660 /dev/cdrom /cdrom
    ```

- Cintas magnéticas u ópticas: normalmente se utilizan para realizar copias de seguridad en empresas de tamaño medio-grande. Solo admiten acceso secuencial y no se montan, ya que cuando se leen es para recuperar copias de seguridad. Sus ficheros descriptores comienzan con el prefijo *rmt* en el directorio *dev*.

8.5.2 *mtools*

El uso de disquetes en entorno *Windows* merece una mención especial. Si bien se pueden montar (utilizando el tipo *msdos* en el comando *mount*), lo más habitual y cómodo para muchos es utilizarlos al estilo *Windows*, gracias al paquete *mtools*.

Dentro del paquete *mtools* podemos encontrar varios comandos para realizar operaciones sobre los archivos del disquete: *mdir* para hacer una lista del directorio, *mcopy* para realizar copias, *mdel* para borrar ficheros, *mcd* para cambiar de directorio, *mren* para renombrar, *mformat* para dar formato, etc.

En todos ellos, la referencia al disquete se realizará al estilo *Windows*. De este modo, para mostrar en pantalla el contenido del disquete se utilizará el siguiente comando:

```
mdir a:
```

8.5.3 Ejemplos

- Introducir un disquete *Windows* y examinar los ficheros:
    ```
    mdir a:
    ```
- Copiar un fichero del disquete en el disco duro:
    ```
    mcopy a:fich /tmp
    ```
- Copiar un fichero del disco duro en el disquete:
    ```
    mcopy /tmp/fich a:
    ```

8.6 Configuración gráfica de dispositivos

La pestaña de *Hardware* en *webmin* permite, como se ve en la Figura 8.1 alguna configuración de hardware, pero poca cosa: particiones, impresoras, arranque, grabación de CD y poco más.

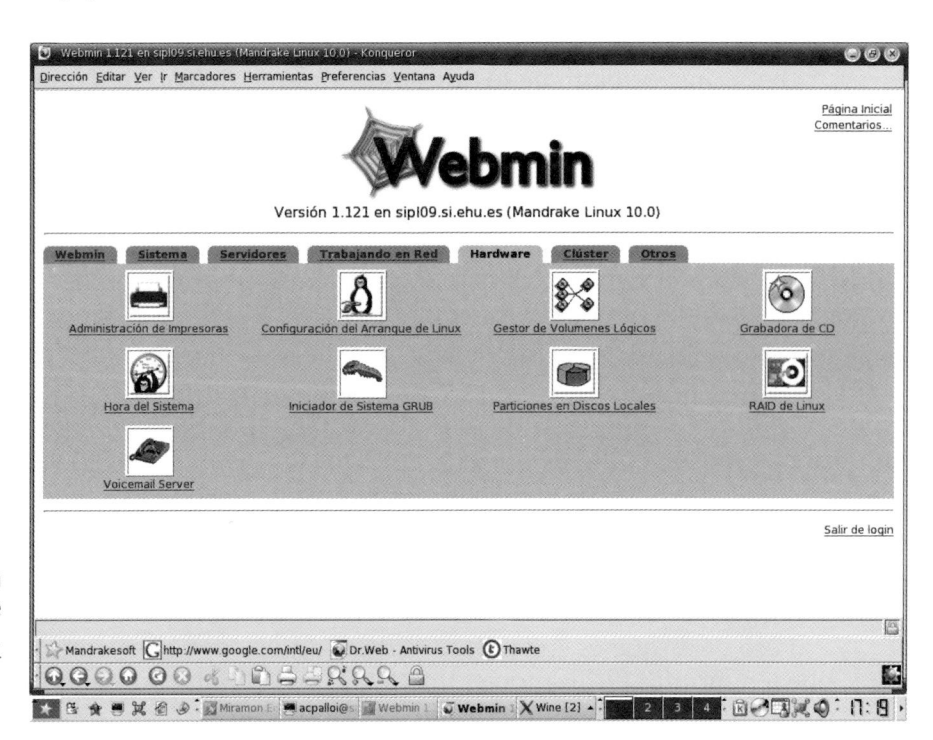

Figura 8.1
Opciones para configurar hardware utilizando *webmin*.

Por medio de *Mandrake* (programa *mcc*, *Mandrake Control Centre*), sin embargo, las opciones son más amplias como se ve en la Figura 8.2. Otras distribuciones tiene otras herramientas.

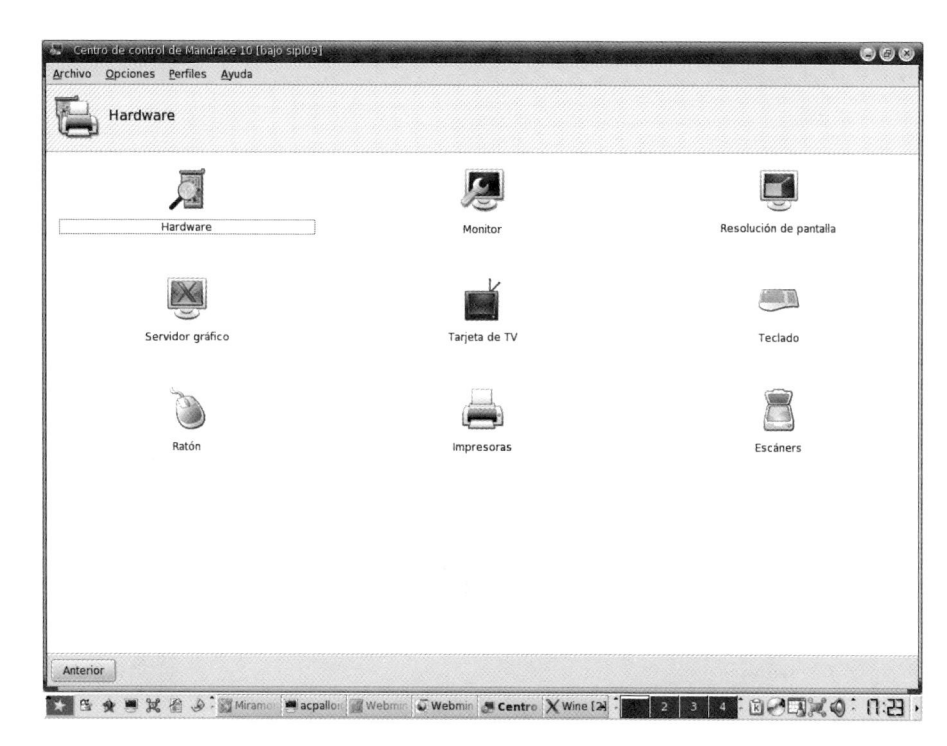

Figura 8.2
Opciones para configurar hardware utilizando *mcc*.

8.7 Ejercicios

1. Conectar una impresora al computador (o a la red) y hacerla disponible.
2. Tomar un disquete de *Windows* y copiar de dos modos uno de sus ficheros en el disco duro: montando previamente el disquete y utilizando las *mtools*.
3. Utilizando el comando *pstree*, identificar cómo se inicia el programa de escritorio. ¿Qué procesos se ejecutan hasta que se pone en marcha?
4. Cambiar el gestor de ventanas de *gnome* a *KDE* y viceversa.

Capítulo 9

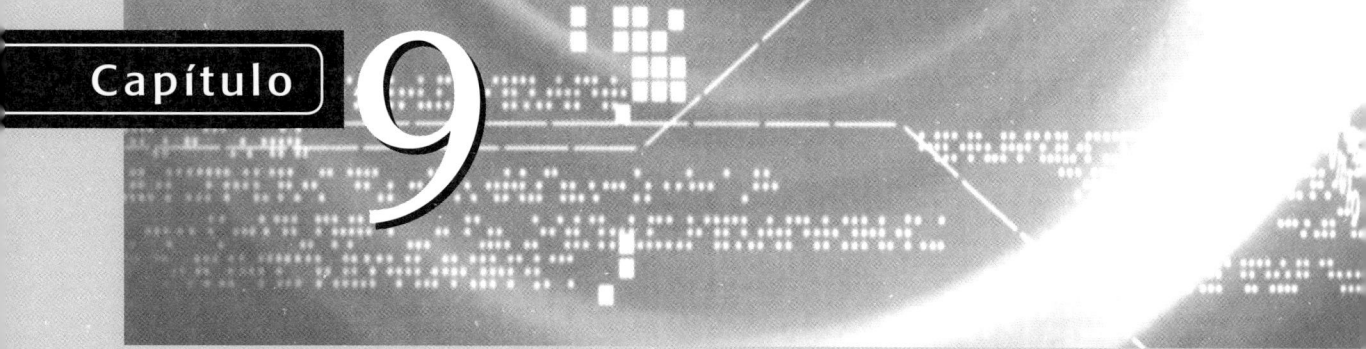

Seguridad en la administración

En este capítulo

9.1 Conceptos básicos **135**

9.2 Mecanismos de prevención **136**

9.3 Detección de los ataques **141**

9.4 Ejercicios **142**

A lo largo de los capítulos anteriores hemos mencionado aspectos relacionados con la seguridad. En este capítulo se presentarán los conceptos básicos de seguridad y las medidas iniciales que hay que tomar.

Tratar este tema en profundidad queda más allá del objetivo de este libro, pero a continuación se presentarán las principales ideas y métodos. Si se deseara conocer más, se recomiendan los libros *Securing and Optimizing Linux* (en Internet existe una versión libre disponible en formato *pdf*) y *Hacking Linux Exposed*. El sitio Web www.linuxsecurity.com también es recomendable. En cualquier caso, en el siguiente capítulo se tratarán los aspectos relacionados con la red, que podrían ser considerados como los más complicados en lo que a seguridad respecta.

En las instalaciones en las que se da gran importancia a la seguridad, es fundamental diferenciar las figuras de *responsable de seguridad* y de administrador. El primero deberá dominar los conceptos básicos que aparecerán a lo largo de este capítulo. El segundo deberá al menos conocerlos.

9.1 Conceptos básicos

Consultando la bibliografía relativa a seguridad, se puede afirmar que un sistema fiable posee tres características: disponibilidad, confidencialidad e integridad de la información. El acceso a la información queda asegurado por la primera característica y gracias a la confidencialidad es posible asegurar que ese acceso solo es permitido a quien esté autorizado. La integridad, por último, certificará la calidad de los datos, es decir, que no han sufrido modificaciones sin permiso o pérdida de información. Si bien es imposible conseguir un sistema completamente seguro, el objetivo principal será conseguir un sistema fiable.

Pueden ser varios los motivos por los que no se consiga mantener estas tres características. Los más importantes son los ataques y las catástrofes. Como consecuencia de las catástrofes (inundaciones, incendios, rayos...) se puede producir pérdida en la disponibilidad o de la integridad. Lo mismo sucede con los errores de hardware (el mal funcionamiento del disco duro suele ser uno de los problemas más graves) y con los fallos de los usuarios. Los ataques, en cambio, pueden ser de muchos tipos (virus, puertas de atrás, accesos no permitidos, etc.) y, aunque afectan a las tres características anteriores, el objetivo principal es romper la confidencialidad, tras lo cual se puede conseguir el resto.

Para enfrentarnos a estos problemas es necesario aplicar una política de seguridad basada en tres mecanismos: prevención, detección y recuperación.

La recuperación es el mecanismo que más se ha tratado hasta el momento ya que se basa en las copias de seguridad (*véase* Capítulo 6). Una política adecuada de copias de seguridad constituye un mecanismo fundamental para garantizar la disponibilidad e integridad, pero no es suficiente. La prevención y detección también son necesarias y más aún si la confidencialidad es importante en el sistema.

En los capítulos anteriores se han mencionado tanto la prevención como la detección. La primera al tratar la creación de contraseñas (*véase* Sección 5.1), y la segunda al presentar las auditorías como herramienta fundamental para la detección (*véase* Sección 5.4). A lo largo de este capítulo se ampliará la información sobre estos conceptos sin llegar a profundizar ya que, como se ha comentado anteriormente, analizar al detalle la seguridad queda más allá de los objetivos de este libro.

En algunas distribuciones se ofrecen mecanismos particulares para la seguridad. Por ejemplo, en la distribución *Mandrake* se distinguen 6 niveles, identificados del 0 al 5.

Si bien hay muchos sitios web en los que se pueden encontrar noticias sobre los nuevos ataques y riesgos, la referencia principal es la organización CERT (www.cert.org). Las noticias publicadas por la organización española se pueden encontrar en el sitio www.rediris.es/cert.

No trataremos sobre la metodología, pero cabe señalar que es necesario que las medidas de seguridad sean admisibles por las personas que las deben utilizar, ya que, de no ser así, puede ocurrir que produzcan un efecto contraproducente. Por ejemplo, si obligamos a que la contraseña sea modificada periódicamente para reforzar la seguridad, establecer una frecuencia demasiado alta puede llevar a que dicha contraseña sea apuntada en papel, con lo que el sistema será más débil en cuanto a seguridad.

9.2 Mecanismos de prevención

El objetivo de la prevención es evitar los futuros ataques, errores y necesidad de recuperaciones. Es un aspecto fundamental, aunque sus resultados se produzcan a medio plazo. Por este motivo es una de las tareas más importantes de administración.

El trabajo preventivo se puede clasificar en cinco puntos: el control de las cuentas, la protección del inicio y apagado del sistema, la protección adecuada de los ficheros, la duración de las sesiones abiertas y minimizar los servicios ofrecidos. La realización de copias de seguridad también puede ser considerada como preventiva, pero ya se ha tratado en el Capítulo 6.

9.2.1 Control de cuentas

En el Capítulo 5, al tiempo que se explicaban los comandos para controlar las cuentas, se mencionaban los mecanismos de prevención más importantes asociados a las cuentas: las contraseñas seguras y ocultas *(shadow)*.

9.2.1.1 Contraseñas seguras

Las cuentas son la fuente principal de ataques. Los atacantes, tanto internos como externos, intentarán en la medida de lo posible utilizar la cuenta de otro usuario para el ataque. Es más, uno de los objetivos principales será hacerse con el control de la cuenta *root*. Los usuarios deberán ser conscientes de este riesgo, sobre todo la administradora, por lo que el objetivo será que todos utilicen contraseñas seguras o difíciles de adivinar en su defecto.

A continuación repetiremos las normas para la creación de contraseñas:

- Se deben evitar las palabras que aparecen en diccionarios, productos de moda o nombres propios, además de toda información relacionada con nosotros.
- Lo más adecuado es combinar caracteres alfanuméricos con caracteres especiales (por ejemplo `$ _ - / :`).

Por último, se recomienda que sean lo más largas posibles y que se modifiquen con una frecuencia constante. En algunos sistemas, al cambiar la contraseña (comando *passwd*) se muestra un mensaje si ésta no es adecuada.

Hay que tener en cuenta que existen programas públicos para generar contraseñas. Estos programas trabajan sobre las palabras cifradas e intentan adivinarlas generando contraseñas a partir de los diccionarios y las reglas proporcionadas. El más extendido entre este tipo de programas es el denominado *crack* (www.users.dircon.co.uk/~crypto) y, aunque es usado por los atacantes, también puede ser utilizado en administración de sistemas de modo preventivo para probar la robustez de las contraseñas.

En cualquier caso, las contraseñas deben ser difíciles de hallar, pero no de recordar, ya que en ese caso se apuntarán en papel y entonces éste será el mayor agujero en la seguridad.

9.2.1.2 Contraseñas ocultas (*shadow*)

Como se ha comentado anteriormente, los programas de tipo *crack* trabajan con las contraseñas cifradas, que están accesibles en el fichero */etc/passwd*. Para evitar este riesgo, en los *Unix* modernos se utiliza una técnica denominada contraseñas ocultas (*shadow*). Esta técnica no guarda las palabras de paso en el fichero anterior, sino en */etc/shadow*, que no es accesible más que de modo privilegiado.

En el Capítulo 5 ya se explicó que en las distribuciones modernas de *Linux* se instala *shadow* automáticamente. Sin embargo, si no lo hemos instalado (el fichero */etc/shadow* no existirá), el administrador se deberá ocupar de obtener el paquete (www.cert.org/pub/tools/password/shadow), instalarlo y activarlo. Para la activación se utilizarán los comandos *pwck* y *pwconv*.

Tras la instalación de *shadow*, se podrá establecer la longitud mínima y frecuencia de modificación de las contraseñas, junto con la fecha de caducidad de la cuenta. Para ello se dispone del fichero */etc/login.defs* y el comando *chage*. Si se desea personalizar estas características de un usuario, se utilizará el fichero */etc/shadow* o la interfaz gráfica.

Con la utilización de *shadow* también mejora la gestión de los grupos, ya que parte de la información contenida en el fichero */etc/group* se traslada al fichero */etc/gshadow*.

9.2.2 Sesiones abiertas

Si una persona encuentra una sesión de trabajo abierta, no necesitará la contraseña de la cuenta. Más grave es si la sesión de trabajo abierta es la de *root*.

La solución más adecuada ante el problema que se puede generar por las sesiones abiertas es la de cerrar automáticamente las que no estén activas. Para ello, se deberá activar la variable de entorno *TMOUT* (*véase* Sección 4.1) en el perfil de usuario, por lo que se recomienda hacerlo en el fichero */etc/profile*. El valor se indica en segundos y, cuando en una sesión transcurren esos segundos sin ninguna actividad, ésta se cerrará de modo automático. Se recomienda un valor en torno a 600 segundos (10 minutos).

Aunque se utiliza para labores de detección, es interesante mencionar el comando *lastlog*, gracias al cual se puede averiguar cuándo se ha utilizado una cuenta por última vez, es decir, cuándo ha sido la última sesión de trabajo de un usuario.

9.2.3 Puesta en marcha y apagado del sistema

Tanto la puesta en marcha del sistema como su apagado son operaciones delicadas, ya que son básicas para la disponibilidad. Incrementar la seguridad en estas operaciones será un trabajo preventivo de gran importancia.

Cuando *Linux* arranca en un PC, se suceden dos pasos importantes: la consulta de la *BIOS* y la elección del sistema en *LILO* (véase el Anexo A).

En la *BIOS* se deberá especificar que el sistema siempre se inicie utilizando el disco duro, evitando toda posibilidad de que cualquier persona pueda arrancar desde un disquete o desde un CD-ROM, poniendo en riesgo la seguridad del sistema. Sin embargo, cambiar los valores de la *BIOS* es una tarea sencilla si no se encuentra protegida con contraseña, por lo que es recomendable protegerla con una. Si más adelante surgieran problemas y se precisara arrancar con un disquete o un CD-ROM se utilizaría la contraseña anterior para acceder a la *BIOS* y realizar las operaciones pertinentes.

Por otro lado, *LILO* permite elegir el sistema operativo a iniciar cuando se dispone de más de uno. Entre las opciones disponibles se encuentra la desconocida *linux single*, que permite arrancar en modo *monousuario* (*véase* la Sección 7.2), abriendo de modo automático la cuenta de *root*. Para evitar este problema de seguridad habrá que especificar un valor en el parámetro *passwd* y la opción *restricted* en el fichero */etc/lilo.conf*. La contraseña queda expuesta y sin cifrar, por lo que habrá que asegurar la adecuada protección de este fichero.

Una solución alternativa al problema anterior es añadir la siguiente línea al fichero */etc/inittab*:

```
~~:S:wait:/sbin/sulogin
```

De este modo se indica que al iniciar en modo *1* o *s* (*véase* 7.1) se solicitará la contraseña de *root*.

Para detener el sistema se utiliza el comando *shutdown*. No conlleva riesgo alguno, ya que es un comando privilegiado. Sin embargo, y como se señala en el Capítulo 7, siguiendo la tendencia de *Windows*, la combinación de teclas *CTRL-ALT-SUPR* puede hacer que se detenga el sistema, si así se ha indicado en el fichero */etc/inittab*. Esta opción es cómoda, pero cuestionable en cuanto a seguridad, ya que cualquiera que esté frente a la máquina tiene la opción de apagar el sistema. Si se decide eliminar esta opción, bastará con desactivar la línea correspondiente del fichero */etc/inittab*, insertando el carácter # al comienzo de la misma.

9.2.4 Protección de los ficheros

Para garantizar la confidencialidad y la integridad, los usuarios deben asignar a los ficheros una protección correcta. El sistema de protección estándar de *Unix* (*véase* la Sección 3.4) es pobre en este sentido y, en ocasiones, no es suficiente ante fallos propios. Por este motivo se ha tratado de aumentar la seguridad en los sistemas de ficheros *ext2* y *ext3*, de tal manera que ofrecen la posibilidad de definir ficheros no modificables.

Para marcar un fichero como no modificable (o viceversa) se dispone del comando *chattr*. En la siguiente línea de comando se le añade dicha característica al archivo *fich*:

```
chattr +i fich
```

Se recomienda establecer esta característica en varios ficheros de gran importancia: *lilo.conf*, *inittab*, *services* e *inetd.conf* (todos en el directorio */etc*).

Si en algún momento se desea realizar una modificación, bastará con eliminar la característica con la opción *-i*. Después de realizar los cambios se debería volver a marcar como no modificable.

También se pueden añadir otros atributos interesantes. A continuación figuran los más importantes en cuanto a seguridad:

- *a* para que solo se permita añadir. De este modo se dificulta la eliminación de rastros en los ficheros de auditoría.
- *s* para realizar borrados seguros. Cuando se borra un fichero, por lo general solo se elimina su referencia, pero físicamente su contenido permanece, de tal modo que es posible recuperarlo con programas especiales. La opción *s* indica que el contenido del fichero deberá ser sobrescrito con ceros binarios al borrarlo. Recomendable para archivos confidenciales.

- *S* para mantener sincronizado el contenido en la memoria con el disco. Dicha consistencia ralentizará las modificaciones, pero aumentará la seguridad, ya que ante un corte de energía, por ejemplo, no se perderá información.

Para comprobar el estado de estas características se puede utilizar el comando *lsattr*.

9.2.5 Múltiples cuentas con privilegio

En las grandes empresas no es suficiente con un solo *root* para llevar toda la administración, sino que se precisa de varias personas. Sin embargo, no es posible que todos utilicen la cuenta *root*, ya que la gestión de la correspondiente contraseña se complicaría sobremanera (cambiarla con frecuencia y mantenerla en secreto).

En esta situación se plantean dos opciones: definir varias cuentas privilegiadas del mismo nivel o definir un administrador principal y múltiples ayudantes.

En el primer caso además de la cuenta *root* se abrirán otras a las que se les asignará el identificador 0 en el campo *uid* (*véase* la Sección 5.2), en la correspondiente línea del fichero */etc/passwd*. De este modo, para el sistema todos serán el mismo usuario, a pesar de tener distintos valores en la cuenta, contraseña y otros parámetros.

En la segunda opción, en cambio, solo hay un administrador y a determinados usuarios se les permite realizar ciertas acciones privilegiadas, utilizando para ello el paquete *sudo*. En ocasiones, cuando a estas cuentas se les asignan tareas muy concretas, se les denomina operadores. Este es el caso de los responsables de realizar las copias de seguridad.

Si el paquete *sudo* no se encuentra instalado, se deberá obtener *(www.courtesan.com/sudo)*, instalar y configurar. La configuración se realiza en el fichero */etc/sudoers* y posee cierta complejidad.

9.2.6 Deshabilitar servicios

Por lo general se debe evitar ofrecer los servicios que no son utilizados, ya que pueden ser objeto de ataques. Gran parte de los servicios están relacionados con la red y se explicarán en los próximos capítulos; sin embargo algunos de los servicios examinados en la Sección 7.3 pueden ser deshabilitados si no se utilizan. Por seguridad se recomienda desactivar el servicio *finger*, de modo que en la mayoría de las instalaciones actuales no se ofrece.

Es necesario recordar que, para desactivar o deshabilitar definitivamente un servicio, se debe borrar dentro del directorio */etc/rc.d* el fichero correspondiente al nivel y servicio. Si se desea deshabilitar temporalmente, tan solo habrá que ejecutar el *script* asociado con el parámetro *stop*.

9.2.7 Ejemplos

- Examinar los parámetros de las contraseñas:
    ```
    more /etc/passwd
    more /etc/shadow
    man 5 shadow
    more /etc/login.defs
    ```
- Marcar el archivo */etc/lilo.conf* como no modificable y comprobarlo:
    ```
    man chattr
    chattr +i /etc/lilo.conf
    lsattr /etc/*.conf
    ```

9.3 Detección de los ataques

Aunque se hayan dado varios pasos para la prevención ante ataques, estos todavía pueden producirse. Los ataques graves se detectan de modo inmediato, sin embargo no detectar ataques menos graves puede conducir a una situación aún peor. Es más, aunque se detecte el ataque, se deberá intentar identificar las circunstancias y autores del mismo. Se dispone de muchas herramientas que ayudan en esta labor, siendo las más importantes aquellas que facilitan el control de cambios y la optimización de las auditorías.

9.3.1 Control de cambios

Cuando un atacante logra introducirse en el sistema porque ha encontrado una sesión abierta, por ejemplo, puede producir consecuencias perjudiciales de modo inmediato. Sin embargo, por lo general solo seguirá varios pasos para poder atacar en el futuro. Detectar las modificaciones realizadas para efectuar ataques directos o prepararlos para el futuro es complicado, si no se utiliza un programa específico para ello. Si proteger la integridad es primordial, la utilización de este tipo de programas será imprescindible.

El objetivo de estos programas especiales es monitorizar las modificaciones, para lo cual mantienen una base de datos cifrada. Consultando la misma será posible realizar pruebas de integridad.

Uno de los programas más conocidos de este tipo es *tripwire* (www.tripwiresecurity.com). Sin embargo, dada su complejidad, queda más allá de ámbito de este libro.

9.3.2 Control de los bits especiales

Los bits especiales de protección, y más concretamente *setuid* y *setgid*, cumplen una función básica en la seguridad.

Su función es la de realizar modificaciones controladas (*véase* la Sección 3.4.5), aun cuando las modificaciones no están permitidas. De esta manera, cuando se cambia la contraseña utilizando el comando *passwd*, se realizan cambios en los ficheros */etc/passwd* o */etc/shadow*, a pesar de que estos ficheros no tienen permisos de escritura.

¿Cómo se consigue esto? Este programa tiene el bit *setuid* activado, por lo que cuando es ejecutado se utilizan los permisos del propietario, independientemente del usuario que lo ejecute. Como el usuario *root* es su propietario se aceptan las escrituras sobre el fichero.

Si un atacante realiza una copia local del intérprete de comandos, establece *root* como propietario y le activa el bit *setuid*; ¿qué conseguirá? ejecutar cualquier comando en modo *root*. Afortunadamente para cambiar el modo es necesario ser *root*. Sin embargo, si esta cuenta se queda abierta, se podrá hacer lo anterior en un minuto y las consecuencias se pueden padecer durante meses o años.

Por lo tanto, es muy importante detectar los ficheros que tienen *setuid* (y *getid*) activado, sobre todo en el caso de ficheros nuevos. Esta detección se puede realizar mediante el comando *find*, pero existe un paquete especial para dicha finalidad: *sXid* (ftp://marcus.seva.net/pub/sxid).

9.3.3 Auditoría mejorada

La auditoría es una herramienta muy útil para la detección. En la Sección 5.4.1 se explicó cómo se debe realizar la auditoría. Sin embargo, los ficheros controlados por el archivo */etc/syslog.conf* que se generan en el directorio */var/log* resultan demasiado largos, por lo que los administradores apenas los utilizan.

En *Linux* se dispone de un paquete especial que permite comprimir esa información y sintetizarla. Su nombre es *logcheck* (www.psionic.com/abacus/logcheck) y está incluido en diversas distribuciones. Según como se parametrice, nos advertirá de las novedades detectadas en la auditoría. Normalmente se utiliza como tarea periódica y, si se le da importancia a la seguridad, será una herramienta imprescindible.

9.3.4 Ejemplos

- Buscar en el directorio */bin* mediante *find* todos los ficheros con el bit *setuid* activado:

```
find /bin -perm -4000 -ls
```

9.4 Ejercicios

1. Comprobar que el sistema está en modo *shadow*, si no lo está instalarlo y establecer la longitud mínima de la contraseña en ocho caracteres.

2. Utilizando *lilo.conf* o *inittab*, establecer una contraseña para el inicio en modo *single*, a continuación desactivar la opción *CTRL-ALD-SUPR* y, por último, marcar esos ficheros como no modificables.

3. Asignar una duración máxima de veinte minutos a las sesiones inactivas.

4. Guardar los nombres de los ficheros que tienen activado el bit *setuid*. Programar un *script* que detecte cambios en estos ficheros. Modificar este bit en un ejecutable y comprobar que el *script* es correcto.

5. Examinar los servicios activos y deshabilitar alguno que no sea necesario (*samba* por ejemplo).

Capítulo 10

Redes y protocolo TCP/IP

En este capítulo

10.1 Protocolos. El protocolo TCP/IP **147**

10.2 Redes locales **155**

10.3 Conexión vía módem **158**

Hasta ahora, el objetivo del libro ha sido explicar el comportamiento de un computador aislado. No obstante, hoy en día es imprescindible unir los computadores en red para obtener el máximo rendimiento. En la red se podrá acceder a nuevos servicios —impresión, ficheros, sitios web, etc.— que serán de gran utilidad, y es precisamente en red donde *Linux* demuestra su máximo poder.

Existen dos opciones principales para conectarse a la red: los módems convencionales y conexiones ADSL que se utilizan desde el hogar y muy pequeñas empresas, y las tarjetas de red que se utilizan en empresas e instituciones. El sistema operativo *Linux* nos permite implantar estas dos opciones, con la ventaja añadida de que los programas necesarios para proporcionar servicios en red están integrados en el sistema *sin coste adicional*. En el caso de *Windows*, en cambio, *IIS* y el resto de programas deberán comprarse aparte.

Mediante módems, el computador se conecta punto a punto, usando la red telefónica, con una empresa o entidad denominada *proveedor de Internet* (*ISP*, en inglés *Internet Service Provider*), y a través de este proveedor, se conecta a Internet. La configuración del módem se explica en la Sección 11.3.

Mediante tarjetas de red, en cambio, se pueden comunicar computadores situados en la misma habitación o en el mismo edificio, y a través de una conexión a Internet se pueden conectar a los demás servicios. Esas redes locales suelen estar unidas por cables diseñados a tal efecto, aunque, hoy por hoy, las redes inalámbricas están aumentando en número. La Sección 10.2 trata brevemente sobre los componentes de las redes locales, y la Sección 11.2 sobre su configuración.

Los Capítulos 13 y 14 tratan sobre los servicios que se ofrecen en redes locales, mientras que los servicios de Internet se explican del Capítulo 15 en adelante.

Los conceptos básicos de redes son muy amplios y complejos, por lo que este capítulo solamente supone una introducción a los mismos. Para profundizar en este tema, se recomienda los libros de *Tanenbaum* y *Stallings* citados en la bibliografía. Los servicios en red de *Linux* siguen el protocolo *TCP/IP*. La próxima sección presta atención a este protocolo.

10.1 Protocolos. El protocolo TCP/IP

Unix fue el sistema operativo que integró por primera vez el protocolo TCP/IP, que resultó ser la piedra angular del desarrollo de Internet. De hecho, los sistemas *Unix* han sido la espina dorsal de Internet a lo largo de los años, y actualmente los sistemas basados en *Unix* siguen siendo los que mejor se adaptan al mundo de Internet.

Linux, al ser una variante de *Unix*, tiene integrado en su código el protocolo TCP/IP. La implementación actual se denomina NET-4, y es un sistema excelente para proporcionar y recibir servicios de red local e Internet. El protocolo que se esconde detrás de las siglas TCP/IP es de hecho un conjunto de protocolos que definen cómo deben conectarse y comunicarse los computadores y dispositivos en red. Los protocolos son el corazón de la estandarización, ya que permiten el trabajo en colaboración en el que toman parte muy diversos agentes —productores de hardware, desarrolladores de software, empresas telefónicas, usuarios comunes, etc.— sin relaciones de subordinación ni escenarios de monopolio.[1]

10.1.1 Estructura de los protocolos

Las comunicaciones entre computadores son demasiado complejas como para ser descritas mediante un sólo protocolo; por ello, las redes de computadores se basan en un conjunto de protocolos estructurados en niveles.

Existen varias propuestas para organizar los niveles de protocolo[2]. Sin embargo, hoy en día predomina la arquitectura de cinco niveles de Internet, que desde el nivel del hardware al nivel de aplicación son los siguientes: nivel físico, nivel de enlace, nivel de interred, nivel de transporte y nivel de aplicación.

En el nivel físico se definen las características de los dispositivos; entre otras, los tipos de conectores y cables a utilizar, las características de la señal eléctrica y la velocidad de transmisión. En este nivel se han definido infinidad de estándares, como los conectores *RJ-45* para las conexiones telefónicas, o el tipo de cable *10-Base-T* para redes locales. De todas maneras, todos estos temas quedan fuera del dominio de este libro, al tratarse de características de hardware.

En el nivel de enlace se definen los fundamentos de las conexiones punto a punto o de las redes locales: cómo reconocer otras máquinas, cómo compartir el medio físico, cómo saber si un mensaje debe ser recibido por el computador, etc. Suele implementarse mediante hardware dentro de las tarjetas de red o de los módems. *Ethernet* —para las redes locales— y *PPP* —para las conexiones punto a punto— son los protocolos más conocidos y se analizarán en las siguientes secciones.

El nivel de interred se utiliza para conectar redes de diferentes tipos, y el protocolo *IP* es el predominante en el mismo. Los elementos principales de este nivel se explicarán a continuación, pero la mayor parte del trabajo reside en los dispositivos denominados *routers*[3] o encaminadores.

El nivel de transporte define la conexión lógica apropiada entre dos máquinas no enlazadas directamente. Los mensajes intercambiados entre dos computadores pueden dispersarse, dividirse y desordenarse a través de la red, pero gracias al nivel de transporte, los mensajes se vuelven a reunir, encajar y ordenar. Aunque en este nivel hay más de un protocolo, los más conocidos son *TCP* y *UDP*.

---

[1] *Microsoft* ha recibido diversas críticas y denuncias por hacer adaptaciones propias de los protocolos estándar sin cumplir, por lo tanto, con los estándares correctamente. Se le imputa provocar situaciones de monopolio mediante estas tácticas.

[2] La propuesta más conocida es la realizada por *OSI*, que consta de siete niveles, y que es la más utilizada como modelo teórico.

[3] En algunas herramientas de *Unix*, al *router* se le denomina *gateway*, a pesar de que ese nombre se ha propuesto para otros conceptos.

Finalmente, en el nivel de aplicación se define una gran variedad de protocolos, uno o varios por cada aplicación o servicio. El fundamento de las aplicaciones de red es el modelo *cliente/servidor*, donde dos programas complementarios sustentan el funcionamiento de la aplicación: por una parte el servidor que se ocupa de proporcionar un servicio, y por otra el cliente, que coordina la relación con el usuario y se encarga de la apariencia de la interfaz. El cliente y el servidor pueden estar en dos computadores diferentes, incluso pueden pertenecer a diferentes empresas, siempre y cuando cumplan con el protocolo de la aplicación. Más aún, varios clientes en diferentes computadores pueden trabajar en paralelo realizando peticiones al mismo servidor.

Un ejemplo conocido es el servicio web. Para acceder a este servicio, los usuarios utilizan el cliente llamado *navegador* o *browser*. Por su parte, el servicio no sería posible sin el programa *servidor web*, que proporciona las páginas solicitadas por los clientes. Tal y como sucede en el caso de los navegadores, entre los cuales hay muchos programas a escoger (*Mozilla, Firefox, Explorer,* etc.), también hay varios servidores web (*Apache, IIS...*). Eso sí, como tanto los clientes como los servidores siguen el mismo protocolo (HTTP y HTML), se debe poder acceder desde navegadores propietarios como *Internet Explorer* de *Microsoft* a páginas ofrecidas por servidores de software libre como *Apache* sin problemas.[4]

En este nivel de aplicación hay muchos servicios con protocolos ya definidos —*www* o *web*, *ftp*, *e-mail*, DNS, *telnet*, *ssh*, *finger*, *rsh*, *rlogin*, *rcp*, etc.— algunos de ellos para ser utilizados directamente, y otros para servir de base para otros servicios.

Por otra parte, se pueden programar nuevos servicios utilizando *sockets*, pero ese tema está fuera del ámbito de este libro.

Los citados cinco niveles son, en teoría, independientes aunque en algunos casos son complementarios, ya que los protocolos de niveles superiores se basan en los del nivel inferior. Debido a ello, para poder acceder a servicios de Internet se necesita por una parte un sistema operativo que implemente el protocolo TCP/IP, y por otra parte una tarjeta de red *Ethernet* o un módem que siga el protocolo *PPP*. Cualquier otro tipo de dispositivo de conexión deberá ser compatible con TCP/IP.

El modo de identificación de cada computador también cambia según el nivel. En el nivel de enlace se utilizan identificadores grabados en el *firmware* por los productores de hardware, en el nivel de interred se utilizan direcciones IP numéricas y finalmente, en el nivel de aplicación se suelen utilizar nombres simbólicos separados por puntos.

En todos los sistemas operativos modernos la parte cliente de la mayoría de los servicios de red suele estar presente, pero para proporcionar servicios es conveniente disponer de una conexión permanente y de un sistema operativo completo

---

[4] De surgir problemas, se deberán a una mala adaptación al protocolo o a conflictos entre versiones de los mismos.

como *Linux*. Los sistemas cliente tipo *Windows 95/98/XP* no suelen ser suficientes para este tipo de tareas.

El objetivo de los siguientes capítulos será explicar el funcionamiento de los protocolos, los servidores y en menor medida los clientes más importantes del nivel de aplicación.

10.1.2 El protocolo IP

El protocolo IP es el alma de Internet, ya que, gracias a él, multitud de redes locales y computadores se conectan entre sí.

El objetivo principal del protocolo IP es ordenar el tráfico con agilidad a través de una red heterogénea y poco fiable. Para lograrlo, recurre a la conmutación de paquetes y trabaja sin conexión.

A diferencia de las comunicaciones telefónicas de voz, las comunicaciones IP, al basarse en conmutación de paquetes, no requieren de un canal exclusivo estable entre el emisor y el receptor. De esta manera se optimiza el uso de los canales y se previenen errores debidos a caídas de líneas, porque los paquetes que conforman un dato a transmitir pueden llegar del emisor al receptor por caminos diferentes. Como no está orientada a conexión, la comunicación se agiliza, al no tener que asegurar en este nivel de comunicación que los paquetes lleguen sin errores, enteros y en orden. Esta responsabilidad recaerá en el nivel superior o en el inferior.

A pesar de que la implementación más importante del protocolo IP se lleva a cabo en los encaminadores, los computadores deben ser capaces de reconocer y crear los paquetes IP que conforman los mensajes transmitidos. En esta tarea son fundamentales las direcciones IP, ya que cada trama deberá ir encabezada por la dirección IP de destino.

Los computadores normales cuentan con una sola dirección IP, mientras que los encaminadores tienen varias direcciones para poder interconectar varias redes. De hecho, la tarea de los encaminadores es recibir mensajes de una dirección IP de una red para enviarlos a otra dirección IP de otra red, para que llegue cuanto antes a su destino.[5] Un computador puede cumplir la función de encaminador, pero, al no haber sido diseñado a ese efecto, será en principio más lento y necesitará al menos dos tarjetas de red con sus correspondientes direcciones IP.

10.1.3 Direcciones IP

Para asegurar el funcionamiento correcto del protocolo IP cada máquina deberá contar con una dirección IP distintiva. Por ello, las direcciones de todos los com-

---

[5] Para resolver el encaminamiento y para evitar la congestión de paquetes, existen varios protocolos auxiliares. Los más conocidos son RIP e ICMP.

putadores conectados a Internet no se pueden repetir, y por lo tanto, es imprescindible una buena distribución de las direcciones.

En la cuarta versión del protocolo IP, conocida por la abreviatura *IPv4*, las direcciones IP se incluyen en la cabecera de los paquetes utilizando cuatro bytes, que se suelen representar en las configuraciones mediante cuatro números separados por puntos. En la versión *IPv6* esta estructura puede variar, aunque todavía se pueden utilizar esas direcciones. Como las direcciones IP constan de 4 bytes, cada uno de los números decimales debe estar entre 0 y 255. Por ejemplo, el número 192.223.114.194 es una dirección IP válida.

De todos modos, con la finalidad de facilitar la distribución de las direcciones, se diferencian dos campos dentro de la dirección: el identificador de red a la izquierda y el identificador del computador a la derecha.[6] Como en el mundo existen redes de diferentes tipos, las direcciones IP han sido divididas en tres clases principales:[7]

- Clase A: el primero de los cuatro números, es decir los 8 primeros bits, expresa la dirección de red y el resto representa máquinas dentro de dicha red. El primer número estará entre 1 y 126.
- Clase B: los dos primeros números representan a la red y los dos últimos al computador. El primer número debe estar entre 128 y 191.
- Clase C: los tres primeros números se corresponden con la dirección de red y el último número expresa la identificación de la máquina. El primer número está entre 192 y 223. Las redes de este tipo sólo pueden albergar 254 computadores, ya que la dirección 0 y la 255 están reservadas.

Dentro de estas clases definidas, existen varias direcciones reservadas que sólo pueden ser utilizadas en redes locales, ya que los encaminadores de Internet no las aceptan. Estas direcciones son interesantes para ofrecer servicios de *intranet* sin necesidad de contar con direcciones IP públicas. Las direcciones reservadas son las siguientes:

- De 10.0.0.0 a 10.255.255.255 para la clase A.
- De 172.16.0.0 a 172.31.255.255 para la clase B.
- De 192.168.0.0 a 192.168.255.255 para la clase C.

Además de éstas, también se reservan las direcciones que comienzan con 127 porque la dirección 127.0.0.1 suele utilizarse para generar tráfico interno sin conectarse a otra máquina, y así poder utilizar aplicaciones cliente/servidor en la misma computadora. Esta dirección IP se corresponde con la dirección simbólica *localhost*.

---

[6] Para las máquinas no se pueden utilizar ni el número inicial (0), ni el máximo (formado todo por unos binarios, en general 255) de la red, porque tienen un significado especial: el número de computadora 0 es el identificador de la red, y el máximo se utiliza para transmisiones de difusión (*broadcast*).

[7] En realidad, hay otros tres tipos definidos, para los números 224 al 254; pero estas direcciones están reservadas para experimentación y difusión múltiple (*multicast*), y no se examinan en este libro.

Las grandes empresas y proveedores de Internet cuentan con direcciones de clase A, mientras que algunas empresas pequeñas sólo han conseguido una sola dirección de clase C. De hecho, hay grandes problemas para conseguir direcciones IP porque las disponibles se están agotando. Por eso se ha propuesto avanzar a la versión *IPv6*, ya que sus direcciones pueden ser más largas. Mientras tanto, para hacer frente a la escasez de direcciones, se pueden utilizar las direcciones *intranet* antes mencionadas. Otra propuesta es utilizar direcciones flotantes mediante el protocolo *DHCP* (*véase* Capítulo 15), pero esta solución no es posible en el caso de los servidores, ya que su dirección debe ser fija y conocida.

Una alternativa más potente y compleja es la técnica llamada *IP Masquerade* que se puede utilizar en los encaminadores o cortafuegos, siempre que se disponga del sistema NAT (*Network Address Translation*). Mediante esta alternativa las direcciones intranet que se han comentado anteriormente pueden tener acceso a servicios de Internet sin ser visibles desde el exterior, con lo que además de ahorrar direcciones IP aumentan la seguridad. Esto es lo que se hace en las subredes conectadas mediante ADSL.

Por otro lado las direcciones utilizadas en las aplicaciones no suelen ser las IP numéricas, sino más bien nombres simbólicos habitualmente fáciles de recordar llamados direcciones de dominio, como por ejemplo *www.ueu.org*. La traducción entre direcciones IP y direcciones simbólicas se lleva a cabo utilizando el servicio de Internet DNS, que se explica en el Capítulo 15.

10.1.4 Subredes

Por otra parte, los bits asignados para denominar a las máquinas dentro de una red pueden ser separados en dos partes para crear subredes. Esto supone una ventaja a la hora de organizar las redes, pero va en perjuicio del aprovechamiento óptimo del número de direcciones disponibles, ya que éstas pueden agotarse en una subred, habiendo direcciones libres en otras subredes.

Para organizar una subred se define en cada computador una máscara, que representa el número de bits que corresponden a la subred. Para crear la máscara, se asigna un 0 binario a los bits que se utilizarán para identificar al computador, y a los demás bits se les asigna un 1. A pesar de que la lógica de las máscaras es binaria, se representa en las configuraciones mediante cuatro números decimales, y muchas veces se utilizará la máscara 255.255.255.0. En las redes de clase C —las más habituales— esta máscara significa que no se han formado subredes; en las otras clases significa que se han creado subredes de 254 computadores como máximo.

Por poner un ejemplo concreto, la dirección IP 192.223.114.194 antes mencionada es de clase B, y si su máscara fuera 255.255.0.0, concluiríamos que no se han formado subredes, y en ese caso el identificador de la máquina sería 114.194. En cambio, si la máscara fuera 255.255.255.0, 114 sería el número de la subred y 194 el del computador.

En algunos servicios, como el cortafuegos basado en *iptables*, para especificar la subred se utiliza una única secuencia de caracteres con la identificación de la subred seguida por el símbolo / y el número de bits para expresar la subred. Así, especificar 192.223.114.0/24 es equivalente a señalar que la máscara es 255.255.255.0.

10.1.5 Tablas de encaminamiento

Para enrutar el tráfico en lo encaminadores —y en los computadores también— se emplean tablas de encaminamiento. La información almacenada en las tablas de encaminamiento suele estar formada por los siguientes atributos:

- La dirección IP de la red o subred.[8] En dicha entrada de la tabla se definirá el encaminamiento correspondiente a los mensajes dirigidos a esa subred. Aparte de identificar una subred, también se puede utilizar la dirección 127.0.0.1 para mensajes dirigidos a la misma máquina. En la última línea de la tabla de enrutamiento aparecerá el valor 0.0.0.0 o el valor simbólico *default*, que concreta el camino a seguir por defecto, es decir, para los casos en los que la red de destino no tiene una definición de ruta explícita.
- Máscara. La máscara correspondiente a la subred que, como se explicó anteriormente, será complementaria al identificador de subred.
- La dirección IP del encaminador. Si el paquete a enviar tiene como destino una máquina fuera de la red, habrá que concretar cuál es la IP del encaminador que se va a utilizar. Cuando el destino es la red local, no es necesario especificar este campo.
- Definición de la interfaz. Se trata de un descriptor ligado al tipo de red que se va a utilizar y que representa la tarjeta de red o el protocolo de comunicación de la interfaz. Los valores más comunes son *eth0* para las redes *Ethernet*, *ppp0* para conexiones punto a punto y *lo* para la comunicación interna del computador.

Las tablas de los encaminadores contendrán varias de estas líneas, con interfaces diferentes cuando unan redes diferentes. Cabe recordar que los encaminadores tienen varias tarjetas de red, y a cada una le corresponderá una IP y una red distinta.

En los computadores comunes la tabla de enrutamiento suele contar con tres entradas: una para las comunicaciones internas, también llamada bucle local, otra para la red local y la última para el resto de redes. He aquí un ejemplo de la tabla:

```
127.0.0.1        255.0.0.0           -                lo
192.223.114.0    255.255.255.0       -                eth0
0.0.0.0          0.0.0.0             192.223.114.1    eth0
```

En la primera línea se define la red interna, con la interfaz local. La segunda línea define la red local, con su máscara de subred y con la interfaz *Ethernet* definida. Finalmente, la tercera entrada define la ruta del tráfico fuera de la red, en este caso, los paquetes se enviarán a través de la red *Ethernet* a la dirección IP del encaminador que se encarga de la comunicación externa.

---

[8] Recuérdese que el identificador de subred se obtiene poniendo 0 en el campo de la máquina.

10.1.6 Los protocolos TCP y UDP

Estos protocolos, que pertenecen al nivel de transporte, nivel superior al protocolo IP al que complementan, completan la implementación del software básico de red en el nivel del sistema operativo.

El objetivo de ambos protocolos es facilitar a las aplicaciones la comunicación de extremo a extremo que necesitan. La diferencia entre los dos protocolos es que TCP garantiza la integridad y la fiabilidad de los datos, mientras que UDP prioriza la agilidad. Ambos protocolos se ocupan de recibir y ordenar los mensajes, ya que IP no realiza esta tarea. La diferencia es que TCP detecta errores y en caso de error solicita reenvío y en cambio UDP no considera que pueda haber errores. En consecuencia, la elección del protocolo dependerá de la aplicación, y a pesar de que la mayoría de las aplicaciones escogen TCP, algunas otras (por ejemplo, la transmisión de video) pueden utilizar UDP, ya que dan preferencia a la velocidad frente a la fiabilidad.

Las direcciones de este nivel se basan en las direcciones IP, pero con un parámetro añadido que les da mayor precisión. Concretamente, ese parámetro se denomina *puerto* y ayuda a diferenciar los servicios y a permitir conexiones múltiples simultáneas. El emisor debe concretar cuál es la dirección IP del receptor, y en qué puerto *escucha* el servidor al que quiere conectarse. Gracias a la red y al protocolo IP, los paquetes que conforman el mensaje llegarán al computador de destino, el receptor recogerá y ordenará los paquetes y reensamblará el mensaje, y en función del puerto solicitado, entregará el mensaje a la aplicación servidora correspondiente. En todo este proceso TCP y UDP son fundamentales.

En cuanto al valor de los puertos, cada uno de los dos protocolos cuenta con una serie de puertos disponibles, numerados del 0 al 65535. Los números de puerto menores a 1024 se denominan *puertos bien conocidos* (*well-known ports*), porque se suelen corresponder con servicios conocidos del sistema. Por ejemplo, el puerto 23 corresponde al servicio *telnet*, el 80 al *web*, el 25 al correo electrónico, etc. De hecho, para poner en marcha un servicio que escuche en uno de los puertos menores de 1024 hacen falta privilegios de *root*; los puertos del 1024 en adelante pueden ser utilizados para tareas sin necesidad de privilegios.

Los puertos de los servicios deben conocerse de antemano, ya que en caso contrario no se podría solicitar un determinado servicio, mientras que los puertos de los clientes se asignan dinámicamente y el servidor conocerá el mismo porque aparece en la cabecera del mensaje enviado por el cliente. En las aplicaciones cliente/servidor el cliente siempre tiene la primera palabra, por lo tanto, debe conocer la dirección IP y el número de puerto del servicio. No sucede lo mismo en el caso del servidor, que siempre está dispuesto a servir solicitudes provenientes de cualquier dirección,[9] y responderá a la solicitud en la dirección y el puerto del cliente.

---

[9] Esta condición puede ser restringida por razones de seguridad, pero se considera así desde el punto de vista del diseño.

En los sistemas *Unix*, la parte del software que implementa tanto TCP y UDP como el protocolo IP está en la librería *sockets*. Como ayuda adicional, para facilitar el desarrollo de aplicaciones en red se creó el mecanismo llamado RPC para funcionar sobre los *sockets*. RPC son las siglas de *Remote Procedure Call* o *Llamada a Procedimiento Remoto*, y más adelante veremos que algunos servicios importantes se basan en RPC.

10.2 Redes locales

Las redes locales más comunes se basan en el estándar *Ethernet*. La implementación de su protocolo de enlace suele realizarse mediante el *hardware* y *firmware* de las tarjetas de red. Este protocolo ha resultado muy exitoso y se ha establecido como el estándar *de facto* de las redes locales, dejando de lado otros protocolos conocidos como *Token-Ring* y *AppleTalk*.

Estas redes también pueden funcionar con el protocolo *NetWare* de *Novell*, que se basa en el protocolo de interred *IPX*. Esta combinación de protocolos es bastante común en las redes que utilizan tecnología de *IBM*, y algunas distribuciones de *Linux* permiten gestionarlos, pero se recomienda encarecidamente configurar redes TCP/IP al utilizar *Linux*.

Existen otros protocolos que se emplean en redes corporativas, la mayoría de ellos orientados a enlazar eficientemente redes *Ethernet*. Los más conocidos son *FDDI* y *ATM* para redes de fibra óptica, y *Frame Relay* para conectarse con los proveedores de compañías de telecomunicaciones.

10.2.1 El protocolo de *Ethernet*: CSMA/CD

El protocolo de acceso al medio que utilizan las redes *Ethernet*, CSMA/CD, se fundamenta en el concepto de colisión. Todos los computadores conectados a la red están pendientes de las transmisiones que se realizan mediante el cable. Cada vez que quieren transmitir datos por la red, antes de enviarlos escuchan si se está realizando alguna transmisión en ese instante. Si es así, esperan hasta que el medio físico esté disponible, y si no detectan ninguna señal inician la transmisión. El problema es que, en el periodo de tiempo que la señal tarda en propagarse por toda la red, dos o más computadores pueden haber decidido iniciar la transmisión, con lo que las dos señales se confunden y la transmisión se hace ininteligible. A este fenómeno se le conoce como colisión.

Como está previsto en el protocolo, cuando se dé una colisión la misma se detectará y los emisores implicados esperarán un tiempo aleatorio que permita iniciar la transmisión con éxito sólo a uno de los emisores. Las colisiones ralentizan la red, pero esta técnica es muy efectiva porque la probabilidad de colisión es muy pequeña salvo que la red esté muy saturada, y como contrapartida se permite un acceso al medio muy ágil para todas las máquinas de la red.

Otro principio interesante de este tipo de red es que la difusión[10] a todos los computadores es posible, ya que todos están escuchando continuamente. Esta característica puede resultar muy útil en muchas aplicaciones, ya que es interesante poder mandar información simultáneamente a todos los nodos de la red.

La unidad mínima de transmisión en redes *Ethernet* se llama trama o *frame*, y puede contener desde 46 hasta 1500 bytes de datos. Esto permite flexibilidad a la hora de transmitir por la red, pero debido a la velocidad de transmisión de estas redes, se suelen transmitir paquetes de tamaño máximo para optimizar la relación entre bits de control y bits de datos.

A grandes rasgos, el protocolo *Ethernet* es la base de la mayoría de tipos de red locales actuales, ya que se han desarrollado muchas versiones y variantes de la misma. De hecho, hasta las redes inalámbricas siguen muchos de los principios de *Ethernet* aunque el tratamiento de las colisiones sea diferente por la naturaleza del medio empleado.

10.2.2 Direcciones *Ethernet*

La dirección *Ethernet* de una máquina será la correspondiente a su tarjeta de red. Estas direcciones, también llamadas direcciones MAC (*Media Access Control*), son códigos de seis bytes que se suelen representar como seis pares de dígitos hexadecimales separados por dos puntos: *aa:bb:cc:dd:ee:ff* es el aspecto de una dirección *Ethernet*, donde cada dígito puede tomar valores de 0 a 9 y de A a F, que representan los valores decimales de 10 a 15 respectivamente. Estas direcciones están repartidas entre los productores de hardware. Por ello, las tarjetas cuyos dígitos iniciales sean iguales serán presumiblemente del mismo fabricante, y en cada red podremos encontrar, lógicamente, tarjetas de varios fabricantes, con lo cual no tiene por qué existir similitud entre las direcciones de la misma red.

La traducción entre direcciones *Ethernet* y direcciones IP se resuelve empleando el protocolo *ARP (Address Resolution Protocol)*. El funcionamiento de este protocolo, basado en la técnica de difusión, es el siguiente: cuando un computador necesita la dirección MAC de otro computador para iniciar una transmisión, envía un mensaje *broadcast* a toda la red. A este mensaje solo responderá la máquina que tenga la dirección IP solicitada, con un mensaje que contiene su dirección *Ethernet*. Una vez obtenida la dirección se almacenará permanentemente en la *tabla ARP*, para no tener que solicitarla cada vez que se necesite.

A veces es necesaria la traducción a la inversa, esto es, dada una dirección *Ethernet*, obtener la dirección IP que tiene asignada. Para ello se utiliza el protocolo *RARP (Reverse ARP)*. Este protocolo se puede utilizar para el arranque de dispositivos sin disco duro y se utiliza también para implementar el protocolo DHCP (*véase* Capítulo 15). Un servidor de dirección conocida se encargará de responder a dicha solicitud de traducción.

---

[10] El término "difusión" es la traducción de la palabra inglesa *broadcast*; en general, en informática se prefiere el término original para designar este fenómeno.

10.2.3 Redes *Ethernet*

Las redes basadas en *Ethernet* pueden operar a varias velocidades, en función de las tarjetas de red y los tipos de cable utilizados. Hasta hace pocos años, las redes de 10 Mbps eran las más extendidas, pero hoy en día casi todas están siendo sustituidas por redes de 100 Mbps, sin excesivos gastos de actualización. Las redes *Gigabit Ethernet*, que funcionan a una velocidad de 1 Gbps, se pueden utilizar en instalaciones nuevas, pero son todavía excesivamente caras. En el campo más experimental encontramos las redes *10 Gigabit Ethernet*, que son por ahora poco comunes.

Estas velocidades son teóricas o *nominales*, porque no tienen en cuenta los retardos por las colisiones. Por ello, cuando la red esté muy solicitada, la velocidad se reducirá notablemente, y se hablará de saturación en la red.

Por otra parte, en las redes *Ethernet* los cables más utilizados son los de par trenzado, especialmente el *10BaseT*. En los inicios de las redes locales los cables coaxiales predominaban por su mejor calidad de transmisión, pero se ha tendido a la simplicidad del par trenzado sobre todo por resultar más barato.

Además de las tarjetas de red y los cables que forman la red, se pueden encontrar dos dispositivos específicos en este tipo de redes:

- Concentradores o *hubs*: son dispositivos de repetición de señal que permiten conectar varias máquinas. No tienen apenas lógica en los circuitos y sólo sirven para aumentar el número de conexiones y evitar la atenuación de la señal por la distancia entre nodos.
- Conmutadores o *switches*: además de conectar computadores o redes, estos dispositivos permiten optimizar el tráfico en la red, ya que analizan la información de las tramas evitando las transmisiones innecesarias, y permiten comunicaciones múltiples en la red. Hasta hace pocos años eran mucho más caros que los *hubs*, pero ahora que se han abaratado, se tiende a sustituir los *hubs* con estos dispositivos que reducen los problemas de congestión.

10.2.4 Configuración de la tarjeta de red

Linux es compatible con la mayoría de las tarjetas de red *Ethernet*, incluidas tarjetas de diversas tecnologías (PCI, PCMCIA, etc.). La mayoría de las tarjetas modernas pueden utilizarse tanto con redes normales como rápidas, y suelen estar etiquetadas como tarjetas de 10/100 Mbps. Es recomendable utilizar este tipo de tarjetas incluso en las redes locales de 10 Mbps, para futuras actualizaciones de la red. Por su parte, las tarjetas de *Gigabit Ethernet* también pueden ser compatibles con las versiones anteriores de *Ethernet*, pero las tarjetas *10 Gigabit Ethernet* por lo general tienen un conector diferente incompatible con las redes locales más lentas.

A lo largo del proceso de configuración habrá que detallar ciertos datos; por lo tanto, antes de configurar la red deberá conocerse esta información (deberá solicitarla a la administración de la red o a la empresa proveedora de Internet). He aquí la relación de los parámetros a concretar:

- Dirección IP: si el computador tiene funciones de servidor, la dirección IP es imprescindible. En el resto de los casos existen dos opciones principales: disponer de una IP estática para la máquina o utilizar el servicio DHCP. En el segundo caso, podría ser necesario conocer la dirección IP del servidor DHCP, pero al basarse en difusión, en principio no lo es.
- Máscara: la máscara define la subred del computador. Un valor típico es 255.255.255.0.
- Dirección IP del encaminador: esta es la dirección IP del dispositivo que da acceso al exterior de la red local. Según la distribución puede aparecer como *encaminador*, *enrutador*, *gateway* o *puerta de enlace*. Si la red no se conecta al exterior, este parámetro es innecesario.
- Dirección IP del servidor DNS: la traducción entre direcciones IP y nombres simbólicos que utilizan las aplicaciones se efectúa mediante este servidor. Normalmente se dispone de al menos dos servidores DNS, uno primario y el otro secundario. Si no se especifica ninguno, las aplicaciones no serán capaces de resolver estos nombres.[11]

10.3 Conexión vía módem

En el hogar y en pequeñas empresas, no se utilizan redes locales y simplemente se cuenta con una conexión vía módem mediante un proveedor de Internet (*Euskaltel*, *Wanadoo*, *Terra*, etc.). Para obtener una velocidad de conexión mayor, se suele recurrir cada vez más a conexiones ADSL o cable módem. A pesar de que en cada caso la tarjeta a utilizar será diferente, todos utilizan el protocolo de acceso PPP,[12] el *protocolo de enlace punto a punto*. El objetivo de este protocolo es adaptar las tramas TCP/IP a las características del módem o el dispositivo en cuestión.

PPP está incluido en casi todas las distribuciones *Linux* estándar, pero en caso de no estar presente se puede instalar adicionalmente el paquete RPM llamado *ppp*. El componente principal del protocolo es el *daemon pppd*. Los parámetros de este protocolo son complejos y no se tratarán en este libro. No obstante, la documentación que proporciona *Linux* al respecto es muy completa y puede ser consultada ejecutando *man pppd* o leyendo *PPP_HOWTO*.

De todas maneras, la configuración del módem es parecida a la de la tarjeta de red, ya que la mayoría de los datos requeridos son iguales, salvo los datos de enlace telefónico que debe facilitar la empresa proveedora.

---

[11] En las Secciones 11.1 y 13.2 se explica cómo se pueden resolver nombres simbólicos en la red local mediante algunas alternativas a DNS, pero para resolver nombres de Internet DNS es imprescindible.

[12] Antes de PPP se utilizaba el protocolo SLIP, que era bastante más simple.

Capítulo 11

Configuración de red

En este capítulo

11.1 Ficheros de configuración **161**

11.2 Configuración de la tarjeta de red: *ifconfig* **163**

11.3 Configuración del módem **167**

11.4 El estado de la red: los comandos *netstat* y *arp* **168**

11.5 Encaminamiento: el comando *route* **170**

11.6 Conectividad de la red: *ping* y *traceroute* **171**

11.7 Ejercicios **173**

La gestión de la red y el análisis del tráfico son dos tareas primordiales en la administración de sistemas. En este sentido, la configuración de la red es un proceso relevante que se lleva a cabo configurando correctamente las tarjetas de red y las tablas de encaminamiento de todas y cada una de las máquinas, además de un conjunto de servicios en el servidor o servidores de la red.

En *Linux* existen varios comandos que asisten en la configuración de red y en la detección de errores en la misma. Esos comandos están relacionados con ficheros del directorio */etc* que, cuando surjan problemas, deberán ser cambiados directamente a mano, ejecutando ciertos comandos o utilizando alguna de las interfaces gráficas. Este capítulo trata sobre muchos de esos ficheros, comandos y herramientas de configuración.

11.1 Ficheros de configuración

Antes de hacer operativa la red es necesario tener configurados correctamente los parámetros relativos al protocolo IP. Esta tarea se realiza habitualmente durante la instalación, y en caso de tener que hacer cambios, habrá que modificar los ficheros implicados en el directorio */etc* o recurrir a comandos de configuración o a la interfaz gráfica.

A continuación se muestran los ficheros de configuración más interesantes con sus ejemplos, y en los siguientes apartados aparecerán unos cuantos más.

11.1.1 /etc/hosts

En este fichero se definen los nodos conocidos, con su dirección IP y su nombre simbólico. Como mínimo en este fichero debe aparecer el nombre y la dirección IP del computador local. Se pueden incluir muchas máquinas en */etc/hosts*, pero el servicio DNS es el que se suele encargar, en principio, de este proceso de traducción. De todas maneras, para garantizar cierta robustez, en el caso de que los servidores DNS fallen, se recomienda incluir aquí las direcciones de los servidores de red local más utilizados.

Como se podrá ver en el Capítulo 15, el orden de la resolución de nombres de dominio se configura mediante los ficheros */etc/hosts.conf*, */etc/resolv.conf* y */etc/nsswitch.conf*.

En el siguiente ejemplo se define el computador *comp4* del dominio *lib.instituto.com*:

```
192.223.114.194    comp4    comp4.lib.instituto.com
```

En el fichero */etc/hosts* también es posible definir los nombres simbólicos de las redes, pero se recomienda, al menos en algunas distribuciones, realizar esta tarea mediante el fichero */etc/networks*.

La configuración más importante en el caso de las redes TCP/IP es el encaminador de la red definida. Esta característica aparece en diferentes ficheros en función de la distribución de *Linux*, por ejemplo en el *script /etc/rc.d/rc.inet1*, pero en el caso de *Mandrake*[1] esta configuración se efectúa en el *script* llamado *network* situado en el directorio */etc/init.d*.

11.1.2 */etc/protocols*

Deberán aparecer los protocolos que reconoce el sistema operativo. Como mínimo deberán estar los protocolos IP, UDP y TCP, acompañados de varios protocolos auxiliares. Por ejemplo:

```
ip       0     IP
icmp     1     ICMP
tcp      6     TCP
udp      17    UDP
raw      255   RAW
```

11.1.3 */etc/services*

En este fichero se relacionan las aplicaciones con sus correspondientes puertos y protocolos básicos (TCP o UDP en general), ya que la identificación en el nivel de transporte se expresa mediante la dirección IP, el número de puerto y el protocolo utilizado. Se recomienda añadir en este fichero los nuevos servicios locales que se desarrollen.

Al ser un fichero muy extenso, he aquí una selección de sus líneas:

```
echo        7/tcp
echo        7/udp
daytime     13/tcp      # Reloj por TCP
daytime     13/udp      # Reloj por UDP
ftp-data    20/tcp      # Datos de ftp
ftp         21/tcp      # Control de ftp
smtp        25/tcp      # Correo electrónico
www         80/tcp      # Servicio Web
```

Como se puede observar, algunos servicios se ofrecen en ambos protocolos utilizando el mismo número de puerto.

El responsable de activar muchos de estos servicios es el servidor *inetd* o *xinetd*. Su configuración se refleja en los ficheros */etc/inetd.conf* y */etc/xinetd.conf*, que se tratan en la Sección 12.2.

---

[1] En temas de red, casi todas las características de *Mandrake* que se mencionan son válidas para *RedHat* y *Fedora*.

11.1.4 /etc/resolv.conf

En este fichero figura la información que especifica el dominio donde se ubica el computador y las direcciones IP de los servidores DNS. El fichero *resolv.conf* es básico en la configuración del servicio DNS, que se explica en el Capítulo 15.

He aquí un ejemplo de dicho fichero:

```
domain lib.instituto.com
search lib.instituto.com instituto.com
nameserver 192.223.114.2
nameserver 192.223.114.254
```

Normalmente se suelen especificar dos o más servidores DNS, para garantizar una mínima robustez del servicio. Por eso, aparecen dos líneas con el parámetro *nameserver* en el ejemplo. El dominio del computador del ejemplo pertenece al dominio *lib.instituto.com*, y con el parámetro *search* determina que si en este dominio no se encuentra un nombre simbólico de un computador de la red local, el servicio deberá probar con el dominio *instituto.com*.

11.1.5 /etc/ppp

Como ya se ha mencionado con anterioridad, el protocolo PPP rige las comunicaciones punto a punto. Cuando conectemos el computador a la red mediante un módem o similar —por ejemplo ADSL— los parámetros de configuración aparecerán en el directorio */etc/ppp* y, especialmente, en el fichero */etc/ppp/options*. A continuación se muestra un ejemplo de este último fichero:

```
lock            # establece un bloqueo en cada conexión
auth            # autorización obligatoria
usehostname     # utilizar el nombre de dominio
```

11.1.6 Ejemplos

- Analizar los ficheros mencionados:

  ```
  more /etc/hosts
  more /etc/networks
  more /etc/protocols
  more /etc/services
  more /etc/resolv.conf
  ```

11.2 Configuración de la tarjeta de red: *ifconfig*

El comando *ifconfig* es muy versátil, y permite obtener y modificar la información necesaria para configurar tarjetas de red.

11.2.1 Configuración básica

Uno de los usos más elementales de *ifconfig* consiste en enlazar la interfaz de red con su dirección IP. Estos serían los comandos a ejecutar al iniciar el computador para que la tarjeta de red quedara parametrizada correctamente:

```
ifconfig lo 127.0.0.1
ifconfig eth0 192.223.114.7 netmask 255.255.255.0
```

De todos modos, la tarjeta suele estar bien parametrizada porque estos comandos se suelen ejecutar en el proceso de inicio, por lo que este comando se suele utilizar para verificar las características de la conexión o para hacer cambios temporales (p. ej. modificar temporalmente la dirección IP).

En las distribuciones de *Mandrake*[2] el proceso de inicio se efectúa mediante el *script /etc/init.d/network*. Desde éste se consulta el fichero de configuración */etc/sysconfig/network* y se ejecutan los *scripts* situados en el directorio */etc/sysconfig/network-scripts*. En consecuencia, el comando *ifconfig* aparecerá en muchos de los *scripts* de este directorio.

La tarjeta de red puede desactivarse utilizando la opción *down* del comando *ifconfig*, y activarse con la opción *up*.

11.2.2 Análisis de la configuración

Como se ha mencionado con anteriorioad, mediante este comando además de modificar la configuración es posible consultarla. Como se puede observar en el siguiente ejemplo, es mucha la información que se muestra: dirección IP, máscara, dirección de difusión (*broadcast*), etc.

```
ifconfig eth0
    ...
    inet addr:192.223.114.7 Bcast:192.223.114.255 Mask:255.255.255.0
    ...
```

Esta información es equivalente a la ofrecida por el comando *netstat -i,* y permite cambiar todos los parámetros especificados.

11.2.3 Configuración mediante *webmin*

Como ya se comentó en las secciones previas, la configuración de la red se realiza durante el inicio del sistema tal y como se detalla en el Anexo A, pero con el tiempo puede surgir la necesidad de tener que hacer cambios en la misma. El modo más cómodo de realizar esos cambios es usando interfaces gráficas, aunque

---

[2] En temas de red, casi todas las características de *Mandrake* que se mencionan son válidas para *RedHat* y *Fedora*.

siempre existe la posibilidad de editar directamente los ficheros ya mencionados y otros que aparecerán en los próximos capítulos.

La herramienta *webmin* permite modificar la configuración actual o añadir nuevos elementos a la misma. Aunque dispone de muchas opciones, a continuación sólo se analizan las fundamentales.

En la Figura 11.1 se muestran dos pantallas, en la primera se elige la pestaña *Trabajando en Red* de la página inicial y en la segunda la pantalla principal de *Configuración de Red* a la que se accede por medio del icono correspondiente.

Figura 11.1
Configuración de red en modo gráfico.

En la Figura 11.2 se muestran los parámetros de una tarjeta de red tras hacer clic en el icono *Interfaces de Red*. Los computadores comunes cuentan, además del bucle local *lo*, con una sola tarjeta de red (normalmente *eth0*) pero serán varias cuando se deban realizar tareas de encaminamiento o se quiera garantizar la accesibilidad de los servidores.

Los parámetros principales son los siguientes: IP fija (*manual*) o automática (DHCP o *bootp*), y cuando se opte por la fija se especificarán la dirección IP y la máscara. La opción de IP fija es la que se ha analizado principalmente en las secciones anteriores, y la IP automática se tratará en el Capítulo 15.

A continuación se pueden especificar algunos parámetros más entre los cuales el más importante es el correspondiente a la identificación del encaminador (*router*) y opciones de encaminamiento en la opción *Enrutamiento y Pasarelas*

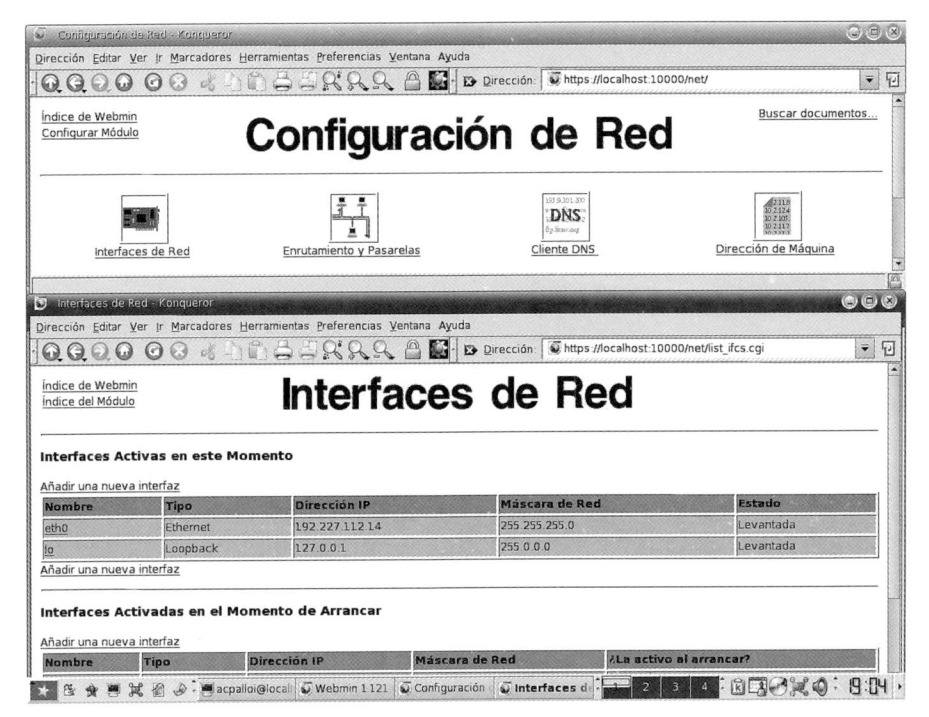

Figura 11.2
Parámetros principales de red.

Figura 11.3
Especificación del encaminador.

(*véase* Fig. 11.3), la dirección del servidor de DNS en la opción *Cliente DNS* y la identificación del computador en *Dirección de Máquina*.

Aunque el término de pasarela es ambiguo, en este caso se refiere a *routers* que trabajan en el nivel IP.

11.2.4 Ejemplos

- Información fundamental:

    ```
    man ifconfig
    ifconfig lo
    ifconfig eth0
    ```

- Analizar la configuración inicial:

    ```
    more /etc/init.d/network
    more /etc/sysconfig/network
    grep ifconfig /etc/sysconfig/network-scripts/*
    ```

11.3 Configuración del módem

Al conectarse a la red con un elemento tipo módem de conexión punto a punto, la configuración es diferente, ya que en vez de utilizar la interfaz *eth0* habrá que utilizar una interfaz *ppp0* que habrá que configurar de manera distinta. De todos modos, el comando *ifconfig* también se ocupa de la configuración de este tipo de dispositivos, y los ejemplos de conexión de red de los próximos capítulos serán válidos para este tipo de conexiones vía módem.

Como ocurre con todos los dispositivos de entrada/salida, el módem tiene que contar con una entrada definida en el directorio */dev* y sus *drivers* deberán estar incorporados en el sistema (*véase* Capítulo 8). Como los módems externos suelen estar conectados al puerto serie, el archivo especial */dev/modem* suele ser un enlace simbólico al archivo */dev/ttyS0* o */dev/ttyS1*.

Es conveniente no utilizar módems tipo *Winmodem* con *Linux*, ya que dan muchos problemas por estar diseñados exclusivamente para *Windows*.

Una vez especificado el archivo especial en */dev* y contando con el *driver* correspondiente, el funcionamiento esencial del módem se regula mediante el servicio *pppd*. No obstante, como el hecho de que el servicio *pppd* esté en marcha no significa que la comunicación se establezca automáticamente, el *script* llamado *chat* será el encargado de este proceso.

Al iniciar el servicio *pppd* se debe especificar una serie de parámetros: la velocidad del módem, la tabla de encaminamiento, si la IP es fija o automática, etc. La siguiente línea es un ejemplo de su uso:

```
pppd /dev/modem 38400 lock crtscts noipdefaults defaultroute
```

Para activar la conexión se utiliza el comando *chat* situado en el directorio */usr/sbin*. Al ejecutar este comando se especificarán las características propias de la comunicación telefónica:

- teléfono del proveedor
- la cuenta de usuario y contraseña en el proveedor
- la dirección IP del proveedor
- la máscara de red
- la dirección IP del servidor de nombres del proveedor

Si *chat* está bien configurado, se utilizará el comando *pppd /usr/sbin/chat* para realizar la conexión con el módem.

Cuando se establece la conexión con el módem, se crea una nueva interfaz —llamada por lo general *ppp0*— lista para ser utilizada en los servicios de red. Si todo funciona correctamente, se podrán observar las características de la conexión *ppp0* con el comando *ifconfig*, y un nuevo registro en la tabla de enrutamiento.

Para obtener información detallada, la página web http://en.tldp.org/HOWTO/PPP-HOWTO contiene ayuda muy útil al respecto.

Finalmente, es conveniente mencionar en esta sección la importancia del método de identificación y autentificación a emplear. Actualmente muchos proveedores proponen soluciones cifradas como la autentificación mediante el protocolo PAP.

Cabe destacar que tanto *webmin* como *KDE* y *gnome* cuentan con sus propias herramientas de configuración de conexiones punto a punto, *Kppp* y *gnomePPP* respectivamente.

11.3.1 Ejemplos

- Información adicional:

    ```
    man pppd
    man chat
    ```

- Analizar la configuración:

    ```
    ifconfig ppp0
    ```

11.4 El estado de la red: los comandos *netstat* y *arp*

El comando *netstat* se utiliza para consultar las principales características de red: tabla de encaminamiento, puertos, estado del tráfico de red, etc.

11.4.1 La tabla de encaminamiento

La tabla de encaminamiento aparece en pantalla utilizando la opción *–rn*, que es la más común. La información más importante que se mostrará será la siguiente:

- **Destino** (*Destination*): la dirección IP del computador o el identificador de la red a la que corresponde la conexión. Como ya se mencionó en el capítulo anterior, el identificador de red se obtiene añadiendo ceros a la dirección IP propia en los bits finales marcados en la máscara en función del tipo de red. El identificador 0.0.0.0 o la palabra clave *default* se utilizan para mencionar al resto de las redes no definidas explícitamente.
- **Encaminador** (*Gateway*): la dirección IP del dispositivo encargado de encaminar las conexiones al exterior de la red local. No suele llevar información cuando se especifican destinos de la red local.
- **Máscara** (*Genmask*): la máscara correspondiente a la red. La más común es 255.255.255.0, aunque puede variar de una red a otra. En las conexiones hacia el mismo computador (*localhost*) la máscara será 255.255.255.255 y la máscara para las redes no especificadas (acceso a Internet) será 0.0.0.0.
- **Características** (*Flags*): conjunto de características que se expresan mediante activadores o *flags*. Los valores más típicos son G cuando la conexión requiere encaminador, U cuando la conexión está activada y H cuando la conexión se refiere a un sólo computador.
- **Interfaz** (*Iface*): la interfaz hardware que corresponde a la conexión. Los valores más comunes son *eth0* y *Ethernet* para conexiones de red, *ppp0* para conexiones con módem y *lo* para conexiones del computador local.

Un ejemplo de ejecución del programa es el siguiente:

```
netstat -rn
   Destination      Gateway         Genmask          Flags   ...   Iface
   127.0.0.1        *               255.0.0.0        UH      ...   lo
   192.223.114.0    *               255.255.255.0    U       ...   eth0
   0.0.0.0          192.223.114.1   0.0.0.0          UG      ...   eth0
```

11.4.2 El tráfico y los servicios

La opción *–i* del comando *netstat* se utiliza a menudo, ya que proporciona información sobre el estado del tráfico en cada interfaz de red, tanto tarjetas de red como módems. Más concretamente, la información estadística distingue entre paquetes enviados (TX) y recibidos (RX), y detalla en cada caso el número de paquetes transmitidos correctamente (OK), paquetes erróneos (ERR), paquetes devueltos (DRP) y paquetes perdidos (OVR).

Por otra parte, existen diferentes alternativas para saber qué conexiones están abiertas en el sistema y a qué servicios corresponden: la opción *-t* para ver las conexiones TCP, *-u* para las conexiones UDP, etc. Para visualizar todas las conexiones abiertas se utiliza la opción *-a*. Este tipo de información es muy interesante para analizar la seguridad del sistema, ya que muestra todos los servicios de red que están activos en el sistema, y una de las características primordiales de un sistema seguro es que ofrezca solamente los servicios necesarios.

11.4.3 Acerca del protocolo ARP

Como ya se ha mencionado en secciones anteriores, el protocolo ARP se emplea para obtener direcciones *Ethernet* de los computadores de la red local.

El comando *arp* se puede utilizar para presentar los computadores de la red local que han sido identificados y mostrar tanto su dirección IP como su dirección *Ethernet*. Para visualizar esta información se utiliza la opción *-a* (*all*), como se puede apreciar en el siguiente ejemplo:

```
arp -a
IP address            HW type              HW address
192.223.114.5         10Mbps Ethernet      00:00:C0:56:AA:C1
192.223.114.17        10Mbps Ethernet      00:00:C0:87:C1:A2
```

Por último la opción *-d* permite borrar entradas de la tabla ARP, por ejemplo, cuando se cambie la tarjeta de red de un computador.

11.4.4 Ejemplos

- Analizar las características de la red:

    ```
    netstat -nr
    netstat -l
    netstat -ta
    arp -a
    ```

- Otras opciones:

    ```
    man netstat
    ```

11.5 Encaminamiento: el comando *route*

Con respecto a la configuración de red, el comando *route* es complementario al comando *ifconfig*. Ambos comandos se combinan en el proceso de inicio del computador para configurar adecuadamente todos los parámetros de la red.

11.5.1 Funcionamiento básico

Más concretamente el comando *route* permite consultar y modificar la tabla de encaminamiento que utiliza el servicio *routed*. Al igual que con el comando *ifconfig*, la configuración se realiza en el proceso de inicio, y por lo tanto, se realiza en el *script /etc/init.d/network* con ayuda de los archivos presentes en el directorio */etc/sysconfig/network-scripts*.

El uso más simple del comando *route* consiste en las opción *add* y *del*, que nos permiten añadir y eliminar una entrada a la tabla de encaminamiento. La primera opción requiere como parámetro mínimo la dirección IP a encaminar, aunque normalmente se incluyen más parámetros de configuración, por ejemplo *netmask* para la máscara, *gw* para el encaminador, *broadcast* para la dirección de difusión, etc. Con estos parámetros se puede completar la tabla analizada en la Sección 10.1.5.

En el siguiente ejemplo se muestra el comando que añade la entrada correspondiente al encaminador por defecto (salida a Internet) en la tabla de encaminamiento:

```
route add -net default gw 192.223.114.1
```

Este comando se suele utilizar sobre todo para definir redes y subredes; cuando se quiera especificar un computador concreto, se deberá emplear la opción *-host* en lugar de la opción *-net* habitual.

Por último, cabe mencionar que la tabla de encaminamiento se puede mostrar por pantalla utilizando la opción *-n*, que es equivalente al comando *netstat -rn*.

11.5.2 Ejemplos

- Información básica:

```
man route
route -n
```

- Analizar la configuración inicial:

```
more /etc/sysconfig/network-scripts/ifup-aliases
```

11.6 Conectividad de la red: *ping* y *traceroute*

Estos dos comandos sirven para analizar y detectar las dificultades para alcanzar un computador remoto y otros posibles problemas de conectividad de la red.

11.6.1 El comando *ping*

Con el comando *ping* se comprueban las características actuales de la conexión de nuestro computador con otro computador en red o una subred concreta. La información que proporciona es doble: por un lado, comprueba si la conexión se puede establecer o no, y por otro lado mide la velocidad de transmisión (de cada paquete y la velocidad media de todos los paquetes enviados).

En general, *ping* se utiliza con un solo parámetro, que especifica el computador de destino de la comunicación que se quiere probar. He aquí unos ejemplos:

```
ping localhost
ping 192.227.112.180
ping www.ehu.es        # El servicio DNS debe funcionar correctamente
```

El protocolo que se utiliza en este tipo de comprobaciones es el protocolo auxiliar ICMP. El funcionamiento de *ping* consiste en enviar tramas de control ICMP al computador de destino, y esperar la respuesta midiendo el retardo de las mismas, hasta que se pulsa *Ctrl-C*, que interrumpe la transmisión y ofrece la media del retardo de todas las tramas. Si el programa no responde con información de las tramas es porque no se ha recibido respuesta alguna del computador de destino.

El comando se utiliza para detectar errores, tanto de conectividad como de retardos excesivos en la red. De todas maneras, muchas redes y servidores bloquean el tráfico de paquetes ICMP, por lo que no siempre podrá emplearse este método de diagnóstico.

El comando *ping* también ofrece la posibilidad de comprobar redes completas mediante la dirección de difusión o *broadcast*.[3]

```
ping -b 192.227.112.255      # broadcast solo con privilegios
```

11.6.2 El comando *traceroute*

El hecho de no poder conectarse con un extremo de una comunicación puede deberse a diversas causas: configuración inadecuada de nuestro computador, problemas de nuestro encaminador, retardos o caídas de encaminadores intermedios, que la máquina de destino esté desconectada, etc.

El comando *traceroute* ayuda a analizar el estado de la red con mayor detalle, ya que, a diferencia de *ping*, proporciona información sobre los pasos intermedios que siguen los paquetes en su camino al computador de destino, ofreciendo información de los nodos intermedios y del retardo acumulado en los mismos.

El ejemplo siguiente ilustra el funcionamiento de *traceroute* en el caso concreto de un computador situado en la Universidad del País Vasco (www.ehu.es) desde el cual se quiere conectar con el servidor web de la Universidad Vasca de Verano (www.ueu.org). El resultado del comando se muestra en pantalla tal y como se muestra a continuación:

```
/usr/sbin/traceroute www.ueu.org
traceroute to www.ueu.org (194.30.78.49), 30 hops max, 38 byte packets
 1  si3002.si.ehu.es (158.227.113.1)  1.055 ms  0.744 ms  2.075 ms
 2  158.227.194.224 (158.227.194.224)  5.753 ms  4.012 ms  3.682 ms
 3  S4-4.EB-Bilbao1.red.rediris.es  6.274 ms  5.657 ms  10.591 ms
 4  A0-0-3.EB-Madrid00.red.rediris.es 31.005 ms  31.369 ms  33.859 ms
 5  Ibernet-ATM.red.rediris.es  78.930 ms  69.903 ms  60.990 ms
 6  194.179.0.154 (194.179.0.154)  61.283 ms  64.154 ms  66.162 ms
 7  194.179.0.178 (194.179.0.178)  68.893 ms  74.185 ms  83.356 ms
 8  193.149.1.5 (193.149.1.5)  86.488 ms  94.459 ms  92.090 ms
 9  * * *
10  c45-bi.sarenet.es  92.952 ms  100.900 ms  103.890 ms
11  lan-01.jalgi.com (194.30.78.1)  785.263 ms  538.938 ms  393.379 ms
12  lan-49.jalgi.com (194.30.78.49)  312.545 ms  244.221 ms  *
```

---

[3] La dirección *broadcast* suele obtenerse sustituyendo el último número de la dirección IP por 255, pero esta dirección puede variar en función de la máscara, tal y como se explica en la Sección 10.1.

De la traza obtenida se pueden sintetizar varias conclusiones:

- El número de pasos intermedios (*hops*) realizados: 12.
- Las direcciones intermedias de los nodos (simbólicas o direcciones IP).
- En algunos pasos, esas direcciones no se pueden obtener porque los nodos intermedios están configurados en modo seguro, como en el paso 9º.
- Tres mediciones del retardo en cada nodo.
- Los puntos críticos del retardo en la comunicación: los pasos más lentos son el 5º, el 11º y el 12º.

En conclusión, se puede decir que con este comando se puede detectar cuál es la causa de retardo o desconexión en una comunicación con gran detalle, aunque algunas aplicaciones de gestión de red puedan dar esta información más elaborada. En realidad, el ejemplo que se muestra se obtuvo hace algún tiempo y paulatinamente la información que proporcionan los nodos intermedios es cada vez menor debido a razones de seguridad, con lo que es posible que haya que recurrir a herramientas más sofisticadas en muchos casos.

11.6.3 Ejemplos

- Información básica:

```
man ping
man traceroute
ping www.barrapunto.com
traceroute www.barrapunto.com
```

11.7 Ejercicios

1. Analizar el estado de la conexión de red enumerando las interfaces disponibles, las entradas de la tabla de encaminamiento y los puertos abiertos.

2. Cambiar la configuración de la conexión de red de manera que solo se pueda conectar a la red local. Comprobar que no se pueda conectar al exterior y finalmente restaurar la configuración original.

3. Comprobar el estado de los computadores de la red local mediante un *ping broadcast*.

4. Observar a qué velocidad y por qué nodos pasa la comunicación al conectarse a la dirección www.elhuyar.com. Realizar la misma comprobación con la dirección www.ehu.es.

5. Crear un *script* que compruebe cada hora la conectividad del computador con los siguientes puntos:
    - La propia máquina (*localhost*).
    - La red local.

- Un sitio de la red regional.
- Dos servidores internacionales como www.google.com y www.gnu.org.

6. Mejorar el ejercicio anterior para que notifique también las desconexiones y los grandes retardos detectados durante las pruebas.

Capítulo 12

Servidores y seguridad en red. Cortafuegos

En este capítulo

12.1 Arranque de servidores **177**

12.2 Configuración de los servicios de Internet **179**

12.3 Seguridad básica en red **182**

12.4 Configuración del cortafuegos *iptables* **185**

12.5 Ejercicios **189**

Tal y como se explicó en el Capítulo 7, uno de los pilares del funcionamiento de *Linux* es la ejecución de procesos servidores o *daemons*. Al extender el ámbito de *Linux* a las redes locales o a Internet, este protagonismo aumenta, puesto que ellos son los que proporcionan los servicios de red. Más aún, se puede afirmar que la seguridad depende sobre todo de los servidores, ya que una buena configuración de los mismos y un buen control de acceso son imprescindibles para conseguir un sistema seguro.

Los cortafuegos son elementos básicos en este campo y, aunque su estudio profundo necesitaría de un libro dedicado en exclusividad a ello, haremos una pequeña introducción a los mismos.

12.1 Arranque de servidores

12.1.1 Introducción

Como se ha explicado en los capítulos anteriores, los servicios de red se basan en el modelo cliente/servidor. Una vez configurada la red y garantizado el funcionamiento de los encaminadores, será sencillo utilizar los servicios de red. Podremos visitar páginas web utilizando un navegador, descargar ficheros mediante *ftp* o *ssh*, etc.

Otra cuestión muy distinta es que nuestro computador ofrezca servicios. El proceso necesario es más complejo, ya que habrá que configurar apropiadamente los servidores. Este capítulo está destinado a ofrecer una visión general de la configuración de servicios, y los próximos capítulos tratarán algunos de los servicios de red más utilizados y la configuración de sus servidores y clientes.

Aunque el protocolo TCP/IP está fuertemente ligado a Internet, los servicios que lo utilizan pueden emplearse también en redes locales; en consecuencia, no es necesario contar con una conexión a Internet para probar y cambiar estos servicios, ya que basta con una red local. De hecho, gracias a la conexión *localhost* (127.0.0.1) el cliente y el servidor pueden estar en la misma máquina, y prescindir así de la conexión de red.

12.1.2 Servidores

Los servicios de red se ejecutan mediante los procesos *daemon* descritos en la Sección 7.3. Por lo tanto, para iniciarlos o detenerlos se utilizarán los *scripts* mostrados en dicho apartado, dando su camino absoluto o precediéndolo por el comando *service*:

```
/etc/init.d/nombre_servicio   start
service nombre_servicio stop
```

Cuando se cambia la configuración resulta útil la opción *restart*, que ejecuta secuencialmente las opciones *stop* y *start*. Cabe recordar que la relación de los servicios se guarda en */etc/services*. De todos modos, la mayoría de los servidores se ponen en marcha automáticamente, puesto que se inician en el *script /etc/rc* que se basa en los contenidos de los directorios */etc/rcN.d*.[1]

El inicio de muchos de los servicios más importantes de Internet se realiza siguiendo estas pautas, y por ello muchos *scripts* de este tipo figuran en el directorio *init.d*: *named* para el servidor de nombres, *httpd* para el servidor web, *sendmail* para el servidor de correo electrónico, y otros tantos similares.

12.1.3 El superservidor *xinetd* o *inetd*

A pesar de que los *scripts* de inicio se utilizan en muchos casos, algunos servicios no se ponen en marcha directamente desde éstos, sino mediante el servidor *inetd*, o *xinetd*, que es su versión mejorada. El objetivo de este servicio es no activar tantos servicios, ya que los servicios de Internet pueden ser numerosos y serían muchos los procesos que estarían en marcha aun sin haber peticiones en curso. Para evitar esto, los sistemas *Unix* cuentan con el superservidor *inetd*, cuyo cometido es escuchar en los puertos de una serie de servicios e iniciar el servidor correspondiente sólo cuando tenga una petición de un cliente. Por lo tanto, en el inicio correspondiente al directorio */etc/init.d* se pondrá en marcha *inetd* o *xinetd* en vez de muchos otros servicios que dependerán de éstos.

Los servicios más relevantes que dependen de este superservidor se enumeran a continuación, aunque algunos de ellos serán tratados en profundidad en futuros capítulos:

- *ftp*: servicio de transferencia de ficheros. Permite la transmisión de ficheros entre máquinas, siempre que en una de ellas exista un servidor *ftp*.
- *telnet*: servicio de terminal remoto. Permite establecer una sesión de trabajo en el computador que tiene el servidor desde cualquier otro computador de la red.
- *talk*: servicio de conversación o *chat* entre dos máquinas.
- *pop*: acceso remoto al correo electrónico. Permite acceder al correo en los servidores de ISP, especialmente a los clientes que no disponen de conexiones permanentes, como las comunicaciones domésticas vía módem.
- *finger*: proporciona información acerca de los usuarios conectados. Como proporciona información útil para posibles intrusos, se recomienda deshabilitar este servicio.

En la próxima sección se explica la configuración de algunos de estos servicios.

No obstante, además de ofrecer estos servicios como mediador, este superservidor también cuenta con algunos servicios complementarios propios, que son interesantes para tareas de control pero poco convenientes desde el punto de vista de la seguridad. Algunos de estos servicios simples son los siguientes: *daytime* y *time*, para obtener la hora, *echo*, que devuelve el eco del mensaje recibido, y *chargen*, que genera cadenas de caracteres.

---

[1] En algunas distribuciones los servidores de red se inician en el *script /etc/inet2*, no así en la distribución *Mandrake* que estamos utilizando.

12.2 Configuración de los servicios de Internet

La configuración relativa a los servicios de Internet se realiza en el fichero *inetd.conf* cuando es *inetd* el que los controla, y *xinetd.conf* en el caso de *xinetd*. Como se expondrá más adelante, *xinetd* se caracteriza por su mayor garantía de seguridad y es el que se distribuye en las últimas versiones.

12.2.1 Introducción

La información que se suele incluir en estos ficheros de configuración es sencilla y se compone de los siguientes campos:

- El servicio a proporcionar y el ejecutable del servidor correspondiente.
- El protocolo a seguir (TCP o UDP en la mayoría de los casos) y la forma de dar el servicio.
- Información de control en el caso de *xinetd*: número máximo de clientes simultáneos que se pueden aceptar, información de observación que se debe guardar, etc.

A continuación analizaremos la configuración según las dos versiones.

12.2.2 El fichero *xinetd.conf*

Ya se apuntó que en las versiones nuevas de *Linux* el nombre de este superservidor es *xinetd*, y su fichero de configuración */etc/xinetd.conf*. En este fichero se describirán los parámetros globales del servicio, y el resto del control se configurará en los ficheros contenidos en el directorio */etc/xinetd.d*. A continuación se muestra un ejemplo del fichero principal:

```
defaults
{
  instances       = 60
  log_type        = SYSLOG authpriv
  log_on_success  = HOST PID
  log_on_failure  = HOST PID
}
includedir /etc/xinetd.d
```

Como se puede observar, en este fichero sólo figuran detalles generales como el número máximo de clientes simultáneos y la información de seguridad a almacenar. El resto de parámetros aparecerá en el directorio señalado en la última línea.

Por lo tanto, el directorio */etc/xinetd.d* contendrá un fichero por cada servicio, denominados precisamente con el nombre del servicio. Se expresa con un conjunto de atributos y valores asignados. Los atributos esenciales que aparecen son los siguientes:

- Tipo de *socket* (*socket type*): el valor será *stream* para el protocolo TCP y *dgram* para UDP.

- Modo de servicio secuencial o paralelo (*wait*): se especifica *yes* para que el modo sea secuencial o *no* para el modo paralelo. TCP utiliza el modo paralelo, por lo que habrá que utilizar la opción *no*.
- Cuenta correspondiente al servicio (*user*): suele ser *root*, aunque como se mencionó en el Capítulo 5, se suelen utilizar usuarios especiales para algunos servicios o para mejorar la seguridad.
- Dirección absoluta del ejecutable del servidor (*server*): los servidores suelen encontrarse en */usr/sbin*.
- Deshabilitación del servicio (*disable*): cuando un servicio se quiere cancelar se elegirá la opción *yes*.

Por ejemplo, el fichero */etc/xinetd.d/telnet* tendría este contenido:

```
service telnet
{
        flags           = REUSE
        socket type     = stream
        wait            = no
        user            = root
        server          = /usr/sbin/in.telnetd
        disable         = no
}
```

La función de la última línea es muy importante, ya que permite desactivar el servicio en cuestión. Mientras en *inetd.conf* un servicio se desactiva comentándolo con una #, en este caso se consigue con *disable=yes* en el fichero del servicio.

Al realizar cualquier cambio en esos ficheros, se deberá reiniciar el servidor *xinetd*, ya que de lo contrario los cambios no tendrían efecto hasta reiniciar el computador.

12.2.3 El fichero *inetd.conf*

En cada línea de este fichero figura la configuración de uno de los servicios que provee. Las líneas comentadas —esto es, las que comienzan con una #— se refieren a servicios desactivados. De esta manera, cuando se quiera reactivar será suficiente con quitar el carácter de comentario.

En cada fichero aparecerá la información mencionada en el caso de *xinetd*, pero con una línea por servicio y un formato diferente. En cada línea se detallan los siguientes campos:

- Nombre del servicio: *ftp*, *telnet*...
- Tipo de trama y protocolo: son dos campos, pero están relacionados. Cuando se utiliza TCP, se escribe *stream tcp*, y en el caso de UDP *dgram udp*.
- Modo de servicio secuencial o paralelo: se especifica *wait* o *nowait*, para especificar que el modo sea secuencial o en paralelo respectivamente.
- Cuenta correspondiente al servicio.

- Dirección absoluta del ejecutable del servidor. Cuando se trate de un servicio interno de *inetd*, se escribirá *internal* en este campo. Como se explicará más adelante, si se quiere utilizar el cortafuegos *tcpd* se incluirá */usr/sbin/tcpd* en este campo, para poder implementar el control de acceso.
- Parámetros propios del servidor.

Para ver un ejemplo práctico del fichero */etc/inetd.conf*, he aquí un extracto del mismo:

```
ftp      stream tcp nowait root   /usr/sbin/ftpd     in.ftpd -l -a
telnet   stream tcp nowait root   /usr/sbin/telnetd  in.telnetd
#finger  stream tcp nowait bin    /usr/sbin/fingerd  in.fingerd
#tftp    dgram  udp wait   nobody /usr/sbin/tftpd    in.tftpd
...
echo     stream tcp nowait root   internal
echo     dgram  udp nowait root   internal
```

Al realizar cualquier cambio en este fichero, se deberá reiniciar el servidor *inetd*.

12.2.4 Configuración en modo gráfico

En la Figura 12.1 se muestra cómo configurar los servicios de Internet mediante *webmin*. Como en la mayoría de los capítulos siguientes, por medio de la pestaña *Trabajando en Red* accedemos a las distintas opciones de los servidores y seleccionamos *Servicios Extendidos de Internet*.

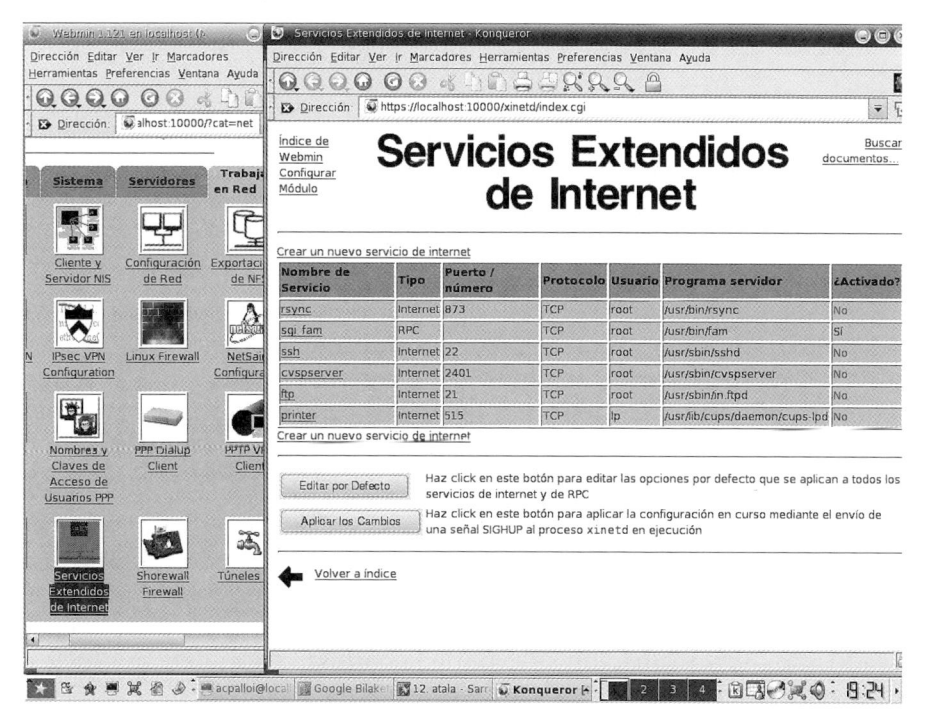

Figura 12.1
Configuración de servicios de Internet en modo gráfico.

Mediante esta pantalla se pueden añadir o modificar servicios, activarlos o desactivarlos.

12.2.5 Ejemplos

- Más información:

    ```
    man xinetd.conf
    ```

- Configuración de servicios de Internet:

    ```
    more /etc/xinetd.conf
    more /etc/xinetd.d/*
    ```

12.3 Seguridad básica en red

La seguridad en red es de gran importancia pero un análisis en profundidad queda fuera de los objetivos de este libro, por lo que se explicarán sólo las ideas básicas.

Una de las ideas fundamentales de la seguridad es la siguiente: desactivar todos los servicios que no se utilicen o supongan un peligro. Ofrecer servicios que no sean necesarios es ofrecer posibles brechas de seguridad; por lo tanto, una de las primeras tareas de administración son determinar qué servicios son innecesarios y deshabilitarlos. Para ello, habrá que modificar los ficheros de inicio o cambiar el fichero de configuración correspondiente. En el caso del servidor *xinetd* se deberán modificar los ficheros de los servicios no deseados incluyendo *disabled=yes* en los mismos.

Cuando los servicios han de ser proporcionados, la alternativa es proporcionarlos controladamente desde el punto de vista de la seguridad. Cuando se quiere controlar detalladamente los servicios —esto es, para ofrecer ciertos servicios sólo a determinados clientes— se suele implementar un cortafuegos mediante software.

Los cortafuegos suelen ser muchas veces computadores dedicados únicamente al control del tráfico, aunque también pueden combinar servicios con su función de seguridad. Se suelen colocar entre el dispositivo de acceso a Internet y el conmutador o *hub* principal de la red local, aunque, en instalaciones más sofisticadas, se ponen dos cortafuegos y entre ellos una zona desmilitarizada o DMZ donde se ubican uno o varios servidores con los servicios de Internet que se ofrecen.

Los cortafuegos más utilizados en *Linux* son *tcpd*, también llamado *TCP Wrappers*, e *ipchains/iptables*. Los dos últimos son más seguros ya que funcionan en el nivel del núcleo, mientras el primero es un *daemon* de usuario que puede caerse, ser bombardeado, etc. A continuación se expone la configuración del cortafuegos *tcpd* y en la siguiente sección la de *iptables*.

12.3.1 Cortafuegos *tcpd*

El primero de los mismos sirve para determinar qué computadores pueden acceder a cada servicio, mediante los ficheros */etc/hosts.allow* (lista de aceptados) y */etc/hosts.deny* (lista de rechazados) que se explicarán inmediatamente.

Respecto al control de conexiones, se pueden seguir dos modelos teóricos al decidir qué computadores podrán conectarse a los servidores: *permitir por defecto* y *prohibir por defecto*. En el primer modelo, se escribirá ALL en el fichero */etc/hosts.allow* y se guardarán en */etc/hosts.deny* la relación de computadores a los que se quiere prohibir el acceso. En el segundo modelo el procedimiento es a la inversa: primero se incluye ALL en el fichero */etc/hosts.deny* y seguidamente se enumeran en */etc/hosts.allow* las máquinas o subredes a las que se permite acceder al servidor. Si se quiere primar la seguridad del sistema, la segunda opción es el modelo que hay que seguir.

De todos modos, antes de seguir adelante, analizaremos el formato de estos dos ficheros. En cada línea se pormenorizan los permisos de aceptación y rechazo de un servicio. Se pueden especificar tres parámetros utilizando el carácter especial dos puntos (:) como separador:[2]

- Lista de los servicios: se pueden declarar uno o más servicios de los que figuran en */etc/services*. Si son más de uno, se separan con comas, y si se quiere hacer referencia a todos los servicios se utiliza la palabra reservada ALL.
- Lista de computadores: se enumeran los computadores a los que se aplicará la directiva de seguridad, ya sea por su nombre simbólico o por su dirección IP. También se pueden incluir subredes, utilizando * en los nombres simbólicos o siguiendo el formato *subred/máscara* si se quiere utilizar direcciones IP. Como en el parámetro anterior, se puede utilizar ALL para representar a todos los computadores, y además se pueden utilizar otras palabras clave como LOCAL para la red local, UNKNOWN para las máquinas que causen error en el proceso de traducción de direcciones, y finalmente ALL EXCEPT para detallar excepciones a la regla.
- Comando: es opcional y permite especificar pasos complementarios para seguir cuando se reciba una conexión. Normalmente se utiliza para funciones de bitácora (las variables *%h* y *%d* se utilizan para representar en la expresión del comando la máquina del cliente y el servicio respectivamente).

El formato de la línea es el siguiente:

```
lista-de-servicios : lista_de_direcciones [ : comando ]
```

Por ejemplo, si los servicios ftp y *telnet* sólo se quieren ofrecer en la red local, tendríamos que escribir estas líneas en los ficheros */etc/hosts.allow* y */etc/hosts.deny*:

---

[2] Se puede obtener más información ejecutando el comando *man hosts_access*.

```
# /etc/hosts.deny
ALL: ALL
# /etc/hosts.allow
in.ftpd, in.telnetd: LOCAL
```

12.3.2 Configuración de cortafuegos con *xinetd*

Cuando se utiliza *xinetd*, en cambio, el cortafuegos está integrado en los ficheros de configuración del directorio */etc/xinetd.d*. En estos ficheros se pueden añadir dos parámetros según la política de seguridad que haya que seguir:

- *only_from*: esta opción se corresponde con la política *prohibir por defecto*. El parámetro se completaría con la lista de computadores o subredes IP que tienen permitido el acceso al servicio.
- *no_access*: con esta opción se escribiría la relación de computadores o subredes IP que tienen el acceso prohibido a este servicio. Esta opción se utilizará cuando se quiera implementar la política *permitir por defecto*.

Si se elige la primera opción, en el ejemplo de la Sección 12.2.3 aparecerían estas dos líneas, si únicamente se quieren aceptar clientes del dominio *ehu.es*:

```
disable   = no
only_from = .ehu.es
```

12.3.3 Configuración de *tcpd* e *inetd*

En las versiones en las que se utiliza el servidor *inetd*, después de parametrizar correctamente los ficheros anteriores, será necesario modificar el fichero *inetd.conf* para que el cortafuegos *tcpd* tenga efecto. En todas las líneas en las que se quiera aplicar el cortafuegos, se deberá sustituir el ejecutable del servidor por el intermediario */usr/sbin/tcpd*. Así, en el ejemplo de *inetd.conf* que sigue:

```
telnet  stream tcp nowait root /usr/sbin/telnetd in.telnetd
```

habría que realizar el siguiente cambio:

```
telnet  stream tcp nowait root /usr/sbin/tcpd    in.telnetd
```

12.3.4 Servicios remotos: servicios *r**

Cuando los computadores están en red, especialmente cuando se trata de redes locales, resulta interesante ejecutar comandos en una máquina remota de la manera más cómoda posible. Precisamente para eso se crearon los comandos *r** de *Unix*. Los clientes más conocidos son *rlogin*, *rsh* y *rexec*, que funcionan en modo remoto iniciando una sesión, ejecutando comandos sencillos y poniendo en marcha programas respectivamente. Los servicios correspondientes a estas aplicaciones se ponen en marcha mediante el superservidor y son los siguientes: *rlogind*, *rshd* y *rexecd*.

En estos servicios se solicita la clave de la cuenta, y esta clave se transmite al descubierto por la red, por lo que cualquier husmeador (*sniffer*)[3] puede interceptarla.

Circunstancialmente, se pueden establecer relaciones de confianza para que el intercambio de palabras clave no sea necesario y, por otra parte, aumentar la facilidad de uso. Cuando se incluya un cliente en los ficheros */etc/host.equiv* o *.rhosts* no será necesario introducir la clave de acceso; el inconveniente de esta técnica es que pone en jaque la seguridad del sistema, porque muchas vulnerabilidades conocidas de *Unix* se basan en estas relaciones de confianza. Por ello se recomienda no utilizar esta opción y, en general, se insta a los administradores a prescindir de los servicios *r** y sustituirlos por los servicios seguros basados en *ssh*, tal y como se explica en el Capítulo 16.

Por lo tanto, si los servicios *r** se inician mediante el superservidor *inetd*, se recomienda desactivarlos comentando con # las líneas propias de cada servicio en el fichero */etc/inetd.conf*. Como ya se ha explicado, en caso de utilizar el superservidor *xinetd*, hay que cambiar los ficheros de estos servicios situados en el directorio */etc/xinetd*.d modificando el parámetro *disabled=yes*.

12.3.5 Ejemplos

- Control de acceso:

    ```
    man tcpd
    man iptables
    more /etc/hosts.allow
    more /etc/hosts.deny
    ```

- Información básica de servicios r*:

    ```
    man rsh
    man rcp
    man rexec
    ```

12.4 Configuración del cortafuegos *iptables*

iptables es un cortafuegos mucho más seguro y potente que *tcpd* y está siendo ampliamente utilizado en muchas instalaciones. Sin embargo la configuración de *iptables* es compleja y aquí solo vamos a hacer una pequeña introducción. Una más completa se puede encontrar en la dirección www.pello.info.

Para evitar brechas de seguridad temporales el servicio de *iptables* se activa antes que la tarjeta de red Por medio del *script iptables* de */etc/init.d* se puede activar o desactivar su servicio.

---

[3] Se llama así a los programas que analizan la información ajena transmitida en una red y que extraen los datos más interesantes.

12.4.1 Reglas de filtrado

El trabajo de un cortafuegos *iptables* depende de un conjunto de reglas de filtrado, cuyo orden es significativo y que trabajan en el nivel IP. Dependiendo del origen y el destino de los paquetes, así como de los puertos a los que van dirigidos y de las interfaces de red que atraviesan, el cortafuegos decide qué hacer con el paquete: darle paso o rechazarlo. Incluso puede realizar transformaciones como la función NAT.

Las reglas pueden ser consultadas y modificadas. Por medio del comando *iptables-save* se pueden consultar las reglas que se aplican y por medio de monitores de red como *iptraf* pueden ser examinadas. El propio comando *iptables*, que se suele usar en *scripts*, sirve para modificar y consultar las reglas.

Hay varios tipos de reglas y dentro de ellas las tres de filtrado son las más utilizadas:

- INPUT: reglas de filtrado para el tráfico entrante.
- OUTPUT: reglas de filtrado para el tráfico saliente pero que se aplican tras las transformaciones que se puedan realizar.
- FORWARD: reglas de filtrado para el tráfico saliente.

Al final de cada regla, que contendrá direcciones IP, interfaces de red o puertos, se indicará aceptación por medio de ACCEPT o denegación por medio de DROP.

Por ejemplo la siguiente regla acepta tráfico entrante desde cualquier cliente para el servicio web:

```
iptables -A INPUT -p tcp --dport 80 -j ACCEPT
```

Y en este otro ejemplo se deniega el acceso al servicio *webmin*:

```
iptables -A INPUT -p tcp --dport 10000 -j DROP
```

Como en *tcpd* hay dos formas de trabajo básicas: aceptar por defecto o denegar por defecto. En el primer caso se especificarán principalmente los tráficos prohibidos mientras que en el segundo los permitidos. La segunda modalidad es más fiable, pero más difícil de configurar, ya que la dependencia entre protocolos hace que aunque permitamos cierto servicio algún servicio auxiliar no esté habilitado y finalmente el servicio no pueda llevarse a cabo. En la primera modalidad se pueden conocer los puertos que tenemos abiertos (usando por ejemplo el comando *netstat*) y decidir qué accesos se restringen. El problema es que si en el futuro se instalan o habilitan nuevos servicios quedarán brechas de seguridad.

En los ejemplos posteriores usaremos, debido a su sencillez, la modalidad de aceptación por defecto.

Como se ha dicho, el orden de las reglas es importante y normalmente se agrupan en bloques. En un primer bloque suelen mandar desactivar las reglas actuales, posteriormente se establece la política por defecto para cada tipo de filtrado, y finalmente se establecen, en orden, las reglas sobre esa política.

12.4.2 Ejemplos

A continuación se incluyen las reglas para proteger una máquina de accesos indeseados:

```
#!/bin/sh
# fichero /etc/firewall
# DESACTIVACIÓN DE REGLAS
iptables -F
iptables -X
iptables -Z
# OPCIONES POR DEFECTO: ACEPTAR
iptables -P INPUT ACCEPT
iptables -P OUTPUT ACCEPT
iptables -P FORWARD ACCEPT
# REGLAS DE FILTRADO
# todo posible desde bucle local de la propia máquina
iptables -A INPUT -i lo -j ACCEPT
# todo posible desde la propia máquina usando su IP
iptables -A INPUT -s 192.252.200.128 -j ACCEPT
# servicio web para todos
iptables -A INPUT -p tcp --dport 80 -j ACCEPT
# a una máquina permitir acceso al servidor de ftp
iptables -A INPUT -s 231.45.134.23 -p tcp --dport 20:21 -j ACCEPT
# cerrar resto de servicios básicos (tcp eta udp)
iptables -A INPUT -p tcp --dport 1:1024 -j DROP
iptables -A INPUT -p udp --dport 1:1024 -j DROP
# cierre de webmin)
iptables -A INPUT -p tcp --dport 10000 -j DROP
iptables -A INPUT -p udp --dport 10000 -j DROP
```

Para la entrada en vigor de estas reglas este fichero se debe ejecutar como cualquier otro *script*. Para probar que las reglas han entrado en funcionamiento se puede ejecutar el siguiente comando:

```
iptables -L -n
```

Cuando se trabaja como un verdadero cortafuegos, es decir, como intermediario entre la red local y el exterior, para lo que se necesita un mínimo de dos tarjetas de red, además del filtraje de entrada se suele filtrar la salida a la red y, adicionalmente, se hace el ocultamiento de la red local por medio del protocolo NAT y la opción MASQUERADE.

A continuación se incluyen algunas de las sentencias que se añadirían en un cortafuegos de este tipo.

```
# DESACTIVACIÓN DE REGLAS
...
iptables -t nat -F
# OPCIONES POR DEFECTO: ACEPTAR
...
iptables -t nat -P PREROUTING ACCEPT
iptables -t nat -P POSTROUTING ACCEPT
# REGLAS DE FILTRADO
...
# aceptar salida (eth1) de http, https y DNS
iptables -A FORWARD -s 192.252.200.0/24 -i eth1 -p tcp --dport 80 -j ACCEPT
iptables -A FORWARD -s 192.252.200.0/24 -i eth1 -p tcp --dport 443 -j ACCEPT
iptables -A FORWARD -s 192.252.200.0/24 -i eth1 -p tcp --dport 53 -j ACCEPT
iptables -A FORWARD -s 192.252.200.0/24 -i eth1 -p udp --dport 53 -j ACCEPT
# rechazar el resto
iptables -A FORWARD -s 192.252.200.0/24 -i eth1 -j DROP
# NAT Y MASQUERADE
iptables -t nat -A POSTROUTING -s 192.252.200.0/24 -o eth0 -j MASQUERADE
```

12.4.3 Configuración gráfica de las reglas

Webmin nos permite hacer lo mismo pero por medio de una interfaz más cómoda. En la Figura 12.2 se muestra cómo tras elegir la pestaña *Trabajando en Red* de

Figura 12.2
Configuración de reglas *iptables* en modo gráfico.

la página inicial y seleccionar *Linux Firewall* se pueden añadir o modificar reglas. Como se ha ido viendo en los ejemplos, los campos más importantes son las direcciones IP origen y destino, las interfaces de red de entrada y salida, el protocolo y los puertos.

12.5 Ejercicios

1. Cambiar la configuración de *inetd* o *xinetd* para que los servidores *r** no se activen.

2. Configurar el cortafuegos *tcpd* cambiando los ficheros */etc/hosts.allow* y */etc/hosts.deny* para que funcione en el modo de *prohibir por defecto*. Sólo deberán aceptarse dos máquinas concretas de la red local.

3. Comprobar si se tiene instalado y en marcha *iptables*. Si es así, hacer que solo pueda haber tráfico de entrada a los puertos correspondientes a los protocolos *http*, *https* y DNS.

Capítulo 13

Servicios de redes locales: NFS, NIS y LDAP

En este capítulo

13.1 NFS **193**

13.2 NIS **199**

13.3 Reducción del coste de administración con NFS y NIS **203**

13.4 LDAP **204**

13.5 Ejercicios **207**

NIS y NFS son dos servicios de red que facilitan el intercambio de información en redes locales. Este compartimiento se efectúa transparentemente sin que el usuario tenga necesidad de saber en qué máquina concreta se encuentra dicha información. Mientras NFS se encarga de compartir ficheros, NIS se encarga de facilitar el intercambio de información de control.

Estas utilidades son fundamentales para lograr el principal objetivo de las redes locales: facilitar que los computadores compartan datos de forma ágil. Además, la combinación de estos dos servicios reduce los costes de administración, ya que las cuentas de trabajo y el software se pueden ubicar y administrar de manera centralizada.

En administración, por su parte, se deberá escoger la ubicación de estos servicios y habrá que configurarlos del modo más seguro posible, ya que estos servicios, a pesar de ser muy potentes, son peligrosos desde el punto de vista de la seguridad. A diferencia de los capítulos anteriores, para poder realizar los ejercicios propuestos se deberá disponer de al menos dos computadores en red.

Finalmente LDAP es un protocolo de acceso a la información del directorio que ofrece diferentes servicios, siendo el de centralización de cuentas una alternativa que está desbancando al servicio NIS. Sin embargo, la complejidad y amplia funcionalidad de LDAP hará que solo hagamos una introducción al mismo.

13.1 NFS

Mediante el servicio NFS (*Network File System*) creado por *Sun* es posible compartir transparentemente ficheros entre máquinas *Unix*, sin necesidad de utilizar *ftp* o *ssh*.

13.1.1 Introducción

Si NFS se configura adecuadamente, los usuarios comunes podrán acceder a directorios y ficheros ubicados en máquinas remotas como si estuvieran en un disco local, con la única diferencia perceptible de la velocidad en los casos en los que la red local esté saturada. Queda en manos del administrador que la configuración del servicio sea adecuada y, por supuesto, segura, puesto que este servicio, al igual que el NIS, es tan potente como peligroso.

Desde el punto de vista práctico, NFS ofrece nuevas funcionalidades al sistema, entre las que destacan las siguientes:

- Se puede compartir un disco de grandes dimensiones entre todos los usuarios de la red local. El computador en el que esté conectado el disco hará las funciones de servidor de disco, y *exportará* los ficheros a las demás máquinas.
- Es posible instalar software nuevo en una sola máquina y que todas las máquinas de la red puedan utilizarlo.
- La información necesaria para la administración de sistemas puede estar centralizada en un computador y accesible desde el resto de las máquinas, facili-

tando así las tareas de administración (normalmente complementada con NIS o LDAP).

- Se puede acceder a medios extraíbles como CD o DVD desde computadores que no disponen de lectores para estos medios, exportando los volúmenes desde la máquina en la que reside el dispositivo de lectura de CD o DVD.

13.1.2 Ficheros básicos y servidores

NFS está basado en RPC (*Remote Procedure Call*) y en la arquitectura cliente/servidor. El servidor es la máquina que exporta los ficheros —o más concretamente, el subsistema de ficheros—[1] y el cliente será el computador que utilice dichos ficheros.

La configuración se basa en dos ficheros:

- En los clientes, se determina mediante el fichero */etc/fstab* dónde y cómo se montarán los directorios externos.
- En el servidor, el fichero */etc/exports* controlará qué directorios locales pueden montarse en los clientes y las condiciones de uso de los mismos.

Para poder ofrecer el servicio NFS, el servidor debe estar compilado correctamente y dos *daemon*s deben estar activados: *rpc.nfsd* y *rpc.mountd*. Estos *daemon*s deberán ponerse en marcha en el procedimiento de inicio, ya que en las versiones más recientes no dependen de *inetd* o *xinetd*. En la distribución *Mandrake* y similares el comando de inicio se define en */etc/init.d/nfs*.[2] Como está basado en RPC, habrá que asegurarse de que el servidor *rpc.portmap* está en marcha de antemano (*véase* el comando *portmap*).

13.1.3 Montaje inicial en el cliente: el fichero */etc/fstab*

En la Sección 3.5.4 se explican las características de este fichero y sus campos más significativos. Al utilizar NFS, se añade una línea a este fichero por cada subdirectorio que se quiera montar desde un servidor. Tal como se confeccionaba al montar discos o particiones locales, en cada línea se especificarán los siguientes campos:

- La identificación del servidor mediante su dirección simbólica o su IP y el camino absoluto del directorio a montar dentro del servidor. Se utiliza el carácter *:* para separar ambos datos. En el montaje de discos locales, sin embargo, se utiliza el descriptor del dispositivo */dev/xxxx*.

---

[1] Los elementos que se monten mediante NFS formarán un subdirectorio dentro del sistema de ficheros local, en el lugar asignado como punto de montaje. Por ello, para simplificar, se considera que se exportan directorios en vez de ficheros.

[2] Para ello, el paquete *nfs-utils* deberá estar instalado en el sistema.

- El directorio de montaje local. Debe ser un punto del sistema de archivos local creado de antemano y que deberá estar vacío.
- En el tercer campo, que representa el tipo del sistema de archivos, deberá especificarse *nfs*. En los casos de montajes locales los valores de este campo suelen ser *ext2*, *ext3*, *msdos*, *vfat*, etc.
- Otras opciones. NFS ofrece en este campo nuevas opciones que deben aparecer separadas por comas, siendo las más utilizadas las siguientes:

    timeo=n   donde *n* es el tiempo en décimas de segundo que debe esperar la solicitud de montaje antes de devolver un mensaje de error.

    intr   interrumpir los intentos de montaje cuando los errores de conexión son persistentes.

    soft   mediante esta opción el sistema desiste de acceder a los ficheros tras varios errores. La opción por defecto es *hard*, en cuyo caso el sistema insistirá a pesar de los errores.

    noauto   para que el directorio no se monte automáticamente. Será tarea del administrador montar manualmente este directorio mediante el comando *mount*. Se puede conseguir el mismo efecto con el segundo nivel de ejecución descrito en la Sección 7.2.1.

Valga de ejemplo la siguiente línea del archivo */etc/fstab*:

```
192.223.114.241:/home /cuentas nfs timeo=15,intr
```

En este ejemplo se representa el montaje NFS del directorio */home* del servidor identificado con la IP indicada, que se colgará del directorio local */cuentas*. Si al iniciar el cliente no se recibe respuesta alguna en 1,5 segundos, aparecerá un mensaje de error en pantalla y los intentos se interrumpirán.

Para que entren en vigor los cambios realizados en */etc/fstab*, se puede utilizar el comando *mount –a* que actualiza los montajes del sistema de archivos según la tabla.

13.1.4 Control de exportaciones en el servidor: el fichero */etc/exports*

En este fichero, que por motivos de seguridad debe ser configurado con cuidado en el servidor, cada línea representa un directorio que podrá ser exportado. La información que debe aparecer en cada una de esas líneas es la siguiente:

- El directorio que hay que exportar. Hay que tener en cuenta que toda la información contenida en dicho directorio será exportada.
- El identificador de la máquina o la subred que podrá importar dicho directorio. Esta identificación puede representarse mediante nombres simbólicos, en cuyo caso se podrá utilizar el carácter * para definir subredes, o mediante direcciones IP, para lo cual se utilizarán máscaras de subred. Si no se especifica este campo, cualquier máquina podrá importar el subsistema de archivos.
- El modo de exportación. Se escribe entre paréntesis tras el identificador anterior. Existe una gran variedad de modos, pero los más utilizados son *rw*, para aceptar accesos de lectura y escritura, y *ro*, para accesos remotos de sólo lectura.

Las opciones restantes pueden ser interesantes para una precisión mayor (tratamiento de usuarios anónimos y superusuarios, etc.). Para obtener más detalles acerca de estas opciones se puede utilizar el comando de ayuda *man exports*.

Los dos últimos campos pueden repetirse en la misma línea, para poder exportar un directorio a máquinas o subredes diversas. En consecuencia, el formato de cada línea será el siguiente:

```
catálogo_exportado maquina1(opciones) máquina2(opciones)
```

En el ejemplo que sigue se define la exportación de tres directorios (subsistemas de ficheros): se exporta a toda la subred en modo de sólo lectura el directorio */usr/local*, que contiene software particular, la información de las cuentas locales a una sola máquina y la unidad de CD a toda la red:

```
/usr/local      *.instituto.com(ro)
/home           admin.instituto.com(rw)
/mnt/cdrom      *(ro)
```

Cuando se realizan cambios en */etc/exports* se debe ejecutar el comando *exportfs* para que los cambios entren en vigor. Por otra parte, para comprobar los clientes que un servidor tiene conectados en un momento dado, se puede utilizar el comando *showmount*.

13.1.5 Permisos y seguridad

El control de acceso a los ficheros compartidos se realiza, como para los ficheros locales, por medio de identificadores de usuario y grupo; por ello, en administración se deberá conseguir, a ser posible, que estos identificadores sean iguales en los servidores y los clientes.

Analicemos el problema con un ejemplo. Supongamos que un usuario tiene dos cuentas: una en el computador local, con el identificador 305, y que forma parte del grupo 117; la otra en la máquina que exporta el sistema de ficheros, con el identificador 413 y el grupo 126. Gracias al servicio NFS podrá acceder a sus ficheros remotos desde el computador local, pero no podrá leerlos a menos que los ficheros tengan permiso de lectura universal. Sin embargo, que los ficheros tengan permiso de lectura universal va en contra del principio de confidencialidad, por lo que ésta no podrá ser la solución al problema.

Para superar este problema de los identificadores existen dos alternativas: la primera consiste en exportar la información de cuentas y grupos utilizando el servicio NIS o LDAP, que se explicarán en los siguientes apartados, y como segunda opción utilizar el servicio *rpc.ugidd* presente en las más recientes versiones de *Linux*, que realiza el *mapeo* de los identificadores. De hecho existe una tercera posibilidad, nada recomendable, que consiste en cambiar uno de los dos identificadores, pero ello supondría tener que cambiar todos los permisos de acceso en una de las máquinas mediante los comandos *chown –R* y *chgrp –R*.

Por otra parte, para evitar los problemas de seguridad derivables del uso de la cuenta *root* (recordemos que tiene identificador 0), se utiliza la opción por defecto *root_squash*. El significado de esta opción es el siguiente: si un superusuario importa por NFS ficheros de otra máquina, esa cuenta tendrá permisos normales para dichos ficheros. Si se desea que las cuentas *root* locales tengan acceso privilegiado a los ficheros exportados, se debe incluir la opción *no_root_squash*, pero esta práctica no es en absoluto recomendable dado el peligro que ello supondría para la seguridad del sistema.

A medida que va aumentando la complejidad de la red local, el montaje de ficheros remotos cruzados puede ser complicado. En estos casos, se pueden realizar *mapeos* indirectos (los montajes definidos en */etc/fstab* son directos) utilizando el comando *automount*.

13.1.6 NFS en modo gráfico

En las Figuras 13.1 y 13.2 se explica cómo se puede configurar NFS usando el servidor *webmin*.

Para la importación de ficheros remotos se recurre a la misma opción que para el montaje de particiones: menú principal de *Sistema*, selección del icono *Sistemas de Archivo de Disco y Red* y función *Crear Montaje*. En la Figura 13.1 se pueden observar los distintos campos y opciones que se deben cumplimentar o modificar.

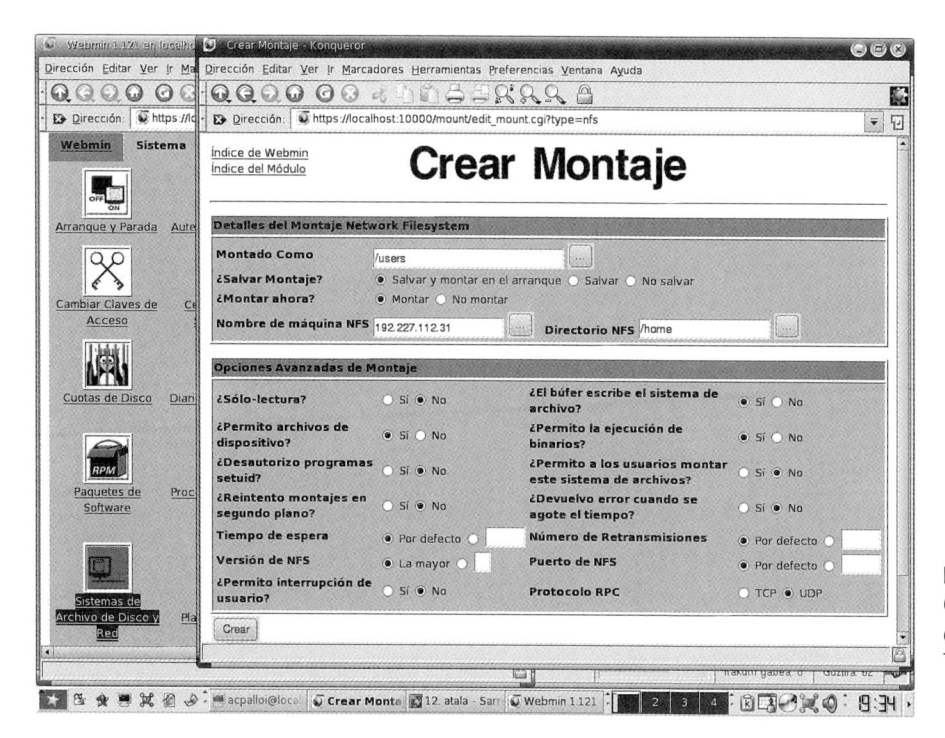

Figura 13.1
Configuración del cliente NFS.

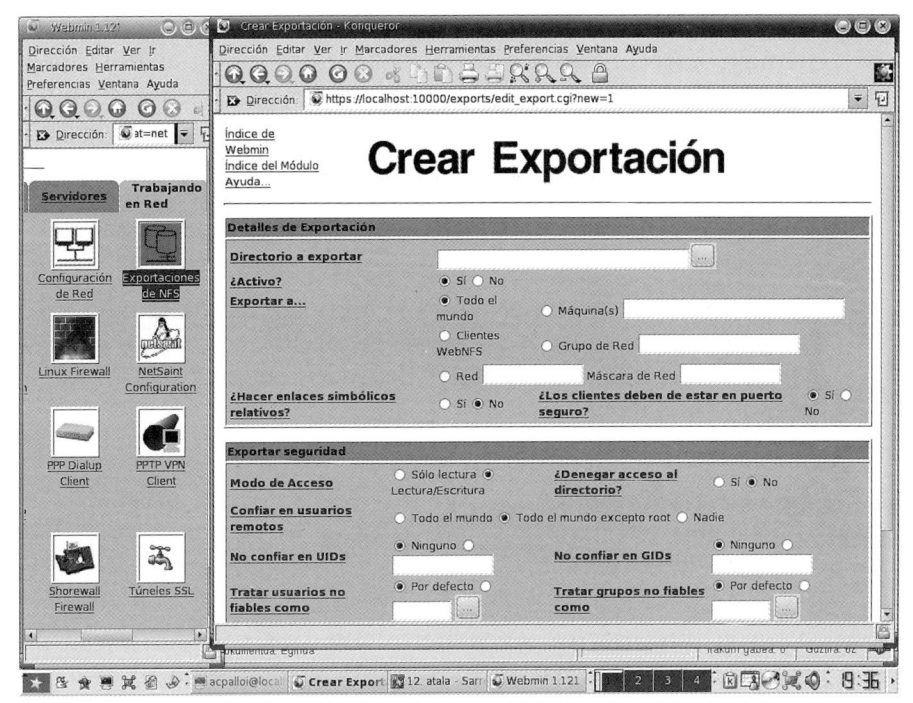

Figura 13.2
Exportación NFS en modo gráfico.

Por otro lado en la Figura 13.2 se muestran las opciones de exportación que deben parametrizarse en el servidor. Para llegar a esta ventana hay que seleccionar la pestaña de *Trabajando en Red* y el icono de *Exportaciones de NFS*.

13.1.7 Ejemplos

- Información básica:

    ```
    man nfs
    man exports
    man showmount
    man automount
    man portmap
    ```

- Visualización de la configuración:

    ```
    more /etc/exports
    more /etc/fstab
    ```

- Funcionamiento de los procesos *daemon*:

    ```
    ps -auxw | grep rpc
    ```

13.2 NIS

NIS (*Network Information Service*) también fue creado por *Sun*, y su función es la de ayudar a compartir información de configuración y control en una red local. Actualmente este servicio está siendo sustituido por LDAP.

Hubo un tiempo en el que este servicio era conocido como YP (*Yellow Pages*, *Páginas Amarillas* en inglés), y por ello se conserva el prefijo *yp* en algunas utilidades de NIS.

13.2.1 Introducción

Cuando en una red existen varios servidores o cuando las máquinas son para uso abierto, las cuentas y las claves de acceso se suelen compartir. Así, los usuarios pueden utilizar cualquier computador como si fuera el suyo (combinándolo con NFS) ya que la gestión y el control de las cuentas puede realizarse centralizadamente, reduciéndose así además los costes de administración. Con NIS y NFS a la vez, el conjunto de la red local puede ser percibido como un único servidor.

Gracias al servicio NIS, además de compartir la información de usuarios y grupos (que se realiza mediante los ficheros */etc/passwd* y */etc/group*) también se puede centralizar la administración de nombres de las máquinas, redes, protocolos, servicios, RPC y alias de correo electrónico, esto es, se pueden compartir los ficheros */etc/hosts*, */etc/networks*, */etc/protocols*, */etc/services*, */etc/rpc* y */etc/aliases* respectivamente. Estas funciones de compartir y *mapear* son controladas por los programas *ypcat* e *ypmap*, así como por ciertas funciones de la librería *libc*.

El principio fundamental que rige el funcionamiento de este servicio es muy sencillo: el servidor exporta los ficheros de configuración a los clientes de un dominio, para que estos complementen los ficheros de configuración locales.

La extensión del servicio se determina mediante un nombre de dominio que se obtiene mediante los comandos *domainname* o *nisdomainname*. No hay que confundir este dominio con el dominio de Internet, que se consigue con el comando *dnsdomainname* y corresponde al servicio DNS, ya que puede diferir de éste.

Los comandos tipo *domainname* tienen una doble utilidad: sin argumento devuelven el nombre del dominio, y con argumento sirven para registrar el dominio indicado, tanto en el servidor como en los clientes. Este registro de dominio debe hacerse en modo *root* al iniciar los servicios. Al no existir ningún fichero de configuración específico para definir el nombre del dominio, esta operación ha de realizarse manualmente, aunque una alternativa es incluirlo en el *script rc.local* para que se defina automáticamente durante el arranque del computador.[3]

---

[3] Sin embargo, en el sistema operativo *Solaris*, el dominio NIS puede ser definido en el archivo */etc/defaultdomain* para que se inicie automáticamente.

Al utilizar NIS hay que diferenciar entre el servidor, que distribuirá la información, y los clientes, que la consultarán. Algunas veces NIS no está incluido en las instalaciones por defecto, por lo que habrá que asegurarse de que el paquete *ypserv* está instalado en el servidor y los paquetes *ypbind* e *yp-tools* en los clientes. En caso contrario, se deberán instalar los correspondientes paquetes RPM (*véase* Apartado 6.3.2). Finalmente, cabe señalar que toda la información correspondiente a este servicio se sitúa en el directorio */var/yp*.

13.2.2 El servidor NIS

Este apartado trata sobre la configuración del servicio *ypserv*. Concretamente, la configuración de este servidor se guarda en el fichero */var/yp/ypserv.conf* que se iniciará mediante el *script /etc/init.d/ypserv*.

Para que el servidor se ponga en marcha manualmente hay que seguir estos pasos:

- Definición del nombre del dominio con el comando *nisdomainname*.
- Inicio del servicio con el comando *ypinit*.

Para asegurar la fiabilidad de este servicio, se contempla la posibilidad de proporcionar servidores secundarios, pero en este libro no se profundizará en este tema.

Cuando las cuentas se actualizan en el servidor, esa información irá a los clientes, pero con cierto retraso. Si se desea que los cambios tengan un efecto inmediato, en ciertas distribuciones de *Linux* hay que ejecutar el siguiente comando en modo superusuario:

```
ypinit -m
```

En los sistemas más antiguos, en cambio, se debía hacer algo más complejo:

```
cd /var/yp
make
```

Para mejorar la seguridad, es conveniente asegurarse de que ningún computador pueda acceder a la configuración. Para ello, hay que activar la opción *securenets*, creando el fichero */etc/ypserv.securenets*[4] y combinandolo correctamente */etc/hosts.allow* y */etc/hosts.deny*.

El fichero *ypserv.securenets* tiene una estructura muy simple: en cada línea se definirá una red o una máquina aceptada en el dominio, incluyendo la palabra *host* y la dirección en el caso de que sea un computador aislado, o la máscara y el identificador de subred cuando se trate de una subred. Por ejemplo:

```
host            127.0.0.1       # El mismo servidor
255.255.255.0   192.223.114.0   # La red local
```

---

[4] En algunas distribuciones el archivo *ypserv.securenets* se encuentra en el directorio */var/yp*.

13.2.3 Los clientes NIS

Los mensajes de difusión (*broadcast*) que envía a la red local el servicio *ypbind* son la base del funcionamiento de NIS. Este *daemon* se pone en marcha al ejecutarse el *script ypbind* situado en */etc/init.d*. Como los clientes también tienen que formar parte del dominio NIS, deberán registrar de antemano, como el servidor, el nombre de dominio mediante el comando *nisdomainname*.

Para que el cliente sepa cuál es el servidor que provee la información de cuentas y de grupos, se utiliza el fichero */etc/yp.conf*. En este fichero deberá incluirse una de estas dos líneas:

```
ypserver direccion_del_servidor
domain dominio_NIS server direccion_del_servidor
```

La dirección del servidor puede representarse con su nombre simbólico o su dirección IP.

De todos modos, es posible realizar búsquedas en el dominio NIS sin especificar el servidor, utilizando el *daemon ypbind*. En este caso, se buscará mandando mensajes de difusión y el servidor NIS más rápido será el que responda primero. Esta técnica resulta interesante con redes grandes en las que hay varios servidores NIS. Para utilizar esta opción la línea incluida en */etc/yp.conf* deberá tener el siguiente formato:

```
domain dominio_NIS broadcast
```

A continuación vamos a explicar cómo se enlazan los ficheros de configuración del cliente y del servidor. Para empezar, la información recogida en los ficheros locales */etc/passwd* y */etc/group* será mínima, con la información de las cuentas y grupos que sólo puedan utilizarse localmente ya que el resto de información la importarán desde un servidor NIS. Para que se pueda incluir esa información proporcionada por el servidor basta con que las líneas correspondientes del fichero */etc/nsswitch.conf* contengan lo siguiente:

```
passwd:  nis files    # primero NIS, luego fichero local
group:   nis files
```

Normalmente no será necesario cambiar este fichero, ya que suele estar bien configurado.

En las versiones antiguas de NIS, había que añadir una línea al final de los ficheros */etc/passwd* y */etc/group* locales para que la búsqueda en éstos continuara en los ficheros del servidor. Concretamente, en el fichero */etc/passwd* se añadía la siguiente línea:

```
+::::::
```

En */etc/group* esta otra:

```
+:::
```

En los sistemas modernos esta modificación no es necesaria, pero esta opción puede ser utilizada para cambiar alguna característica de las cuentas locales, como por ejemplo el intérprete de comandos.

Para poder cambiar las claves de acceso de las cuentas hay que utilizar el comando *ypasswd* en vez de *passwd*. Este nuevo comando está basado en RPC, y se comunica con el servidor *yppasswdd*. De todas maneras, la mayoría de los sistemas cuentan con una versión modificada del comando *passwd* que hace referencia a *ypasswd* cuando es necesario.

13.2.4 Otros ficheros de configuración

Como ya se mencionó en la introducción, se puede compartir más información de control mediante el servicio NIS: nombres de *hosts*, redes, protocolos, servicios, protocolos, alias de e-mail y servicios RPC.

Para ello, la clave es el mismo fichero */etc/nsswitch.conf*, ya que en él se puede definir el orden de acceso a la mencionada información de control. En este fichero las entradas cuentan con un parámetro que puede ser *files* para el acceso local, *nis* para el acceso NIS y *dns* para el acceso DNS.

Pueden servir de ejemplo las siguientes líneas:

```
hosts:        dns files      # primero DNS, luego local
services:     files nis      # primero local, luego NIS
rpc:          files nis
```

13.2.5 Notas acerca de la seguridad

Dado que *ypserv* envía los *passwords* o contraseñas al descubierto, pueden surgir problemas de seguridad. Con el paquete NIS+, creado para sustituir a NIS, las claves de acceso se envían cifradas, y entre otros avances, se pueden organizar sistemas jerárquicos de nombres.

En el Capítulo 5 ya se explicó que la gestión de claves de acceso con *shadow* incrementa la seguridad, ya que la clave cifrada no es accesible por los usuarios. Desgraciadamente, al combinarlo con NIS, las claves de acceso codificadas viajarán por la red local y serán susceptibles de ser observadas mediante *sniffers*. En cualquier caso para combinar NIS y *shadow* es necesario tener instalada la librería *libc* de GNU en su versión *libc6* o superior, y en el fichero */etc/nsswitch.conf* deberá estar especificada la siguiente línea:

```
shadow: compat
```

13.2.6 Ejemplos

- Información básica:

```
man ypserv
man ypbind
man nsswitch.conf
```

- Visualización de la configuración:

  ```
  more /etc/yp.conf
  more /etc/nsswitch.conf
  more /etc/ypserv.xecurenets
  ```

- Funcionamiento de los servicios y ejecutables:

  ```
  ps -auxw | grep yp
  ls -l /bin/passwd
  ls -l /bin/yppasswd
  ```

13.3 Reducción del coste de administración con NFS y NIS

Tal y como comentamos en la introducción, empleando NIS (o LDAP) y NFS se pueden reducir los gastos de administración además de compartir información cómodamente.

La administración de sistemas en una red local es un trabajo extenuante, sobre todo cuando hay que administrar cuentas, software, copias de seguridad, etc. en una cantidad considerable de computadores. Si la labor hay que llevarla a cabo en cada uno de los puestos de trabajo, los costes de administración se dispararán y la empresa los considerará como una carga. Para evitar esta contrariedad, se pueden utilizar algunos de los programas descritos en la Sección 6.1, y también se pueden utilizar NFS y NIS como alternativa más sencilla.

La idea básica es la siguiente: para garantizar el acceso a los servicios, se guarda en un servidor (o en dos) la información fundamental que constituyen las cuentas, el software, los servidores de red, etc., así como los ficheros permanentes de los usuarios.

El resto de las máquinas, las que harán funciones de puesto de trabajo, solo contendrán el sistema operativo mínimo y los ficheros temporales, sin guardar información relevante. De esta forma, recuperar un puesto de trabajo tras un error o un siniestro será sencillo, ya que, al no mantener información personal, el sistema básico es común para todos los PC menos los servidores.

Gracias a NFS y NIS, esos terminales *tontos* serán capaces de acceder a la información residente en los servidores como si estuviera en su disco local, y realizará funciones equivalentes a las de sistemas administrados meticulosamente. Para sostener el funcionamiento correcto será necesaria una red de buenas prestaciones; por ello se suelen recomendar redes de 100 Mbps para este tipo de sistemas.

Otra gran ventaja de la configuración propuesta es que las copias de seguridad sólo serán necesarias en los servidores, y el resto de tareas de administración estarán centralizadas en los mismos. La información de los computadores *tontos* será estática, y estará disponible en un CD o en la red. Cuando ocurra un error en uno de estos computadores, se copiará la información estática de nuevo en el disco duro local, y sólo serán necesarios algunos pequeños ajustes de la configuración de red, NIS y

NFS. Estos ajustes serán innecesarios si la configuración está bien parametrizada en la información estática, especialmente si se utiliza DHCP (*véase* Sección 15.4). Además, esta estrategia dotará a la red local de una homogeneidad muy deseable.

13.4 LDAP

LDAP (*Lightweight Directory Access Protocol*) quiere decir protocolo ligero de acceso a directorio. El calificativo de ligero se ha adoptado porque se ha pensado en que los intercambios de información sean rápidos. Está basado en el estándar X.500 y en los sistemas de *Microsoft* hay una implementación de LDAP que se denomina *OpenDirectory*.

En este contexto *directorio* no es un conjunto de ficheros, sino un conjunto de información compartida, simulando una agenda o un listín de teléfonos. Se puede compartir información de distinto tipo, cuentas para distintas máquinas o sistemas, direcciones de correo electrónico para servir de forma compartida o libretas de direcciones en clientes de correo electrónico. En nuestro caso nos vamos a centrar en el servicio de centralización de cuentas.

Además hay que tener en cuenta que para la autentificación de los mensajes que se envían y reciben LDAP está fuertemente relacionado con los paquetes de cifrado que se explicarán en el Capítulo 16.

13.4.1 Estructura del directorio. LDIF

El directorio se compone de un conjunto de entradas organizadas jerárquicamente en forma de árbol, donde cada entrada está compuesta por una serie de atributos con sus valores. Cada entrada tiene un identificador único llamado nombre distinguido (*dn*). En la raíz del árbol suele estar un dominio correspondiente a la organización o empresa dentro de la que se comparten el directorio y esa información estará repetida en el resto de los nodos del árbol. El árbol puede estar distribuido en varias máquinas.

Una entrada raíz para el dominio *instituto.com* sería la siguiente:

```
dn: dc=instituto, dc=com
```

Las cuentas y grupos serían dos nodos independientes de la siguiente forma:

```
dn: ou=Cuentas, dc=instituto, dc=com
dn: ou=Grupos, dc=instituto, dc=com
```

Y una de las cuentas tendría la siguiente entrada:

```
dn: cn=inaki, ou=Cuentas, dc=instituto, dc=com
```

LDIF es el formato estándar para especificar las entradas o registros del directorio. Existen dentro de este formato varias clases predefinidas, siendo las más utilizadas para la compartición de cuentas las siguientes:

- Dominio (*dcObject*): utiliza el atributo *dc* para asignar al nodo raíz el nombre del dominio de la organización
- Cuenta (*account, posixAccount, shadowAccount*): sirve para declarar las cuentas.
- Unidad organizativa (*organizationalUnit*): sirve para definir grupos de trabajo, que se suelen utilizar para compartir permisos de grupo.
- Objeto de seguridad (*simpleSecurityObject*): sirve para asignar los derechos de *root*.

En el formato LDIF existen líneas adicionales para el control de cuentas, además se debe incluir un bloque para los privilegios de administración. El inicio del fichero sería el siguiente:[5]

```
dn: dc=instituto, dc=com
objectClass: top
objectClass: dcObject
objectClass: organization
dc: instituto
dc: com

dn: ou=Cuentas, dc=instituto, dc=com
objectClass: top
objectClass: organizationalUnit
ou: Cuentas

dn: ou=Grupos, dc=instituto, dc=com
objectClass: top
objectClass: organizationalUnit
ou: Grupos
```

13.4.2 Instalación de LDAP. OpenLDAP

La versión de LDAP más extendida en *Linux* es OpenLDAP www.openldap.org. Existen varios paquetes RPM para su instalación: la base (*openldap*), el servidor (*openldap-servers*), el cliente (*openldap-clients*) y el de desarrollo (*openldap-devel*).

Una vez instalado, el servidor se pone en marcha y detiene por medio del *script /etc/init.d/slapd*, y su configuración residirá en el fichero */etc/openldap/slapd.conf* mientras el directorio local suele ubicarse en */var/lib/ldap*.

Los comandos *ldapadd* sirven para añadir nuevas entradas en el directorio pero debido a la falta de información de autentificación se recomienda la primera vez usar *slapadd* y *slapindex*. El comando *slapadd* sirve para una creación inicial del directorio local, que debe realizarse con el servidor parado. Posteriormente

---

[5] Las líneas en blanco son necesarias.

deberemos ejecutar *slapindex* para generar los índices exportables. A partir de ahí se puede reiniciar el servidor y usar sin problemas el comando *ldapadd*. También existen los comandos *ldapmodify* y *ldapdelete* para modificar y borrar entradas.

Para hacer búsquedas en el directorio existe el comando *ldapsearch*. Es decir, este comando es el cliente de este servicio. Para configurar el cliente existe otro fichero de configuración de nombre */etc/openldap/ldap.conf*. Aquí se puede especificar la dirección del servidor de LDAP, ya que podemos usar un servidor remoto. Adicionalmente distintos lenguajes de programación disponen de librerías o módulos para utilizar este servicio desde los programas de aplicación.

13.4.3 Gestión de cuentas y grupos con LDAP

Cuando se quieren usar los servicios de LDAP, como en el caso del servicio NIS, el fichero */etc/nsswitch.conf* es clave para un correcto funcionamiento. Si usamos LDAP para el control de cuentas y grupos, bastará con tener bien configurada la parte cliente y las líneas correspondientes de ese fichero que deberán contener lo siguiente:

```
passwd: files ldap      # primero local y después directorio
group:  files ldap
```

Generar un directorio de cuentas y grupos para que sea exportado por medio del servidor es más trabajoso ya que el uso del comando *ldapadd* por cada cuenta no es muy ágil cuando se quieren exportar una gran cantidad de cuentas. Existen herramientas como los *scripts perl* de *migrationtools* www.padl.com/OSS/MigrationTools.html que convierten automáticamente desde */etc/passwd*, */etc/shadow* y */etc/group* a formato LDIF.

13.4.4 Ejemplos

- Información básica:
    ```
    man ldapadd
    man ldapsearch
    more /etc/ldap/ldap.con
    ```

13.4.5 Servidor LDAP por medio de *webmin*

La interfaz de *webmin* también permite configurar el servidor de LDAP. Como se ve en la Figura 13.3, en la sección de servidores se puede elegir *OpenLDAP Server* (en inglés en la versión actual de *webmin*) que nos lleva a la configuración general y a distintas opciones de control, clases y atributos.

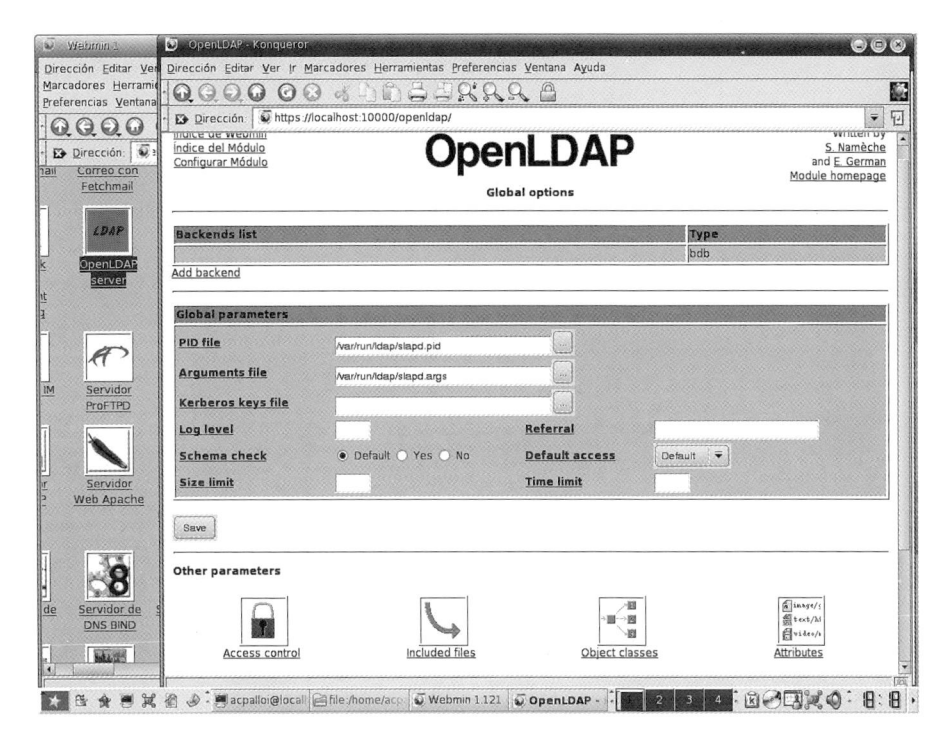

Figura 13.3
Servidor de LDAP por medio de *webmin*.

13.5 Ejercicios

1. Exportar el directorio /*usr*/local a otro computador de la red en modo de sólo lectura. Importar el volumen del CD desde esa misma máquina.

2. Realizar los cambios necesarios para que las cuentas de usuario y los grupos de un servidor puedan ser utilizados sólo desde un computador concreto. Se debe tener en cuenta la información de dominio y asegurarse de que los demás computadores no puedan acceder a esta información.

3. Comprobar cómo se resuelven los nombres de las máquinas (/*etc*/*hosts*), y cambiar el orden de resolución para que se busque primero mediante NIS.

4. Combinar NIS y NFS en el computador para poder utilizar la cuenta, los programas y los ficheros de otro usuario.

5. Intentar instalar y configurar un servidor de LDAP y utilizar las *Migration-Tools*.

Capítulo 14

Impresión en red y convivencia con *Windows*: *Samba*

En este capítulo

14.1 Impresión en red **211**

14.2 Acceso a sistemas *Windows*: *Samba* **213**

14.3 Ejercicios **218**

Linux ofrece otros servicios de red local, aparte de NFS y NIS y de los servicios de Internet que se pueden utilizar en intranet. Los más destacados son los servicios de impresión en red y el acceso a sistemas de la red *Windows*.

14.1 Impresión en red

Tal y como se mostró en el Capítulo 8, la impresión en los sistemas *Unix* se suele llevar a cabo por medio del servidor *lpd*. En consecuencia, hay que realizar muy pocos cambios para poder imprimir en cualquier punto de la red local.

La impresión remota se puede realizar sobre dos arquitecturas de impresión: mediante una impresora con una tarjeta de red local incorporada, o mediante una impresora conectada a un computador de la red. En el primer caso sólo es necesario configurar la tarjeta de red correctamente con una dirección IP estática válida.

En cualquiera de los dos casos, el funcionamiento del computador desde el que se quiera imprimir será similar. Antes de imprimir, deberá conocer algunas características de la impresora y la dirección IP correspondiente, la de la impresora o la del computador que la controla.

Además del método común, en las nuevas versiones de *Linux* se está extendiendo un sistema de impresión llamado CUPS (*Common Unix Printing System*). El objetivo de este sistema es facilitar las tareas de administración, ofreciendo la búsqueda automática de impresoras en red y los asistentes de configuración habituales en los sistemas *Windows*.

A continuación se explicará cómo se realiza la configuración de impresión en red y, finalmente, se mostrarán algunos detalles de los sistemas CUPS y de configuración gráfica.

14.1.1 Configuración del cliente (*outgoing*)

El control de la impresión remota apenas se diferencia de la impresión local. Con respecto a lo que se explicó en el Capítulo 8, el cambio más significativo será el cambio en el fichero */etc/printcap*, que en este caso deberá incluir la dirección en el campo *rm*. A continuación se resumen los componentes principales de la configuración:

- El proceso *lpd* que se ocupa de la impresión mediante colas (*spooling*). La impresión remota también está a su cargo.
- *lpr*, *lpq*, *lprm* y *lpc*, que son los comandos correspondientes al control de la impresión.
- */etc/printcap* es el fichero en el que se describen las impresoras disponibles en el sistema. En el mismo se definen varios parámetros, incluidos *rm* e *if*, que son los más relevantes para la impresión remota: con el parámetro *rm* se define la dirección de la impresora o del computador al que está conectada, y con el

parámetro *if* se define el filtro que se debe utilizar para adaptarse a las características de la impresora.
- Mediante el comando *printtool* se puede configurar cómodamente. Las distribuciones *Mandrake* también cuentan con la interfaz propia *PrintDrake*.

A continuación se muestra un ejemplo de una línea de *etc/printcap*:

```
lp-red:sd=/var/spool/lpd/lp:\
       :rm=192.223.112.37:\
       :mx#0:\
       :if=/var/spool/lpd/lp/filter:
```

Como ya se ha comentado en el Capítulo 8, se recomienda utilizar el comando *printtool* para configurar una impresora nueva.

14.1.2 Configuración del servidor (*incoming*)

Tal y como se ha explicado anteriormente, la impresora remota puede configurarse de dos modos: directamente con una tarjeta de red o conectada a un computador que hará las funciones de servidor de impresión. En el primer caso no será necesario hacer nada especial, mientras que en el segundo caso habrá que configurar el servidor realizando los siguientes cambios:

- En el fichero */etc/hosts.lpd* habrá que concretar desde qué subredes se aceptan peticiones de impresión (también se puede utilizar el fichero *host.equiv* mencionado en la Sección 12.3).
- Si se especifica *rs* en el fichero */etc/printcap* sólo las cuentas locales podrán utilizar el servicio de impresión, por lo que habrá que eliminar esta opción.

Como la impresora está conectada directamente al servidor, en su fichero */etc/printcap* no habrá que incluir el campo *rm*, ya que esta opción sólo es necesaria en los clientes.

14.1.3 Impresión mediante CUPS

El sistema CUPS (www.cups.org) es complejo internamente pero muy sencillo de utilizar. En las distribuciones en las que está integrado, el servidor *cupsd* se inicia mediante el script */etc/init.d/cups* y la configuración se almacena en el directorio */etc/cups*.

Para configurar impresoras controladas por CUPS se utiliza la herramienta *printtool*, aunque siempre será posible modificar la configuración directamente. La configuración de impresoras CUPS es muy cómoda, ya que se efectúa mediante un asistente de configuración.

Al elegir el tipo de impresora el asistente nos ofrece varias opciones, entre las cuales las más importantes son las siguientes: impresoras locales, impresoras remotas conectadas a un servidor Unix y las impresoras compartidas mediante *Samba*, que se explicarán en la siguiente sección.

14.1.4 Administración de impresoras mediante *webmin*

Todavía más sencillo es administrar las impresoras por medio de *webmin*. Seleccionando la pestaña de hardware tenemos la opción de *Administración de Impresoras* donde se puede elegir Editar Impresora y hacer los cambios pertinentes tanto en impresoras locales como remotas. En la Figura 14.1 se puede observar la apariencia de la interfaz.

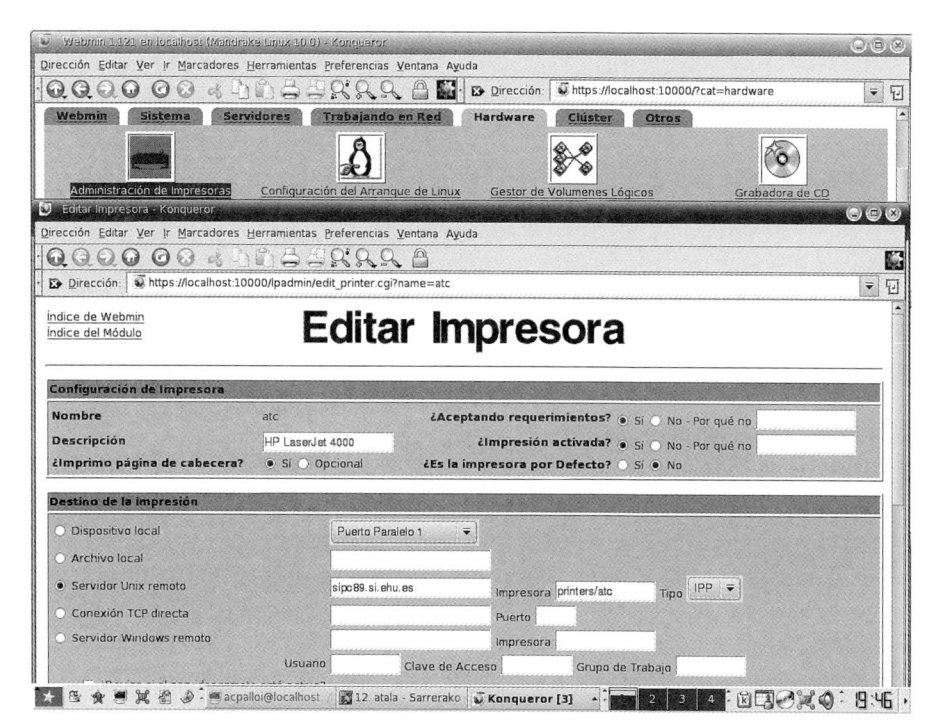

Figura 14.1
Administración de impresoras mediante *webmin*.

14.2 Acceso a sistemas *Windows*: *Samba*

La convivencia de sistemas *Linux* y *Windows* en una red local es posible gracias al sistema *Samba*, que se distribuye bajo licencia GNU. Aunque *Linux* puede sustituir a *Windows* con gran éxito, en ocasiones su convivencia es interesante e incluso necesaria. Dos ejemplos de esta convivencia son los siguientes:

- Una empresa trabaja con *Windows* y decide apostar por *Linux*. Normalmente el cambio tendrá que ser progresivo, sin detener los servicios y habituando paulatinamente al personal de la empresa. En ese caso, será necesario tener varios servidores de diferentes tipos para migrar los servicios y los datos.
- Una empresa que trabaja con *Linux* necesita utilizar un servicio o aplicación que sólo funciona bajo *Windows*. Para esa aplicación puede ser necesario implantar un servidor *Windows* en la red local.

En este tipo de casos puede ser conveniente compartir servicios entre los dos sistemas. En concreto, *Samba* se encarga de compartir transparentemente sistemas de ficheros y de impresión. Eso sí, para que *Samba* funcione la red local *Windows* deberá estar montada sobre TCP/IP.[1]

También se puede acceder a redes *Novell* desde *Linux*, ya que el protocolo IPX y el sistema de archivos NCP están integrados, pero su configuración no está incluida en el ámbito de este libro.

Samba utiliza los *daemons smbd* o *nmbd* para su funcionamiento, y se basa en los protocolos SMB y NetBIOS. Los programas de *Samba* se sitúan en el directorio */usr/sbin/samba* o */usr/local/samba*, en función de la distribución de *Linux*, y su configuración suele reflejarse en el directorio */etc/samba*. Si no está instalado en el sistema, se puede buscar en los CD de la distribución o en la dirección *ftp.samba.org*.

14.2.1 Exportación de servicios desde *Linux*

La primera función de *Samba* es permitir que los sistemas *Windows* puedan acceder a los sistemas de archivos y las impresoras de *Linux*. Para garantizar la seguridad de estos recursos, los usuarios de *Windows* deberán contar con una cuenta en el sistema *Linux*. La sesión de *Windows* deberá iniciarse con esta cuenta y su correspondiente clave. Si la cuenta no se va a utilizar para ningún otro fin en el sistema *Linux*, se puede utilizar */bin/false* o */bin/passwd* como intérprete de comandos al crear la cuenta. Con la segunda opción el usuario podrá cambiar su clave cuando lo crea necesario, pero para que funcione habrá que incluir */bin/passwd* en el fichero */etc/shells*. Las últimas versiones de *Samba* permiten centralizar cuentas entre *Windows* y *Unix*.

Sin cambiar nada más, a los recursos de *Linux* ya se puede acceder transparentemente desde cualquier sistema *Windows*, con las mismas facilidades que cualquier recurso de la red *Windows*. Así, se accederá a las impresoras desde el icono de impresión, y los ficheros desde el entorno de red o *mis sitios de red*, como el resto de los recursos de la red de Windows.

Las cuentas *Samba* en *Linux* deben crearse con el comando *smbpasswd_a* ya que no son compatibles con las cuentas ordinarias.

14.2.1.1 Configuración de *Samba*

El modo más sencillo de administrar los recursos de *Samba* es que todas las máquinas *Windows* utilicen el mismo grupo de trabajo, que por defecto suele llamarse *Workgroup*. No obstante, si se quiere definir permisos de acceso diferenciados, es conveniente utilizar grupos diferentes y bien identificados.

Para que el acceso a ficheros e impresoras de *Linux* desde *Windows* sea correcto y se ajuste a las directivas de seguridad, se deben configurar correctamente los parámetros definidos en el fichero */etc/samba/smb.conf*.[2] A continuación se comentan los comandos más significativos:

---

[1] En los sistemas operativos *Windows* el protocolo de red local solía ser NETBEUI, que no es compatible con los estándares internacionales. No obstante, está cada vez más extendida la utilización de TCP/IP en las redes locales *Windows*.

[2] */etc/smb.conf* en algunas distribuciones.

- Inicio de las definiciones globales.

    ```
    [global]
    ```

- Definición del modo de impresión. Se suele utilizar el modo BSD y la definición de las impresoras está en el fichero */etc/printcap*.

    ```
    printing = bsd
    printcap name = /etc/printcap
    load printers = yes
    ```

- Equivalencia entre nombres. En estos sistemas a veces se utilizan extensiones de ficheros con nombres diferentes pero del mismo tipo, como en el caso de los ficheros HTML.

    ```
    mangled map = (*.html, *.htm)
    ```

- Para evitar conflictos de nombres por mayúsculas y minúsculas, se suele considerar ambos casos como equivalentes a la hora de realizar búsquedas, pero se diferencian al escribirlos.

    ```
    preserve case yes
    short preserve case yes
    ```

- Situación y nombre de los archivos de supervisión (*logs*).

    ```
    log file = /usr/local/samba/log/log.%m
    ```

- Tiempo de desconexión en caso de inactividad, en minutos. Esta opción es conveniente para evitar sobrecargas.

    ```
    dead time = 15
    ```

- Aceptación de conexiones anónimas.

    ```
    guest account
    ```

- Cuenta que se encargará de la administración, si no es *root*.

    ```
    admin user = usuario
    ```

- Identificación del grupo de trabajo de *Windows* y el nombre que se exportará a la red *Windows*. Hace a su vez funciones de cabecera de la sección en la que se detallan los parámetros de ese grupo, pudiéndose así configurar varios grupos sucesivos. El nombre de exportación será el que se muestre en *Windows* como un PC más al buscarlo en la red local.

    ```
    workgroup = nombre-grupo
    netbios name = nombre_export
    ```

- Los ficheros que se exportan y los parámetros que les corresponden. Con el nombre *homes* se configuran los directorios de las cuentas. Con *cdrom* se configura el acceso a la unidad de CD, etc. El nombre que figure entre corchetes es el que se verá desde Windows. Entre los parámetros destacan entre otros el de sólo lectura (*read only*) y el de protección de nuevos ficheros (*create mode*), que especifica los permisos de acceso que tendrán los ficheros que se creen en el directorio.

```
[homes]
        read only = no
        create mode = 0750
[cdrom]
        path = /mnt/cdrom
        read only = yes
        public = yes
[soft]
        path = /usr/local
        valid users = usuario1,usuario2
        read only = no
        create mode = 0750
```

- Las impresoras que se exportan. Para diferenciarlas de los ficheros normales se utiliza el parámetro *printable*. Por razones de seguridad siempre se usa la opción de sólo lectura.

```
[printers]
        printable = yes
        read only = yes
```

14.2.1.2 Inicio del sistema *Samba*

Tal y como se mencionó, *Samba* se basa en el servidor *smbd* o en *nmbd*. Como en el caso de otros servidores, habrá que iniciarlos si no están en marcha o reiniciarlos para que los cambios en la configuración tengan efecto. Para eso se utilizan los *scripts* de inicio, y en este caso se utiliza el correspondiente *script*:

```
service smb restart
```

Además de esta utilidad, el comando *smbstatus* mostrará el estado del servidor y la relación de las cuentas que tengan sesiones activas.

14.2.2 Acceso a servicios de *Windows* desde *Linux*

A continuación se analizará el caso complementario, esto es, cómo acceder a recursos compartidos de *Windows* desde *Linux*. Como se explicó en la Sección 3.5, desde *Linux* se puede acceder sin problema a los ficheros de *Windows* si éstos se encuentran en el mismo computador, simplemente montando las unidades correctamente. Esto sucede cuando se instalan los dos sistemas operativos en el mismo computador.

En cambio, cuando el recurso al que se quiere acceder está en otra máquina *Windows* de la red, habrá que recurrir a *Samba*.

Por una parte, el comando *smbclient* permite acceder a recursos compartidos de *Windows* desde *Linux* en modo *ftp*. Por otra parte, el comando *smbmount* nos permite montar directorios de Windows en el sistema de archivos de *Linux*, de manera que se puede acceder a sus ficheros transparentemente, del mismo modo que con NFS. Para conseguirlo hay que asegurarse de que el fichero */etc/samba/smb.conf* incluye en la sección *global* la siguiente opción:

```
socket options = TCP_NODELAY
```

Para realizar el montaje, hay que utilizar el comando *smbmount*, que tiene una sintaxis parecida a la del comando *mount*, como se puede ver en el siguiente ejemplo:

```
smbmount //computador/directorio /punto_de_montaje -o username=user1
```

El parámetro *username* es necesario en los sistemas *Windows 2000* y *Windows XP*. Además, habrá que asegurarse de que el directorio está compartido en el sistema remoto y que es accesible por la cuenta. Si todo es correcto, los ficheros de *Windows* podrán ser accedidos desde *Linux* como si fueran ficheros locales o de volúmenes NFS. Existen otras opciones como *uid* y *gid* para controlar correctamente los permisos.

También se puede preparar el montaje automático declarando *smbfs* como tipo de sistema de ficheros. En ese caso la línea correspondiente al fichero */etc/fstab* para el ejemplo anterior sería la siguiente:

```
//computador/directorio /punto_de_montaje smbfs username=user1
```

Finalmente, para poder utilizar impresoras conectadas a sistemas *Windows* desde *Linux*, habrá que definirlas en el fichero */etc/printcap*. El cambio a realizar con respecto a impresoras remotas conectadas a sistemas *Linux* es que hay que cambiar el parámetro *if* que se refiere al filtro de impresión que se va a utilizar. Concretamente, en las distribuciones de *RedHat* y similares el filtro es */usr/lib/rhs/rhs-printfilters/smbprint*. En cualquier caso, esta configuración se puede realizar mucho más fácilmente utilizando *printtool* o la interfaz gráfica de *webmin*.

14.2.3 Configuración de *Samba* mediante *webmin*

Por medio de *webmin* también se pueden configurar las particiones o directorios e impresoras a exportar por medio de *Samba*.

Como se puede apreciar en la Figura 14.2, en la sección de servidores aparece el icono de *Compartición de Archivos de* Windows *mediante* Samba y por medio de esta opción se pueden modificar las formas de compartir ficheros e impresoras con máquinas *Windows*.

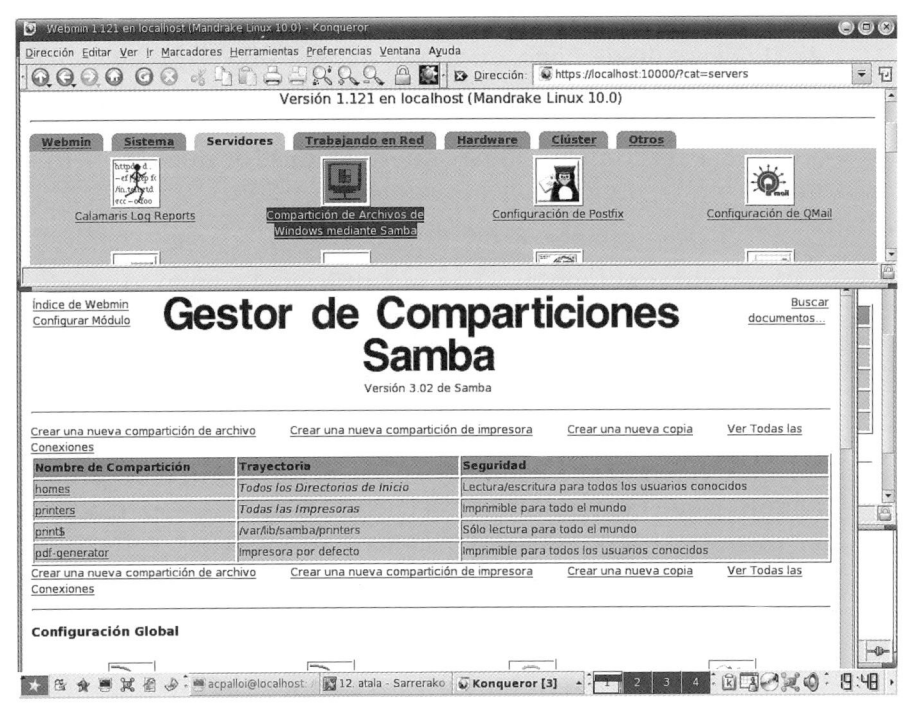

Figura 14.2
Configuración de *Samba* mediante *webmin*.

14.2.4 Ejemplos

- Información básica:

    ```
    man samba
    man smbd
    man nmbd
    man smbmount
    ```

- Visualización de la configuración:

    ```
    man smb.conf
    more /etc/samba/smb.conf
    ```

14.3 Ejercicios

1. ¿Alguna impresora de red está accesible? Descríbanse los pasos a seguir para poder imprimir en ella desde *Linux*.

2. Compartir con cualquier usuario de *Windows* un directorio de la cuenta de *Linux*, pero en modo de sólo lectura.

3. Montar un directorio compartido en un computador remoto *Windows* en tu sistema *Linux*.

Capítulo 15

DNS y DHCP

En este capítulo

15.1 DNS **221**

15.2 Servidor *named* **223**

15.3 Resolución de direcciones en el cliente **231**

15.4 Configuración en modo gráfico **234**

15.5 DHCP **235**

15.6 Ejercicios **238**

En este capítulo se inicia con el servidor DNS la descripción de los servidores correspondientes a los principales servicios de Internet, que continuará en los siguientes capítulos. Aunque DHCP es un servicio de red local y no de Internet, tiene en común con DNS el ser un servicio auxiliar para proporcionar direcciones IP, y debido a esa similitud se estudiará en este mismo capítulo.

15.1 DNS

El acrónimo DNS viene del termino inglés *Domain Name Server*, es decir, servidor de nombres de dominio. Este servicio se creó por la necesidad de utilizar por parte de las personas unas direcciones simbólicas, más fáciles de recordar y manejar que las direcciones IP incluidas en los protocolos básicos TCP/IP. Así, en su momento, se decidió que las direcciones simbólicas se organizaran dentro de una estructura jerárquica de dominios y fueran palabras separadas por puntos. Así, direcciones como w2w.ehu.es o www.barrapunto.com son direcciones simbólicas que usan los programas clientes de Internet, pero que para poder conectarse con su servidor correspondiente deben ser traducidas a su correspondiente dirección IP. De esa tarea y de la inversa, es decir, pasar de la dirección IP a la simbólica, se ocupa un servicio auxiliar, al que normalmente no se hace referencia explícita, que es el servicio DNS.

DNS es un sistema jerárquico distribuido compuesto por innumerables servidores. Si un servidor no es capaz de realizar la traducción solicitada recurrirá automáticamente a un servidor superior en la jerarquía.

Para que este sistema funcione bien todos los nombres simbólicos que se quieren usar en Internet deben ser registrados, con lo que se darán de alta en los servicios DNS y así serán accesibles desde cualquier lugar del mundo que tenga acceso a la red. Algo parecido ocurre cuando se configura una conexión de Internet, siempre deberemos especificar la dirección IP del servidor DNS más accesible que generalmente será el que nos especifique nuestro proveedor de acceso. Normalmente se especificarán dos servidores, para que si el primario falla podamos seguir trabajando con las direcciones simbólicas. Como ya vimos en la Sección 11.1.4 en los sistemas *Linux* estas direcciones IP quedan almacenadas en el fichero */etc/resolv.conf*.

Por lo tanto si los servicios están correctamente registrados y nuestra conexión bien configurada no habrá problemas para usar nombres simbólicos en lugar de direcciones IP. Si usando una dirección IP conseguimos un servicio que no es accesible por medio de su dirección simbólica, entonces está claro que el problema está en la configuración del DNS o en el servidor de DNS que utilizamos.

15.1.1 Dominios

Para conseguir que DNS fuese un servicio jerárquico y distribuido se decidió que las direcciones simbólicas se basasen en dominios.

Cada dominio puede ser dividido en subdominios de forma recursiva. Esto lleva a una representación de los dominios como una estructura arbórea, donde las hojas son los subdominios que no tiene subdivisiones, mientras que en la aparte superior aparecen los dominios de alto nivel.

Los dominios de alto nivel son de dos tipos: generales y estatales.

Los dominios generales son los más usados y universales y entre ellos destacan los comerciales (*.com*), institucionales (*.org*), educacionales (*.edu*) y de proveedores de servicios de red (*.net*). En los últimos años se han incluido otros entre los que han tenido bastante éxito los de información (*.info*), siendo menos usados los de negocios (*.biz*) y los de televisión (*.tv*).

Los estatales son gestionados directa o indirectamente por organismos de un estado o nación y su nombre suele ser de dos letras según el estándar ISO 3166. *.uk*, *.es*, *.fr* y *.dk* son ejemplos de estos dominios. En algunos estados, Reino Unido o Argentina por ejemplo, estos dominios son divididos en subdominios correspondientes a los dominios generales, pero en otros no.

Cualquier servidor que se quiera utilizar desde Internet tendrá un nombre de dominio/subdominio de forma jerárquica con la siguiente estructura:

servicio.subdominio1.subdominio2. ... . dominio

El primer campo puede ser un servicio, *www* por ejemplo, o el nombre de una máquina dentro del subdominio. A esa estructura se le llama *nombre de dominio*, y es un término que sirve para denominar tanto dominios, como subdominios, máquinas o servicios. A veces para resaltar que un nombre de dominio es el que una empresa, institución o particular ha registrado se usa el término FQDN (*Fully Qualified Domain Name*), es decir, nombre de dominio cualificado.

Esos nombres de dominio no tienen nada que ver con la estructura física de las redes, ya que como es bien conocido, Internet no tiene estructura jerárquica. Por lo tanto la estructura de dominio no sirve para encaminar el tráfico, solo vale para jerarquizar la traducción de direcciones.

15.1.2 Nuevos dominios y servidores de nombres

Las instituciones o particulares que quieran un nombre de dominio propio deben registrarse pagando por ello. En principio era *InterNIC* la institución de referencia para ese registro pero hoy en día multitud de intermediarios se encargan de ese registro, generalmente empresas privadas, aunque hay algunas públicas para gestionar los dominios propios de algunos estados.

Los proveedores habituales de Internet suelen ofrecer a sus clientes ese servicio pero hay que tener cuidado, ya que hay veces, que aunque lo cobran, no queda clara la propiedad y surgen problemas al cambiar de empresa proveedora. Debido a su sencillez se recomienda hacerlo directamente sin recurrir a intermediarios. Aunque no es la opción más barata, en la dirección www.nominalia.com se puede consultar el proceso de registro.

La empresa, asociación o particular que registra un dominio debe ofrecer acceso a ese dominio disponiendo de un par de servidores de nombres, uno primario y otro secundario, que sean capaces de traducir las direcciones de ese dominio. En esos dos servidores —uno suele ser copia o *espejo* del otro— se especifican la dirección IP de los servicios del nuevo dominio: web, correo electrónico... Esto se suele delegar, en un primer paso por lo menos, a otra empresa de servicios que habitualmente suele ser el proveedor de servicios de Internet (ISP). Aunque esos dos servidores pueden estar en la misma red local, para conseguir mayor tolerancia a fallos se recomienda que tengan IP correspondientes a redes locales diferentes.

Cumplido lo anterior, cualquier máquina conectada a Internet podrá acceder a los servicios del nuevo dominio sin necesidad de conocer las direcciones IP, ya que tarde o temprano el servicio DNS llegará a esas máquinas que sirven el nombre del nuevo dominio y resolverán la traducción de dominio a dirección IP.

Si dentro del nuevo dominio se quieren definir subdominios lo mejor es configurar un servidor de nombres propio, es decir, un servicio propio de DNS, que en *Linux* suele estar basado en el servidor *named*.

15.1.3 Conexión a servidores DNS

Para convertir un nombre de dominio en una dirección IP, el cliente del servicio de Internet (el navegador en web, el programa de correo, etc.) utiliza la rutina básica del sistema operativo que se conoce como *resolver*. Esta rutina envía un paquete UDP a uno de los servidores de DNS que se le ha asignado al computador en la configuración de red. Ese servidor, consultando sus tablas o solicitando la ayuda de otros servidores de DNS dentro de la jerarquía, conseguirá obtener la dirección IP correspondiente al dominio especificado y la devolverá al cliente que la ha solicitado.

En los dominios generales que hemos nombrado anteriormente habrá siempre grandes servidores de DNS asociados. En sus tablas mantendrán información de los dominios dependientes así como de servidores de otros dominios generales. Al conjunto de nombres que mantiene un servidor de nombres en sus tablas se le denomina zona (*zone*).

El cambio de la versión 4 de IP a la 6 (IPv6) acarreará modificaciones en la estructura de los servidores DNS, pero de momento ese cambio va mucho más despacio de lo que se podía suponer en un principio.

15.2 Servidor *named*

El servidor encargado de dar el servicio de traducción de nombres en *Linux* es el servidor *named*. No es imprescindible tener un servidor propio, ya que se puede delegar en el proveedor de Internet; pero si se quiere disponer de varias máquinas, subdominios, multiples servicios, etc. acabará siéndolo.

15.2.1 Configuración

Como el resto de servidores principales es un proceso *daemon* cuya puesta en marcha automática se configura en los directorios */etc/init.d* y */etc/rcN.d*.

Por su parte, la configuración propia del servidor *named* se realiza, según la distribución, a través de uno de los siguientes ficheros: *named.boot* o *named.conf*. Ambos residen en el directorio */etc* y aunque según la implementación[1] puede variar, desde uno de estos ficheros se hace referencia a varias bases de datos que se ubican generalmente en cuatro ficheros. Las informaciones básicas que se almacenan son tres:

- De dominio, también llamado de zona, que describe los dominios propios y apuntadores a los servidores DNS superiores.
- Inversa, para dar el servicio de paso de dirección IP a la de dominio.
- *Caché*, para almacenar las últimas conversiones realizadas.

A continuación se adjunta un ejemplo del fichero *named.boot*, para un dominio hipotético de nombre *instituto.com*:

```
; fichero named.boot para el dominio instituto.com
;
directory   /var/named              ; directorio del servicio
;
primary     instituto.com           db.instituto
primary     0.0.127.in-addr.arpa    db.local
primary     200.252.192.in-addr.arpa db.reverse
caché       .                       db.caché
```

La primera sentencia, *directory*, indica en qué directorio residirán las bases de datos a las que se hace referencia a continuación en el fichero de configuración. En este ejemplo ese directorio es */var/named*, que es el habitual para esta tarea.

Posteriormente se especifican, en sentencias *primary* y *caché*, los cuatro ficheros que verdaderamente configuran el servidor DNS. Vamos a describirlos más detalladamente:

- La información propia del dominio *instituto.com* se describirá en el fichero *db.instituto*.
- En el fichero *db.reverse* se gestiona la información para las traducciones inversas. Los números que aparecen como parte del nombre de dominio (*200.252.192.in-addr.arpa* en el ejemplo) están relacionados con las direcciones IP propias de ese dominio, pero en orden inverso. Es decir, para este ejemplo, sería una red de tipo C con identificación 192.252.200.0.
- En el fichero *db.local* se gestiona el bucle local, para que la dirección 127.0.0.1 y otras similares puedan devolver su dominio. Aun siendo un fichero aparte,

---

[1] La versión más utilizada es BIND (*Berkeley Internet Name Domain*). En *Redhat* y *Mandrake* se instala por medio del paquete *rpm* llamado *bind*.

también son direcciones inversas y en el dominio siempre aparecerá *0.0.127. in-addr.arpa* en el segundo campo de esa línea (nombre de dominio).
- *db.caché* es el fichero para describir los servidores generales o raíz. De todas formas el objetivo de este fichero es doble: hacer referencia a los servidores de nombre del nivel superior y almacenar las últimas traducciones. Por esta última razón recibe el nombre de *caché*, término confuso ya que solo equivale a una de sus funciones.

Normalmente no habrá que modificar ninguno de los dos últimos ficheros, ya que su valor de instalación no necesita cambios.

En las versiones recientes de servidores DNS[2] la configuración se basa en el fichero *named.conf* en sustitución del *named.boot*. Además del nombre cambia la estructura del fichero y se añaden nuevas características. Este es el fichero *named.conf* equivalente al anterior:

```
// fichero named.conf para el dominio instituto.com
//
options {
  directory     "/var/named";
};
zone "instituto.com" {
  type master;
  file «db.instituto»;
};
zone «0.0.127.in-addr.arpa» {
  type master;
  file «db.local»;
};
zone «200.252.192.in-addr.arpa» {
  type master;
  file «db.reverse»;
};
zone «.» {
  type hint;
  file «db.caché»;
};
```

Se puede observar que en lugar de los parámetros *primary* y *caché* aparecen secciones con prefijo *zone*, cada una de las cuales puede ser de tipo *master* o *hint*. Existe el programa *named-bootconf.pl* para pasar de un tipo de configuración a otro.

En las siguientes secciones se detalla la configuración de los cuatro ficheros complementarios nombrados.

---

[2] A partir de la versión 8 de BIND.

15.2.2 Información de dominio y de avance

En el fichero que en el ejemplo se ha denominado *db.instituto* hemos dicho que se describe la información de conversión para el dominio *instituto.com*. A este fichero se le denomina de avance o de *forward*, ya que se encarga de traducir de dominio a IP.

Como veremos, en este fichero habrá que especificar diversos nombres simbólicos de computadores o servicios dentro del dominio. Si el nombre se especifica completo, es decir, incluyendo el nombre del dominio, ese nombre debe terminar en un punto. Es un error habitual y difícil de detectar olvidarse de ese punto. Si se especifica solo el nombre de la máquina o del servicio el punto final no debe aparecer.

Aunque la mayoría de las líneas de este fichero llevan el código *IN*, éstas pueden ser de varios tipos, empezando por una línea SOA (*Start of Authority*, Inicio de Autoridad). En esa línea de cabecera, que apenas se modifica salvo el número de versión, se pueden distinguir los siguientes campos:

- @ en el principio de línea.
- Servidor: nombre simbólico del computador que ofrece el servicio DNS. Dentro de las máquinas del dominio se debe especificar la que ofrece el servicio de DNS.
- Dirección de e-mail para consultas. Es la dirección del administrador pero en lugar del caracter @ debe ponerse un punto. Por ejemplo la expresión *manager.instituto.com* corresponde a la dirección de correo manager@instituto.com. Es un campo optativo
- (carácter "abrir paréntesis".
- Número de secuencia/versión: número decimal que se utiliza para verificar versiones. Cuando se haga algún cambio en el fichero habrá que incrementar el valor de este campo. Por convenio se utiliza un número relacionado con la fecha de actualización. Por ejemplo, el número 2003020501 indica la primera versión del 5 de febrero de 2003.
- Plazo de actualización: número de segundos tras los cuales se debe consultar el nivel superior dentro de la jerarquía DNS. Un valor conveniente es de unas pocas horas (un múltiplo de 3600).
- Plazo de reintento: plazo en segundos para un nuevo intento cuando no se ha conseguido respuesta del servidor de nivel superior. Suele ser de varios minutos.
- Caducidad: tiempo en segundos que se quieren conservar las traducciones ya buscadas. Suele ser de varios días.
- TTL: tiempo mínimo, en segundos, de almacenamiento en *caché*. Suele ser de varias horas.
-) carácter "cerrar paréntesis".

El carácter ; se usa para preceder los comentarios de cada línea y la sentencia puede distribuirse en varias líneas como se puede ver en el siguiente ejemplo:

```
; /var/named/db.instituto
@               IN  SOA    server.instituto.com. manager.instituto.com (
                2004112401  ; num-version
                10800       ; actualizar cada 3 horas
                1800        ; reintento tras 30 minutos
                604800      ; caducidad semanal
                86400       ; TTL diario
                )
```

Después de la cabecera se suelen especificar las líneas NS. Suelen ser un par de líneas donde en la izquierda se especifica el dominio que se está definiendo y en la derecha un computador que sirve DNS para ese dominio. Suele aparecer alguna máquina de otro dominio, por ejemplo de nuestro proveedor de acceso.

```
instituto.com.      IN      NS      server.instituto.com.
instituto.com.      IN      NS      server.proveedor.net.
```

En el ejemplo anterior se han definido dos servidores para el dominio *instituto.com server.instituto.com* y *server.proveedor.net*. El segundo computador deberá ofrecer servicio DNS y actualizar sus tablas con nuestra información.

A continuación se definen, por medio de registros A, los nombres y direcciones IP de las máquinas del dominio. Los nombres aparecen a la izquierda y las direcciones IP a la derecha. Por ejemplo:

```
localhost           IN      A       127.0.0.1
router              IN      A       192.252.200.1
server              IN      A       192.252.200.2
host1               IN      A       192.252.200.3
```

Así, a las direcciones de dominio *router.instituto.com*, *server.instituto.com* y similares se les asigna sus direcciones. El identificador *localhost* se usa por convenio para el bucle local.

Una vez definidas las direcciones IP suele ser el turno de los registros *CNAME*, que sirven para asignar más de un nombre al mismo computador. Se suelen usar para relacionar nombres de servicios con los nombres de las máquinas que dan esos servicios, cuyas direcciones IP ya se han definido. *www* y *ftp* son ejemplos típicos de servicios que se suelen definir de este modo, salvo que tengan servidores dedicados propios, en cuyo caso se usarían sentencias A.

```
www                 IN      CNAME   server.instituto.com.
ftp                 IN      CNAME   server.instituto.com.
```

Las peticiones de nombre *www.instituto.com* o *ftp.instituto.com* las servirá el servidor *server.instituto.com* cuya dirección IP ya está declarada.

Finalmente por medio de sentencias MX (*Mail eXchange*, intercambio de correo) se indican los servidores de correo de los dominios y subdominios. El dominio aparecerá a la izquierda y el servidor a la derecha.

Si el servidor *server.instituto.com* contiene el servidor de correo electrónico se podrían incluir las dos sentencias siguientes:

```
instituto.com.              IN      MX      10      server.instituto.com.
server.instituto.com.       IN      MX      10      server.instituto.com.
```

15.2.3 Traducción inversa

Como se ha visto en la configuración principal hay dos ficheros para traducción inversa, es decir, traducción de dirección IP a nombre de dominio, que en nuestro ejemplo residen en los ficheros *db.local* y *db.reverse*. A esos ficheros se les ha relacionado los dominios *0.0.127.in-addr.arpa.* y *200.252.192.in-addr.arpa.* respectivamente. Mientras en el primer fichero es fijo y no necesita cambios, en el segundo se deben hacer modificaciones relacionados con el dominio que estamos definiendo.

Como el fichero anterior, ambos empiezan con una sentencia SOA. Los demás registros, sin embargo, suelen ser de tipo PTR, que es el adecuado para traducciones inversas.

La sintaxis de los registros PTR requiere un valor numérico a la izquierda, de una magnitud en nuestro caso,[3] para indicar el final de la dirección IP, y un dominio o máquina en la derecha de la sentencia. Hay que tener en cuenta que los números se añaden a los ya especificados en el campo del dominio correspondiente a su sección en el fichero de configuración principal. Como antes, es importante acabar en punto el nombre de los dominios completos.

A continuación un ejemplo de un fichero correspondiente al prefijo IP *127.0.0*, es decir, a la traducción inversa del bucle local.:

```
; /var/named/db.local
@           IN    SOA   server.instituto.com. manager.instituto.com (
                        1         ; secuencia
                        86400     ; actualizar en 24 horas
                        3600      ; reintento en 1 hora
                        604800    ; caducidad semanal
                        86400     ; TTL diario
                        )
            IN    NS    server.instituto.com.
1           IN    PTR   localhost.
```

La sentencia NS indica, otra vez, el computador donde está el servidor de nombres, mientras que el valor 1 del registro PTR completa la dirección 127.0.0.1.

En el tercer fichero de nombre *db.reverse* se ha especificado que las direcciones IP especifican la información inversa a la del primer fichero. Como ya se ha especi-

---

[3] Con una sola magnitud es suficiente para *localhost* y direcciones de tipo C, pero en direcciones tipo B harán falta dos y en las de tipo A tres.

ficado, por medio de *200.252.192.in-addr.arpa* en la configuración principal, que las direcciones son de tipo C y empiezan por 192.252.200, habrá que especificar el último número correspondiente a los tres servidores que se han definido en el fichero de *forward*. Por lo tanto, el contenido quedará como sigue:

```
; /var/named/db.reverse
@           IN    SOA   server.instituto.com. manager.instituto.com (
                        5           ; version
                        86400       ; actualizar en 24 horas
                        3600        ; reintento en 1 hora
                        604800      ; caducidad semanal
                        86400       ; TTL diario
                        )
                  IN    NS    server.instituto.com.
1                 IN    PTR   router.instituto.com.
2                 IN    PTR   server.instituto.com.
3                 IN    PTR   host1.instituto.com.
```

Aunque no es imprescindible declarar toda la información inversa, si no lo hacemos habrá servicios que no puedan dar esa información cuando quieran pasar de la dirección IP a la simbólica. Así, por ejemplo, el comando *traceroute* intenta hacer esa traducción. El no ofrecer esa traducción incrementa el anonimato y la seguridad, pero se pueden generar nuevos problemas.

15.2.4 Fichero *caché*

En el ejemplo que estamos siguiendo en el fichero *named.conf* se ha especificado que *db.caché* es el fichero para hacer referencia a los servidores principales y guardar las últimas traducciones.

La primera función viene de la estructura jerárquica del servicio DNS, que hace que cuando un servidor no sea capaz de resolver una traducción recurra a servidores de alto rango en la jerarquía DNS. Estos servidores serán capaces de encontrar la traducción si es que existe y está bien especificada, y lo devolverán al servidor DNS local que además lo almacenará en una caché para futuras utilizaciones.

La estructura del fichero *db.caché* se compone esencialmente de nombres de servidores DNS principales como los que siguen:

```
.                     3600000      IN    NS      A.ROOT-SERVERS.NET.
A.ROOT-SERVERS.NET.   3600000            A       198.41.0.4
.                     3600000            NS      B.ROOT-SERVERS.NET.
B.ROOT-SERVERS.NET.   3600000            A       128.9.0.107
.                     3600000            NS      C.ROOT-SERVERS.NET.
C.ROOT-SERVERS.NET.   3600000            A       192.33.4.12
```

```
.                         3600000           NS       D.ROOT-SERVERS.NET.
       D.ROOT-SERVERS.NET.        3600000            A        128.8.10.90
.                         3600000           NS       E.ROOT-SERVERS.NET.
       E.ROOT-SERVERS.NET.        3600000            A        192.203.230.10
.                         3600000           NS       F.ROOT-SERVERS.NET.
       F.ROOT-SERVERS.NET.        3600000            A        192.5.5.241
.                         3600000           NS       G.ROOT-SERVERS.NET.
       G.ROOT-SERVERS.NET.        3600000            A        192.112.36.4
.                         3600000           NS       H.ROOT-SERVERS.NET.
       H.ROOT-SERVERS.NET.        3600000            A        128.63.23.53
.                         3600000           NS       I.ROOT-SERVERS.NET.
       I.ROOT-SERVERS.NET.        3600000            A        192.36.148.17
```

Cada par de líneas hace referencia al nombre y la dirección IP de un servidor raíz. Esta lista es bastante estática, pero si queremos dar servicio DNS de calidad tenemos que estar atentos a las actualizaciones e incluirlas en este fichero. En la dirección ftp://rs.internic.net/domain/named.root se puede encontar la lista actualizada.

Si no queremos dar servicio DNS pero, para mejorar el rendimiento, queremos mantener una caché con las últimas traducciones bastará con configurar el servidor *named* con los dos ficheros estáticos: el de *caché* y el local inverso. Así quedaría en ese caso el fichero de configuración *named.boot*:

```
; named.boot mínimo
;
directory     /var/named               ; directorio del servidor
primary       0.0.127.in-addr.arpa     db.local
caché         .                        db.caché
```

Lo equivalente en la configuración basada en *named.conf* sería lo siguiente:

```
// fichero named.conf mínimo
//
options {
        directory       "/var/named";
};
zone "0.0.127.in-addr.arpa" {
        type master;
        file "db.local";
};
zone "." {
        type hint;
        file "db.caché";
};
```

El correcto funcionamiento de este servidor es el primer paso para la construcción de un servidor de dominio propio.

15.2.5 Ejemplos

- Información básica:
    ```
    man named
    man named.conf
    ```
- Información básica de configuración:
    ```
    more /etc/named.conf
    ls -l /var/named
    ```

15.3 Resolución de direcciones en el cliente

Siguiendo el modelo cliente/servidor, el servidor de nombres tendrá su parte cliente que, en este caso, es una función de la librería del sistema (conocida con el nombre de *resolver*) a la que se hace referencia por distintos programas. Así, la ejecución de este cliente no suele ser pedida explícitamente por el usuario sino que es una función auxiliar de diversos programas clientes TCP/IP como los comandos *ping* o *traceroute* o los habituales clientes de correo electrónico o web. Estos programas hacen referencia a las rutinas del sistema cuando reciben un nombre de dominio y estas se comunican con los servidores de nombres para la obtención de la dirección IP correspondiente.

En los sistemas *Unix* la configuración de la resolución de direcciones se lleva a cabo por medio de los ficheros *nsswitch.conf* y *resolv.conf* del directorio */etc*.

El fichero *nsswitch.conf*, que ya se ha comentado en el Capítulo 13, especifica el orden de consulta para la resolución de nombres ya que dicha consulta puede ser resuelta por los servicios NIS y DNS además del fichero */etc/hosts*. En este fichero de configuración se debe destacar la línea *hosts* para el proceso de traducción de nombres. Un ejemplo de su configuración es el siguiente:

```
hosts:    dns files    # primero intentar con DNS, luego /etc/hosts
```

La idea es que se combine el servicio general con nombres que, por eficiencia, o por no darnos de alta y pagar por el dominio, se resuelven localmente en el fichero */etc/hosts* o por el servicio NIS.

15.3.1 Configuración del cliente

En cualquier caso la inmensa mayoría de la traducción de nombres se realiza por medio del servicio DNS que se configura en el cliente a través del fichero */etc/resolv.conf*, ya comentado en la Sección 11.1.4. La configuración mínima de ese fichero será la declaración del dominio de Internet al que pertenece el computador. Siguiendo el ejemplo que estamos utilizando la línea que aparecerá será la siguiente:

```
domain instituto.com
```

Con esto estamos indicando el dominio propio que será el que se anexe a las direcciones de *ced/hosts* que solo tengan un nombre de máquina.

Si existen subdominios dentro del dominio local y se quieren usar en el tráfico de la red local se añadirá una línea *search* con el dominio y los subdominios para que todo funcione correctamente. Así, si se quiere usar localmente el subdominio *server.instituto.com*, la siguiente línea puede ser añadida en este fichero:

```
search instituto.com server.instituto.com
```

Si no se añade nada más se supondrá que hay un servidor DNS local para resolver el resto de los nombres de dominio. Salvo que queramos poner todos los servicios en nuestra máquina, normalmente esto no es así, ya que se suelen usar los servicios DNS que son configurados en otras máquinas. En ese caso deberá aparecer una o varias líneas *nameserver* que indican las direcciones IP de los servidores de nombres más cercanos y que son las líneas más importantes en esta configuración. Se suele especificar más de una línea por si fallase alguno de los servidores.

```
nameserver 192.252.200.2
```

Un fichero de configuración típico suele tener tres líneas, una para el dominio propio y dos para dos servidores de nombres alternativos:

```
domain instituto.com
nameserver 192.252.200.2
nameserver 192.252.200.254
```

15.3.2 Pruebas del servicio

Una vez configurado el fichero *resolv.conf* se pueden realizar pruebas del correcto funcionamiento del servicio. Para ello se pueden usar los comandos *dig* y *nslookup* además de *ping*.

dig ha aparecido posteriormente a *nslookup* pero ofrece información más detallada en una sola consulta. *nslookup* es más antiguo y permite ir preguntando por distintas características de la resolución de nombres.

Vamos a ver una prueba. Primeramente tecleamos únicamente *nslookup*. El resultado, si todo va bien, es la IP del servidor de nombres y la propia de la máquina. Si hubiéramos indicado un dominio la segunda dirección será la correspondiente a ese dominio.

```
nslookup
    Default Server: 192.252.200.2
    Address: 192.252.200.26
```

Si estamos dentro del comando se pueden realizar nuevas consultas.

```
> www.ueu.org
    Server: 192.252.200.2
    Address: 192.252.200.26
```

```
www.ueu.org     canonical name = ueu.org.
Name: ueu.org
AdDress: 213.190.4.21
```

Usando la opción *set type* se pueden conseguir informaciones interesantes correspondientes a la información de control propia de cada dominio. Se pueden especificar distintas opciones: SOA para la cabecera, NS para la jerarquía de servidores, MX para el servidor de correo electrónico del dominio, etc.

```
> set type=SOA
> google.com
  Server: 192.252.200.2
  Address: 192.252.200.26

  google.com
        origin = ns1.google.com
        mail addr = dns-admin.google.com
        serial = 2003051906
        refresh = 7200
        retry =1800
        expire = 1038800
        minimum = 60

  google.com     nameserver = ns3.google.com.
  google.com     nameserver = ns4.google.com.
  google.com     nameserver = ns1.google.com.
  google.com     nameserver = ns2.google.com.
```

15.3.3 Ejemplos

- Información básica:

  ```
  man nslookup
  man dig
  ```

- Comprobación de la configuración:

  ```
  more /etc/nsswitch.conf
  more /etc/resolv.conf
  ```

- Varias pruebas:

  ```
  dig www.ehu.es
  nslookup www.barrapunto.com
  dig localhost
  ```

15.4 Configuración en modo gráfico

La configuración de la resolución de nombres se suele realizar de forma gráfica ya que es una tarea compleja. En la Figura 15.1 se puede observar la interfaz que ofrece *webmin* con este fin. Dentro de la sección de servidores el icono *Servidor de DNS BIND* nos lleva a unas opciones globales que, en principio no tocaremos, y en la parte inferior aparecen las opciones interesantes: *Crear una nueva zona maestra*, *Crear una nueva zona esclava*, *Crear una nueva zona de sólo caché* además de la *Zona raíz* y las zonas previamente definidas. La zona raíz no la tocaremos ya que nos da la información de acceso a los niveles superiores.

Figura 15.1
Configuración gráfica para resolver los nombres de dominio.

Cuando introducimos una nueva zona o editamos una ya existente se pueden elegir y editar, según se ve en la Figura 15.2, los distintos registros ya comentados.

Hay que recordar que si se especifican nombres completos, en la interfaz gráfica estos también deben terminar en punto.

Figura 15.2 Elección de los tipos de registros para un dominio.

15.5 DHCP

Las siglas DHCP corresponden a *Protocolo dinámico de configuración de computadores* (*Dynamic Host Configuration Protocol*) y es un protocolo estándar de redes TCP/IP. Su función principal es la configuración más sencilla, efectiva y flexible de la red, ya que gracias a este protocolo el establecimiento de los valores de configuración de red (IP, máscara, servidor de nombres, encaminador, etc.) se pueden dejar en manos de un servidor que los negociará con el computador cuando este se ponga en marcha.

Se suele utilizar en redes locales medianas y grandes. Junto con los servicios NIS, NFS y *Samba* sirve para optimizar los costes de administración (se pueden clonar sistemas sin necesidad de personalizarlos), además de ser una forma de optimizar direcciones IP, ya que solo las máquinas encendidas tendrán una IP asignada. En contrapartida el funcionamiento del protocolo de red depende del correcto funcionamiento del servidor DHCP.

También es habitual el uso de DHCP en las conexiones ADSL. Esto es una ventaja para el proveedor pero puede ser un inconveniente para los usuarios, ya que nos pueden asignar direcciones IP variables con lo que tendremos dificultades para ofrecer servicios de web, correo, etc. que necesitan direcciones estables en el DNS.

El protocolo DHCP se suele utilizar en redes locales y pueden convivir unos equipos con configuración estática y otros con configuración a través de DHCP. Los primeros suelen ser los servidores, mientras que los que usan DHCP serán única y exclusivamente clientes.

15.5.1 Protocolo DHCP

Para utilizar el protocolo deberá haber uno o más servidores en la red local. No es necesario que se especifique el servidor en los clientes ya que es un protocolo de difusión, es decir, el cliente envía una petición por toda la red local y cualquier servidor que la escuche puede responderle.

Al poner en marcha el equipo cliente, el cliente DHCP se ocupa de configurar la red si obtiene respuesta de algún servidor de ese protocolo. Las informaciones de configuración que se pueden obtener por los clientes y distribuir por los servidores son las siguientes:

- dirección IP para el computador
- máscara de red
- dirección IP del encaminador
- dirección IP del servidor DNS
- otras informaciones como el dominio

Como se ha dicho, al ser un protocolo *broadcast* no hace falta saber la dirección del servidor y si varios contestan solo se confirmará a uno de ellos con lo que el resto sabrá que su respuesta no ha sido utilizada. De todas formas, si se ponen varios servidores éstos deben gestionar direcciones IP de cliente disjuntas, ya que en caso contrario podría darse el caso de que la misma IP se asigne a diferentes equipos con los problemas que ello acarrea.

En cuanto a la duración de la asignación ésta es limitada y debe ser renegociada periódicamente. Si no se reconfirma, normalmente porque el equipo se ha apagado, el servidor recupera la IP y la puede asignar a otro equipo.

Debido a la necesidad de renegociación el programa cliente también es un *daemon* y se llama *dhcpcd*.[4] En el directorio */etc/dhcpc* se suele guardar su configuración.

15.5.2 Configuración del servidor

Se suele configurar en un par de servidores de la red. Por supuesto estos servidores tendrán configuración estática.

El servidor DHCP en *Linux* se llama *dhcpd* (DHCP *daemon*) y necesita tener instalado el paquete *dhcp-server*. Su configuración se realiza por medio del fichero */etc/dhcpd.conf* y como es habitual en los servidores se suele poner en marcha a través de un *script* del directorio */etc/init.d*.

---

[4] Cuidado con los nombres ya que son muy parecidos, *dhcpcd* para el cliente y *dhcpd* para el servidor.

El fichero de configuración puede llegar a ser bastante complejo ya que dispone de un gran número de opciones. A continuación se enumeran las principales:

- *subnet*: subred correspondiente a las direcciones IP de la red local. Los últimos bits en 0 indicarán el rango de direcciones correspondientes a la red local.
- *netmask*: máscara de red que distribuye a los clientes.
- *range*: rango de direcciones IP que distribuye. Suele ser un subconjunto del parámetro *subnet*. Se especifica por medio de dos direcciones IP, la menor y la mayor. Si todas las direcciones que gestiona el servidor no son consecutivas se necesitarán varias líneas *range*.
- *option routers*: direcciones IP de los encaminadores.
- *option domain-name*: nombre de dominio.
- *option domain-name-servers*: IP del servidor DNS.
- *default-lease-time*: duración de la asignación en segundos.
- *max-lease-time*: duración máxima de la asignación. Este valor no puede ser superado y pasado este tiempo el servidor recuperará la dirección.

A continuación se muestra un ejemplo del fichero de configuración:

```
default-lease-time 300;
max-lease-time 14400;
option routers 192.252.200.1;
option domain-name "instituto.com";
option domain-name-servers 192.252.200.2;
subnet 192.252.200.0  netmask 255.255.255.0 {
range 192.252.200.64 192.252.200.127;
}
```

15.5.3 Ejemplos

- Información y configuración del cliente:

    ```
    man dhcpcd
    ll /etc/dhcpc
    ```

- Información sobre el servidor:

    ```
    man dhcpd
    man dhcpd.conf
    ```

- Configuración del servidor:

    ```
    more /etc/dhcpd.conf
    ```

15.5.4 Servidor DHCP mediante *webmin*

En la sección de servidores también se puede elegir la configuración del servidor de DHCP según se ve en la Figura 15.3.

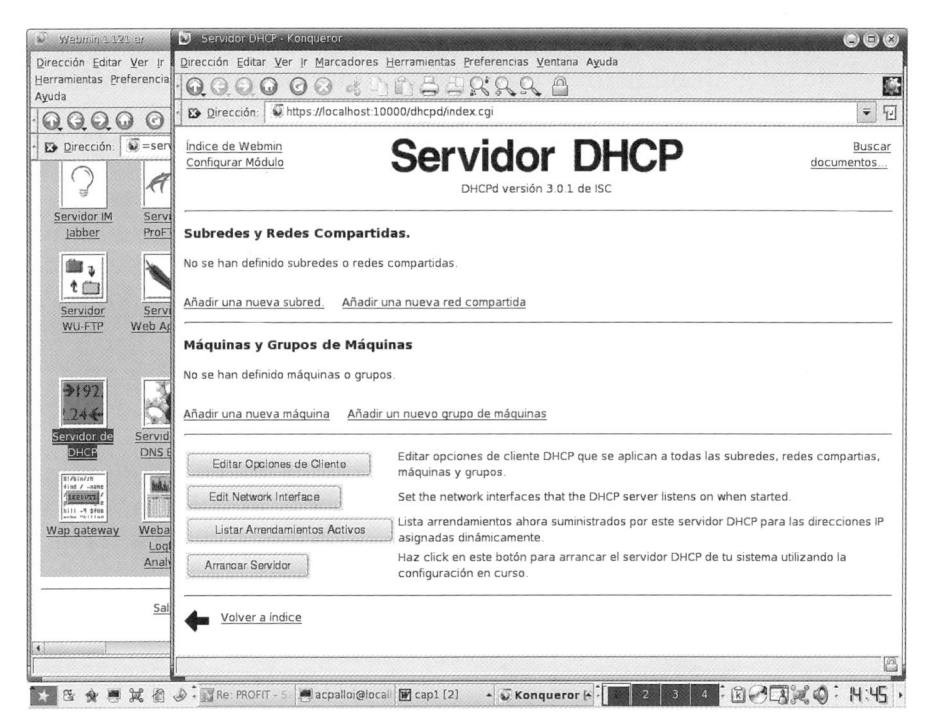

Figura 15.3
Configuración gráfica del servidor DHCP.

15.6 Ejercicios

1. Por medio de los comandos *nslookup* y *dig* compruébese la traducción de los nombres de los dominios que usa habitualmente.

2. Instalar y configurar su propio servidor de DNS para que realice la función de *caché*.

3. Utilizando *webmin* cambiar la dirección del servidor de nombres asignado y hacer que sea el de su propia máquina. Verifíquese el funcionamiento.

Capítulo 16

Protocolos seguros, *telnet* y *ftp*

En este capítulo

16.1 Comentarios adicionales sobre seguridad **241**
16.2 Criptografía y cifrado **242**
16.3 SSH **243**
16.4 Los servicios *telnet* y *ftp* **247**
16.5 Ejercicios **248**

Tras exponer los servicios auxiliares DNS y DHCP, en este capítulo procederemos a analizar los servicios básicos de Internet más antiguos y sus posteriores versiones seguras.

16.1 Comentarios adicionales sobre seguridad

En el Capítulo 12 ya se expuso que algunos servicios de Internet son inseguros a la vez que muy ventajosos funcionalmente. Entre estos servicios se encuentran *telnet*, *ftp* y los servicios *r** (*rexec*, *rsh*, *rlogin*, etc.).

Estos servicios son bastante conocidos en la comunidad de Internet, y su objetivo es sencillo: ejecutar comandos o acceder a ficheros de máquinas remotas. Para ello hay que disponer de una cuenta en el computador remoto, salvo en el caso de *ftp*, que puede contar con una cuenta de acceso anónimo.

Si estas operaciones son ejecutadas por personas no autorizadas, la privacidad y la seguridad del sistema se verán afectadas. Como estos servicios exigen autentificación mediante nombre de cuenta y clave de acceso, se tiende a pensar que eso garantiza la seguridad, pero esto no es así por dos razones, tal y como se adelantó en la Sección 12.3.4:

- A pesar de solicitar clave, ésta se transmite por la red al descubierto —esto es, sin cifrar—, por lo que puede ser capturada por los llamados programas de rastreo (*sniffers*). Una vez que conozca la clave, se podrá acceder a estos servicios como si se tuviera cuenta.
- Cuando un servicio se utiliza muy a menudo, el tener que introducir una y otra vez la palabra clave puede aminorar la eficiencia; para evitarlo surgieron las *relaciones de confianza* en *Unix*. Estas relaciones consisten en incluir los nombres o direcciones IP de las máquinas de confianza en los ficheros *host.equiv* y *.rhosts* del servidor. El inconveniente del uso de esta técnica es que la seguridad se ve comprometida gravemente. Por una parte, si alguien sin permiso toma el control de un computador de la red, tendrá acceso casi ilimitado en sus servidores *de confianza*; por otra, suplantar a un computador en la red es relativamente fácil y algunas técnicas de denegación de servicio (que bloquean los servicios de un servidor) como el *IP spoofing* se basan en estas relaciones de confianza.

La manera más directa de evitar estos problemas de seguridad es desactivar estos servicios. Para ello habrá que modificar los ficheros */etc/inetd.conf* o */etc/xinetd.conf* tal y como se describe en el Capítulo 12. De todos modos, si no se quiere perder la funcionalidad de dichos servicios, se recomienda recurrir al conjunto de servicios seguros *ssh* (*secure shell*) que se tratan más adelante en este capítulo.

Antes de presentar estos servicios, la siguiente sección explicará los fundamentos de criptografía que ayudarán a entender las ventajas de *ssh*, y finalmente se describirán los servicios *telnet* y *ftp*, subrayando su inseguridad.

16.2 Criptografía y cifrado

Entre los objetivos de este libro no se encuentra la descripción profunda de la criptografía. No obstante, es conveniente conocer algunos conceptos básicos para hacer un uso correcto de las herramientas que se presentarán en la próxima sección.

El cifrado es una técnica tan conocida como antigua. En un principio, la información se modifica aplicándole una fórmula o una clave, y de esta manera resulta incomprensible para cualquiera que intercepte el mensaje, salvo que cuente con la fórmula para invertir el proceso.

La robustez de los métodos de cifrado modernos se basa en el tamaño de la clave. Gracias a los avances tecnológicos de los computadores es posible utilizar claves de 128 bits o más. Si la clave es corta, será posible comprobar todas las combinaciones posibles de la clave hasta acertar con la correcta. A este tipo de técnica de asalto se le llama *fuerza bruta*, por su escasa sutileza.

En un principio, el método más utilizado era el denominado *simétrico*, que se implementa con un método de cifrado común y conocido que es función de una clave privada que es conocida en origen y destino. El problema de este método es que la comunicación de la clave se convierte en el problema de seguridad en sí, ya que si alguien intercepta o averigua la clave todas las medidas de seguridad quedan anuladas.

La alternativa a estos métodos es la de las claves *asimétricas*, que se están imponiendo en los últimos años. Estos métodos, también llamados de *clave pública*, cuentan con dos claves, una pública y la otra privada, relacionadas matemáticamente. El algoritmo RSA es uno de los más conocidos de este tipo. La clave privada nunca se transmite, mientras que la clave pública estará disponible en el otro extremo de la comunicación. Para transmitir algo hay que cifrarlo con la clave pública del receptor, y el contenido solo podrá ser descifrado con la clave privada en manos del receptor.

Asimismo, la información cifrada con la clave privada sólo puede ser descifrada con la clave pública, con lo que se sabrá de esta manera que el origen es auténtico. Por lo tanto, con este método se consigue a la vez seguridad y autentificación.[1] Esta última es primordial a la hora de establecer relaciones de confianza, ya que con estos métodos asimétricos la suplantación es prácticamente imposible.

Todas las claves que se utilizan en estos métodos son binarias y de gran tamaño, por lo que a la hora de crearlas se solicitará una palabra o frase clave al usuario; de esta manera se relaciona la clave privada con el usuario. Cada vez que se quiera utilizar la clave privada se solicitará esta palabra o frase clave al usuario para verificarla.

---

[1] La palabra clave también es válida como método de autentificación, pero debido a problemas de seguridad no resulta tan fiable como la combinación de palabra clave y cifrado.

Para más información sobre este tema, se pueden consultar los apuntes del sitio http://scsx01.sc.ehu.es/jiwibmaj.

16.3 SSH

Este servicio seguro basado en el cifrado, que ha ayudado a mejorar notablemente la seguridad de Internet, incluye herramientas de establecimiento de sesión remota y de intercambio de ficheros.

16.3.1 Introducción

Este servicio se basa en el cifrado para la identificación de cuentas. Las identificaciones y contraseñas se cifran en el cliente, se transmiten cifradas al servidor y éste las descifra y responde a la solicitud de servicio: transferencia de ficheros, ejecución de comandos, etc. Dependiendo de la función dispondremos de diferentes clientes, pero el servicio estará basado siempre en el protocolo *ssh*.

Además de cifrado, este protocolo también ofrece autentificación, ya que el cliente debe conocer la clave pública del servidor antes de conectarse. Esta clave se puede obtener la primera vez que se conecte a un servidor aceptando la clave pública que se nos ofrece, pero hay que tener precaución en este proceso porque algunas técnicas de suplantación (denominadas *man-in-the-middle* o *DNS spoofing*) utilizan este proceso para engañar. Cuando el cliente de *ssh* nos envíe una clave nueva sin ser la primera vez que se usa el servidor en cuestión, es conveniente cerciorarse de que existe alguna razón técnica para ello.

A pesar de ser estándar, existen diferentes versiones del protocolo *ssh*: *ssh1*, *ssh2* y *OpenSSH*. Han surgido problemas de compatibilidad entre ellos, por lo que se va imponiendo *OpenSSH* como la opción más segura y estable. De hecho la versión que utiliza habitualmente *Linux* se basa en el paquete *OpenSSH*. Además de este paquete, existe un paquete adicional para gestionar las claves llamado *ssh-keygen*.

Las claves privada y pública del servidor generadas con *ssh-keygen* se guardan en los ficheros */etc/ssh/ssh_host_key* y */etc/ssh/ssh_host_key.pub* respectivamente. En el caso de los clientes los nombres de los ficheros y su ubicación cambian, ya que se suelen guardar en el directorio raíz de cada cuenta, dentro del directorio *.ssh*, con los nombres *identity* e *identity.pub*.

Es fundamental asegurarse de que la protección de estos dos ficheros es la adecuada, que sólo el propietario del fichero tenga permiso de lectura y escritura sobre la clave privada, y que sólo el propietario tenga permiso de escritura sobre la clave pública, aunque se garantice la lectura de la misma tanto a los usuarios de su grupo como al resto de usuarios del sistema.

16.3.2 El servidor

El servidor se llama *sshd* y se encuentra en el directorio */usr/sbin*, como muchos otros servidores. Se pone en marcha automáticamente en el inicio del sistema directamente desde el proceso *init*, a diferencia de los servidores que sustituye, que se activan mediante el superservidor *inetd* (*véase* Capítulo 12).

No resulta difícil configurar este servidor, ya que el fichero de configuración, que dependiendo de la distribución será */etc/sshd_config* o */etc/ssh/sshd_config*, está muy bien documentado. A continuación se muestran los parámetros más importantes, presentados en líneas diferenciadas:

- Posibilidad de restringir las direcciones IP de los clientes: *ListenAddress*. El acceso a este servicio puede ser restringido pasando en este parámetro el identificador de la subred local. En el caso de que no se quiera restringir el acceso, la línea en cuestión quedaría así:

    ```
    ListenAddress 0.0.0.0
    ```

- Puerto TCP del servicio: *Port*. De no indicarse lo contrario, el puerto que corresponde a este servicio es el 22.

    ```
    Port 22
    ```

- El fichero de la clave privada: *HostKey*. Normalmente está en la dirección mencionada anteriormente.

    ```
    HostKey /etc/ssh/ssh_host_key
    ```

- Longitud de la clave en bits: *ServerKeyBits*. Suele tener un valor de 1024 bits.

    ```
    ServerKeyBits 1024
    ```

- Permitir accesos desde la cuenta *root*: *PermitRootLogin*. Se recomienda no activar esta opción por razones de seguridad.

    ```
    PermitRootLogin no
    ```

- Permitir acceso a cuentas sin contraseña: *PermitEmptyPasswords*. Si se quiere tomar en serio la seguridad del sistema, este parámetro debe ser negativo.

    ```
    PermitEmptyPasswords no
    ```

- Comprobación de los permisos de acceso al directorio raíz antes de establecer la conexión: *StrictMode*. Lo correcto es no desactivar esta opción.

    ```
    StrictMode yes
    ```

- Control de las relaciones de confianza de los servicios *r**: *IgnoreRhosts, RhostsAuthentication, RhostsESAAuthentication*. Los valores más seguros son los siguientes:

    ```
    IgnoreRhosts yes
    RhostsAuthentication no
    RhostsESAAuthentication no
    ```

- Para definir los métodos de autentificación: *RSAAuthentication* y *PasswordAuthentication*. Ambos métodos están aceptados.

No suele ser necesario modificar este fichero de configuración, ya que generalmente se encuentra configurado por defecto en un modo seguro. De todas maneras, si la identificación se realiza siempre con palabras clave, se recomienda no aceptar *RSAAuthentication*, ya que permite la identificación mediante claves asimétricas.

Para aceptar relaciones de confianza seguras, esto es, para permitir accesos sin clave o contraseña, se recomienda utilizar las posibilidades de configuración de */etc/shosts.equiv* y de los ficheros *.shosts* ubicados en los directorios raíz de las cuentas.

16.3.3 Los clientes

Se admiten clientes de diferentes naturalezas. En este apartado se describirán los clientes que se utilizan en línea de comandos (*ssh*, *sftp*, *slogin*, *scp*, etc.), pero no se tendrán en cuenta otros programas que funcionan en modo gráfico, como las aplicaciones de *ssh* que trabajan bajo KDE, *gnome* o *Windows*.

El comando *ssh* es el equivalente seguro de *telnet*, *sftp* el de *ftp*, *slogin* el de *rlogin* y *scp* el de *rcp*. Como se puede observar, la correspondencia en funcionalidad es completa, pero el salto cualitativo en seguridad es considerable. Como el comando no-interactivo *scp* es el menos conocido de todos, se explicarán algunos detalles del mismo como representante de los demás. Este comando es una extensión del comando *cp*, y su funcionamiento es similar, pero aplicado a copias de ficheros entre dos computadores remotos. Por ello, puede sustituir a *sftp* en los casos en los que la ubicación de los ficheros remotos sea conocida, siendo muy útil para escribir *scripts*. En la siguiente línea se muestra un ejemplo:

```
scp servidor.ejemplo.com:/home/user1/datos .
```

Al ejecutar este comando, si el servidor del ejemplo tiene en marcha el servidor *sshd*, el fichero *datos* se copiará desde el directorio */home/user1* del servidor al directorio local del cliente. Además, si se establece una relación de confianza con el servidor, ni siquiera se nos solicitará palabra clave para llevar a cabo esta operación.

De todas maneras, para comprobar la palabra clave, el servidor debe saber el nombre de la cuenta. Por defecto utiliza el mismo nombre que la sesión del cliente, pero se puede especificar un nombre diferente escribiendo delante del nombre del servidor el nombre de la cuenta, seguido del carácter @, tal y como aparece a continuación:

```
ssh user1@servidor.ejemplo.com ls -l /
```

La configuración de los clientes también se puede consultar y modificar. La configuración se basa en el fichero *ssh_config*, que como en el servidor estará en */etc* o */etc/ssh* en función de la distribución. Hay que tener cuidado de no confundir el fichero del cliente *ssh_config* con *sshd_config*, que es el fichero de configuración del servidor.

Los parámetros que se deben tener en cuenta en el caso del cliente son los siguientes:

- El campo correspondiente al servidor: *Host*. Como es posible utilizar parámetros diferentes para cada servidor, en la cabecera se menciona el servidor al que corresponden las siguientes líneas. Para representar todos los servidores se utiliza asterisco como en el siguiente ejemplo:

    ```
    Host *
    ```

- Nivel de compresión: *CompressionLevel*. Los mensajes pueden ser comprimidos. Cuanto más alto sea el nivel de compresión, más compactos serán los mensajes, pero más tardará el proceso de compresión.
- Autentificación mediante cifrado asimétrico: *RSAAuthentication*. Como ya se explicó en el apartado del servidor, además de la palabra clave, se puede utilizar *ssh* para autentificar al usuario mediante claves asimétricas. Para poder utilizar este método hay que activar esta opción tanto en el cliente como en el servidor.

Para el proceso de autentificación que se lleva a cabo en cada conexión, el cliente guarda la clave pública de cada servidor en el directorio *.ssh/known_hosts* ubicado en el directorio raíz del usuario. Como ya se comentó en la introducción, la primera vez que se guarde esta clave se recibirá un aviso, ya que si el servidor cambia aparentemente una y otra vez de clave pública esto puede ser un síntoma de un intento de intrusión en el sistema. Hay que ser sumamente cautos a la hora de aceptar las claves públicas.

16.3.4 Ejemplos

- Información básica:

    ```
    man ssh
    man sshd
    man ssh-keygen
    ```

- Visualización de la configuración:

    ```
    more /etc/ssh/sshd_config
    more /etc/ssh/sshd_config
    more ~/.ssh/*
    ```

16.3.5 Configuración gráfica

Por medio del icono *Servidor SSH* de *webmin* se accede a las distintas opciones de configuración, según se muestra en la Figura 16.1. Las opciones relacionadas con las claves son *Autenticación* y *Configuración de Clave de SSH* y las opciones más generales aparecen en *Trabajando en Red*.

Figura 16.1
Configuración gráfica del servidor DHCP.

16.4 Los servicios *telnet* y *ftp*

Antes de que existieran los servicios *ssh*, los servicios de acceso remoto *telnet* y *ftp* eran los más utilizados. Prácticamente toda la comunidad de Internet ha utilizado estos servicios y, a pesar de que por razones de seguridad se ha reducido el uso de los mismos, todavía hoy son muy utilizados. Por lo tanto, en la administración de sistemas se deberán configurar correctamente estos servicios, ya que la transición a los protocolos seguros es a menudo lenta.

16.4.1 Los servidores

A decir verdad, la configuración de estos servicios es muy sencilla, y en el Capítulo 12 se presentaron los pormenores de los mismos. A pesar de ello, en este apartado se repasará y ampliará la configuración allí explicada.

Los ejecutables de los servidores están en el directorio */usr/sbin*, y se llaman *telnetd* y *ftpd*. El servicio *telnet* se ofrece normalmente por el puerto TCP 23, mientras que *ftp* utiliza los puertos 20 y 21, el primero para control y el segundo para datos. Para iniciar estos servicios, tienen que estar parametrizados en *inetd.conf* o *xinetd.conf*, ya que dependen del superservidor *inetd* o *xinetd* (*véase* la Sección 12.2 para más detalles).

En las últimas versiones de las distribuciones de *Linux* aparecen dos servidores *ftp* más flexibles: ProFTPD y WU-FTP, que pueden ser administrados gráficamente por medio de *webmin*.

En la Sección 12.3 se muestra cómo limitar el uso de estos servicios. Si no es posible desactivarlos es conveniente al menos limitar su uso a un acceso limitado. De este modo es posible no ofrecer estos servicios al exterior y obligar a utilizar *ssh* en estos casos, y permitir el uso restringido de estos servicios inseguros en la red local a los usuarios poco dinámicos que se resisten a dejar de utilizar los servicios conocidos.

Para ello, los identificadores de los computadores de estos usuarios obstinados deberán aparecer en el fichero */etc/host.allow* si se utiliza *inetd*, y en los campos *only_from* de los ficheros *telnet* y *ftp* situados en el directorio */etc/xinetd.d* en el caso de utilizar este otro superservidor.

Finalmente, desde el punto de vista del cliente cabe destacar la capacidad del comando *telnet* para probar cualquier puerto, y por lo tanto cualquier servicio. Basta con indicar el número de puerto después del identificador del servidor para acceder en modo interactivo a cualquier servidor disponible y mandar mensajes al mismo. Eso sí, estos mensajes deberán cumplir con el protocolo del servicio en cuestión, por lo que el uso de esta herramienta estará limitado a los protocolos más simples. De todas maneras, siempre será interesante esta herramienta a la hora de comprobar aplicaciones y servidores programados mediante *sockets*.

16.4.2 Ejemplos

- Información básica:
    ```
    man telnetd
    man ftpd
    man proftpd
    man telnet
    man ftp
    man /etc/hosts.allow
    ```

16.5 Ejercicios

1. Crear un par de claves pública y privada utilizando el comando *ssh-keygen*.
2. Comprobar los parámetros del cliente *ssh* y analizar las claves públicas de servidores que tenga almacenadas.
3. Crear en *ssh* las relaciones de confianza necesarias para que sea posible el acceso remoto sin necesidad de utilizar claves de acceso.
4. Activar los servicios *telnet* y *ftp* de manera que sólo sean accesibles desde la red local. Comprobar que funcionan correctamente.

Capítulo 17

Servidores de correo electrónico y POP

En este capítulo

17.1 Correo electrónico **251**

17.2 *sendmail* **252**

17.3 POP **260**

17.4 Servidores de listas y servicios de correo vía web **261**

17.5 Ejercicios **262**

El correo electrónico es una de las claves del éxito de Internet. Además de explicar el funcionamiento del servicio de correo, en este capítulo se comentará el servicio *pop* de recepción de correo por conexiones no permanentes.

17.1 Correo electrónico

El correo electrónico fue en los inicios de Internet el servicio más utilizado, y aunque hoy en día los servicios web han tomado el liderazgo, el *e-mail* conserva gran parte de su protagonismo.

17.1.1 Introducción

El protocolo que más se utiliza en el correo electrónico es SMTP (*Simple Mail Transfer Protocol*). No es ni el más efectivo ni el más atractivo, pero está bien implantado, funciona, y se amplía con facilidad.

Para posibilitar su funcionamiento, nuestro sistema de correo debe conectarse con Internet. Si no queremos utilizar los servicios de un proveedor de Internet, hay que instalar un servidor de correo SMTP para que gestione el correo entrante desde Internet a nuestra entidad. Este servidor reconocerá todas las cuentas internas, por lo que será capaz de encaminar los mensajes a la persona destinataria. Aparte de esto, también tendrá que ser capaz de enviar mensajes hacia cualquier punto de la red global.

Conceptualmente, en un sistema de correo se diferencian por una parte el cliente o agente de mensajería de usuario (MUA), y por otra parte el servidor o agente de transporte de mensajes (MTA). Entre estos dos agentes deberá entablarse comunicación, para poder enviar mensajes de un usuario a otro. Esta comunicación se basa en el protocolo TCP y utiliza el puerto 25.

La distribución de correo local es simple: basta con que el agente de transporte deposite el mensaje en el buzón de la cuenta de destino. El cliente estará capacitado para acceder a dicho buzón y notificar al usuario cuándo llegan mensajes nuevos. En cambio, cuando el destino es remoto, el agente de transporte debe contactar con otro MTA, y para saber cuál es el servidor de correo del dominio de destino deberá utilizar el registro MX del servidor DNS. En estas conexiones se utiliza casi siempre el protocolo SMTP aunque en los primeros tiempos se utilizaba el protocolo UUCP.

Cualquiera que utilice el servicio de correo deberá disponer de un cliente; *mail*, *pine*, *emacs*, *eudora* y *elm* son los clientes más simples, y los más conocidos son los clientes gráficos como *Evolution, Mozilla* u *Outlook Express*. No vamos a tratar la configuración del cliente, pero en éstos la información más importante será la correspondiente al servidor de correo local y al dominio. Los demás elementos de configuración están relacionados con la facilidad de uso del cliente (gestión de contactos, firma, etc.).

El servidor o agente de transporte más utilizado es *sendmail*, software libre y estándar en los sistemas tipo *Unix*. De todas maneras, *qmail* y *postfix* están ganando cuota de mercado en los últimos años.

17.1.2 Estructura de los mensajes

El formato de los mensajes se define en el documento RFC 822.[1] Los componentes principales del mensaje son los siguientes, y se generan en el cliente antes de enviar el correo:

- Cabecera: la conforman los datos que aparecen en la parte superior del mensaje. Los datos que aparecen normalmente son las direcciones de origen (*From:*) y destino (*To:*) y el asunto o título del mensaje (*Subject:*). Existen otros datos opcionales que pueden utilizarse: otras direcciones a las que mandar copias (*Cc:* para la copia normal y *Bcc:* si se quiere ocultar la dirección de copia), dirección a la que responder (*Reply-To:*), identificador único del mensaje (*Message-Id:*), etc. En la cabecera del mensaje el texto que se ha indicado entre paréntesis aparece seguido de su información correspondiente.
- Envoltorio: este sobre es oculto y se forma en el proceso de distribución del mensaje. Consiste en la información que intercambian los servidores al transmitir los mensajes, y se acumula en este envoltorio en cada paso que da el mensaje por la red. Hay que tener en cuenta que el mensaje pasará de un servidor a otro hasta llegar al servidor de destino.
- Cuerpo: el texto del mensaje.

Como es bien sabido, la estructura de las direcciones es muy simple, y se compone de un nombre de usuario seguido del identificador de su dominio, separados por el carácter @.

17.2 *sendmail*

Ha sido el servidor de correo habitual en *Linux* durante años, complejo y efectivo. Ha tenido fama de inseguro durante mucho tiempo, pero parece que en las últimas versiones se ha solucionado este problema. En los últimos años *qmail* y, sobre todo, *postfix* lo están desbancando como MTA por defecto en algunas distribuciones debido a su velocidad, servicios adicionales y seguridad. *postfix* es una alternativa interesante porque su configuración es parcialmente compatible con la de *sendmail*.

sendmail consta de dos apartados principales: la gestión de los buzones de los clientes y la gestión de conexiones para enviar y recibir mensajes.

---

[1] Los RFC (*Request For Comments*) son los documentos en los que se recogen las propuestas de estándares para la comunidad de Internet. Todos los protocolos de Internet cuentan con uno o más documentos en los que se especifica su funcionamiento, así como recomendaciones de implementación y ayuda para el desarrollo de los mismos.

Cuando el programa está instalado, el script *sendmail* estará creado en el directorio */etc/init.d*, y mediante éste se puede iniciar y detener el servicio. En cualquier caso, conviene comprobar que los siguientes paquetes están instalados en el sistema: *sendmail* para el servidor, *sendmail-cf* para la configuración y *m4* para la configuración asistida.

Como se verá, la configuración de *sendmail* es un proceso complicado, porque los componentes de configuración están en diferentes ficheros y utiliza reglas de formato complejo. Como la configuración es complicada, en este libro sólo se afrontará desde un punto de vista introductorio.

17.2.1 Ficheros de configuración

La configuración de *sendmail* se considera muy compleja; un indicador de esta dificultad es la extensión de su manual que cuenta con más de mil páginas. Por suerte, las últimas versiones incluyen herramientas de ayuda a la configuración.

De todas maneras, los elementos más importantes de su configuración son los siguientes:

- *sendmail.cf*: este es el fichero de configuración principal. Indica al servidor cómo reescribir las direcciones, cómo distribuir los mensajes, cómo gestionar los errores, etc. Normalmente se ubica en */etc* o */etc/mail*, aunque en algunas versiones antiguas está en el directorio */usr/lib*.
- *aliases*: este fichero guarda la relación de sobrenombres que se sustituyen en las direcciones de correo en el proceso de distribución. Más detalladamente, *sendmail* consulta este fichero cuando tiene que distribuir un mensaje en modo local. Este fichero suele estar en el directorio */etc*.
- *newaliases*: se utiliza para hacer un preproceso del fichero *aliases*. Normalmente es un enlace al fichero binario *sendmail*.

17.2.2 Configuración principal: *sendmail.cf*

En este fichero se define la información que necesita el programa *sendmail*, y se compone de tres secciones principales: macros, clases y reglas.

Las macros nos permiten identificar cadenas de caracteres mediante etiquetas, de modo que se puedan utilizar en cualquier parte del cuerpo del fichero. Las definiciones de las clases, en cambio, nos permiten identificar con una sola etiqueta un conjunto de valores, esto es, permite definir grupos.

El funcionamiento del programa *sendmail* se guía por un conjunto de reglas. Estas reglas se denominan *reglas de reescritura*, porque dada una entrada devuelven una salida diferente. El conjunto de reglas comienza con el carácter S y cada regla comienza con el carácter R.

Por otra parte, en este mismo fichero de configuración se indica la ubicación y los nombres de los ficheros que necesita el programa *sendmail*.

Muchos parámetros de *sendmail.cf* se definen mediante las llamadas líneas O. Por ejemplo, si por cualquier razón en el servidor de correo no se puede tratar un mensaje por un tiempo, para asegurar que ese mensaje llegue más adelante, *sendmail* utiliza un directorio llamado *queue* (cola). Esta propiedad, que se asocia con el parámetro *QueueDirectory*,[2] se define mediante una línea O:

```
O QueueDirectory=/var/spool/mqueue
```

Entre el resto de parámetros que se definen en estas líneas O, cabe destacar entre otros la ubicación del fichero de sobrenombres (*AliasFile*), el fichero para guardar las estadísticas (*StatusFile*) y la duración del temporizador (*TimeOut*).

Al ejecutar el programa *sendmail* la primera tarea es cargar este fichero *sendmail.cf*, y sólo entonces se analiza. Por ello, cada vez que se efectúe un cambio en este fichero, habrá que reiniciar *sendmail*, tal y como ocurre con otros servicios, utilizando su correspondiente *script* del directorio */etc/init.d*.

Cuando se inicia el servicio *sendmail* cabe la posibilidad de establecer algunos parámetros, como el tipo de proceso o la frecuencia de ejecución. Por ejemplo, la opción *-bd* sirve para que la ejecución se realice en modo *daemon*, y con la opción *-q10m* se representa la frecuencia con la que el servidor accederá a la cola de entrada (en este caso, cada diez minutos).

17.2.3 Sobrenombres

El fundamento del mecanismo de *alias* es poder sustituir en el campo de la dirección un nombre por otro al recibir un mensaje. Algunos de sus usos son sustituir nombres generales (*root*, por ejemplo) por nombres reales, o sustituir una lista por un solo nombre. Normalmente, cuando los nombres asignados en administración son difíciles de recordar o alguien no está cómodo con su nombre, se puede crear un sobrenombre de esa cuenta, además de gestionar listas de distribución.

Tal y como ya se ha comentado, la ubicación del fichero *aliases* donde se guardan los sobrenombres se define con el parámetro *AliasFile*[3] del fichero *senmail.cf*, por ejemplo:

```
O AliasFile=/etc/mail/aliases
```

El fichero *aliases* es simple, y en el mismo se pueden definir alias individuales o miembros de grupos, directamente o leyéndolos de un fichero. Un ejemplo de dicho fichero podría ser como el que sigue:

```
# /etc/mail/aliases
# Alias obligatorios
postmaster: root
MAILER-DAEMON: postmaster
```

---

[2] En algunas versiones la expresión *OQ* sustituye a la cadena *O QueueDirectory=*.
[3] En algunas versiones se sustituye por *OA*.

```
# Diferentes opciones de alias
admin: root                              # individual
lista: user1, user2, user3               # lista
lista2: :include:/usr/local/lista        # lista desde fichero
```

Para que los cambios realizados en este fichero tengan efecto, deberá ejecutarse el comando *newaliases* ya mencionado, situado en el directorio */usr/bin*.

17.2.4 Reglas de reescritura

Las reglas de reescritura buscan un patrón en la cabecera o en el envoltorio de los mensajes, y ejecutan la acción definida cada vez que encuentra dicho patrón. Por ello, cada una de estas reglas se define con un patrón y una acción. Los patrones se escriben a la izquierda y las acciones a la derecha.

Los componentes de los patrones se llaman *token*, y se definen mediante expresiones regulares. Las expresiones más utilizadas son las siguientes:

$@	cero *tokens*
$-	un solo *token*
$+	un *token* o más
$*	cero o más *tokens*
$=X	*tokens* de la clase X
$~X	*tokens* que no pertenecen a la clase X

En las acciones se pueden utilizar variables, pero no expresiones regulares. Estas son las variables más utilizadas:

$j	nombre de dominio completo
$h	nombre de máquina
$m	dominio sin nombre de máquina
$1	el campo 1 de la expresión regular del patrón
$2	el campo 2 de la expresión regular del patrón
$3	el campo 3 de la expresión regular del patrón

Como ejemplo analizaremos la siguiente regla:

```
R$* < @ $- . instituto . com> $* $1 < @ instituto . com> $3
```

Como se puede observar, las reglas comienzan con el carácter R y en ellas pueden aparecer componentes literales, expresiones regulares, operadores, referencias a macros y separadores.

La regla anterior reconocería patrones de esta forma:

cualquier_cadena<token1.instituto.com>cualquier_cadena

La cadena que precede al carácter < se guarda en la primera variable, $1, la cadena delante de *entidad.com* se guarda en la siguiente variable, $2, y la cadena detrás del símbolo > en $3. El efecto de aplicar esta regla es que se oculta el componente *token1*, ya que en la cadena de la acción no se hace referencia al mismo. Por lo tanto, si aplicamos la regla a la siguiente entrada:

```
user1<@aitzgorri.instituto.com>
```

la regla actuaría y su salida sería esta:

```
user1<@instituto.com>
```

También se pueden utilizar operadores entre patrones y acciones. Estos son los operadores más utilizados:

$:	aplicar la regla sólo una vez
$@	aplicar la regla y terminar con el conjunto de reglas
$>n	saltar a la regla número *n* del conjunto
$#agente	llamar a un agente de distribución. La mayoría de las veces se trata de #smtp o #local, para encaminar el mensaje al exterior o al servicio local respectivamente.

Con un segundo ejemplo veremos el formato completo:

```
R$ < @ $* > $*   $:    $1 < @ $2 . $m > $3
```

Los elementos que forman la regla son los siguientes:

- Patrón: $ < @ $* > $*
- Operador: $:
- Acción: $1 < @ $2 . $m > $3

Por lo tanto, en esta regla aparecen tres *tokens*: el anterior al símbolo <, el que aparece entre <@ y >, y el que aparece tras este símbolo. Las cadenas identificadas se guardan en $1, $2 y $3 respectivamente. Para terminar, en la acción se utilizan estos *tokens* y la información del dominio ($m) para que aparezcan en el resultado.

Por lo tanto, su aplicación será la siguiente, dada la entrada de ejemplo:

```
user1<@maquina1>
```

La salida de esta entrada añadiría el nombre de dominio a la línea anterior:

```
user1<@maquina1.instituto.com>
```

Para probar estas reglas, se puede ejecutar el comando *sendmail* con la opción *-bt*.

17.2.5 Configuración asistida

En vez de realizar la configuración directamente, se recomienda utilizar algún programa de ayuda. Para ello se solía utilizar el programa *m4*, que procesa las macros definidas en administración generando automáticamente el fichero *sendmail.cf*.

Las macros se suelen guardar en el fichero *sendmail.mc*, y se pueden utilizar para configurar el servidor de correo con unas pocas líneas. Los parámetros más utilizados son los siguientes:

- VERSIONID: se especifica la versión de *sendmail*. No se suele cambiar.

- OSTYPE: se define el sistema operativo. En nuestro caso su valor tiene que ser '*linux*' y, aunque parezca insignificante, es un parámetro muy importante.

- MAILER: por cada modo de gestión se añade una definición. Los métodos más utilizados son SMTP y local, por lo que casi siempre aparecerán estas dos líneas:

    ```
    MAILER('smtp')
    MAILER('local')
    ```

- FEATURE: se utiliza para agregar características adicionales. Más adelante se explicará con unos ejemplos.

- LOCAL_: después de esta especificación se pueden colocar reglas de reescritura. El nombre de la sección se coloca después del prefijo LOCAL_.

Es un tanto incómodo insertar comentarios en estos ficheros. Además de iniciarlos con el tradicional carácter #, antes del comentario hay que escribir *divert(-1)* y *divert(0)* al final. Cuando el comentario es de una sola línea, es suficiente con incluir *dnl* al inicio. De no hacerlo así, los comentarios también aparecerán en el fichero *sendmail.cf*.

Una vez creado el fichero con los macros, se compila utilizando el comando *m4*, y a continuación se reinicia el servidor para que los cambios tengan efecto.

17.2.6 Gestión de mensajes no deseados (*spam*)

Con el gran crecimiento de Internet llegaron muchos inconvenientes, entre ellos el problema de los mensajes de correo no solicitados. A este fenómeno se le llama *spam*, y es cada vez más problemático.

El servidor *sendmail* incorpora varias opciones para luchar contra el *spam*. Las dos principales opciones son estas:

- El uso de la base de datos pública que se conoce con las siglas RBL. Se actualiza y verifica con frecuencia. Más información en la dirección *http://maps.vix.com/rbl*.

- Crear una base de datos propia para controlar el acceso.

En el primer caso, se utiliza una lista actualizada de direcciones desde la que se genera *spam*, y por ello la configuración es muy sencilla. De hecho, basta con incluir la opción *FEATURE(rbl)* en el fichero de macros *sendmail.mc* para que se active este mecanismo.

En el segundo caso, la dificultad es mayor, ya que la base de datos puede confeccionarse a medida, pero la tarea recae en el administrador del sistema. De hecho, el fichero */etc/mail/access* o */etc/access* hace las funciones de filtro general; analiza la información de cabecera de cada mensaje y en función de las reglas definidas permitirá o no la distribución del mensaje.

En este fichero habrá pares del tipo origen/acción. En el origen se podrán escribir direcciones, dominios o direcciones IP. Por otra parte, las acciones pueden ser cinco:

- Para aceptar el mensaje: OK
- Para aceptar el mensaje si se dirige a otro servidor: RELAY
- Para descartar el mensaje: DISCARD
- Para devolver el mensaje a su origen con un mensaje automático: REJECT
- Para que el mensaje sea específico para el caso: *### mensaje*

Para activar esta opción anti-spam, hay que incluir en el fichero de configuración de macros *sendmail.mc* la opción *FEATURE(acces_db)*.

También se pueden obtener estadísticas de este y otros fenómenos, utilizando el comando *mailstats*.

Un producto más avanzado y fácil de manejar es *SpamAssasin* http://spamassassin.apache.org/ que suele estar en las últimas distribuciones y se puede configurar por medio de *webmin*.

17.2.7 Ejemplos

- Información básica:
    ```
    man sendmail
    man mailstats
    ```
- Análisis de los ficheros de configuración:
    ```
    more /etc/mail/sendmail.cf
    ```

17.2.8 Configuración de *sendmail* usando *webmin*

En la Figura 17.1 se pueden observar las opciones que ofrece *webmin* para configurar *sendmail*. En la sección de servidores se puede seleccionar el icono de *Configuración de Sendmail* donde se puede consultar y modificar distintos bloques de configuración: *alias*, dominios, *spam*, etc.

En la Figura 17.2 se muestran la opciones principales que ofrece esta interfaz.

Al ser un servicio complejo conviene realizar la configuración de este modo, pero teniendo en cuenta los conceptos estudiados en los parágrafos anteriores.

También ofrece la posibilidad de configurar los servidores de correo electrónico *postfix* y *qmail* por medio de los iconos *Configuración de Postfix* y *Configuración de Qmail*.

Servidores de correo electrónico y POP

Figura 17.1
Configuración de *sendmail* usando *webmin*.

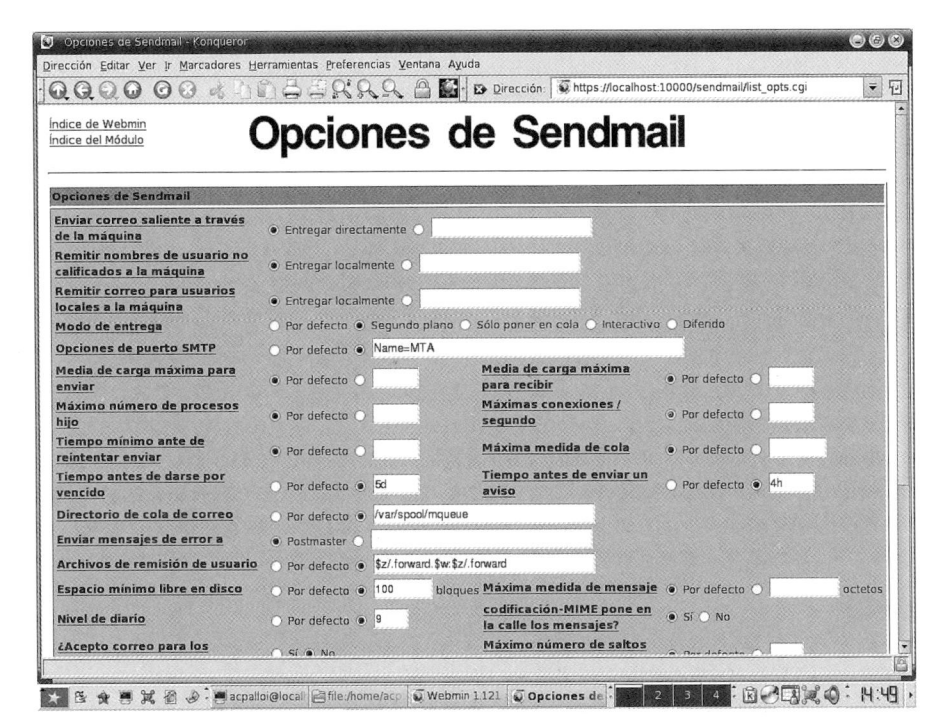

Figura 17.2
Principales opciones de configuración.

17.3 POP

El objetivo principal del protocolo POP es posibilitar el acceso al correo de un servidor desde un computador remoto. No es el único protocolo para esta función, pero es el más extendido junto al protocolo IMAP.

Este protocolo se utiliza principalmente cuando se quiere recibir correo electrónico en un computador con conexión de red no permanente, pero también se utiliza para proporcionar servicio de correo en computadores en los que no se dispone de servidor de correo. POP son las siglas correspondientes a *Post Office Protocol* y responde al concepto de *oficina de correos*. La versión más extendida de este protocolo es la versión 3, y por ello muchas veces se utiliza el nombre POP-3.

En los paquetes *qmail* y *postfix* están integrados directamente los servicios de POP e IMAP.

17.3.1 Introducción

Los proveedores de Internet o las empresas que ofrecen servicios de correo electrónico suelen proporcionar este servicio. Cuando el servicio está instalado, en el servidor de correo debe estar en marcha el servidor POP. Como es un servicio de redistribución de correo, será necesario que *sendmail* u otro servidor de correo estén presentes.

El intercambio entre los servidores POP y los clientes es asimétrico, ya que el diálogo es diferente en función de si se envían o se reciben mensajes. En el caso de los mensajes salientes, el cliente inicia un diálogo SMTP, para que lo envíe a su destino. El servidor utilizará para ello directamente el mecanismo normal de SMTP. Por lo tanto, los dos utilizarán el mismo protocolo, con la diferencia de que el cliente sólo podrá comunicarse con el servidor, mientras que el servidor podrá conectarse con cualquier otro servidor SMTP.

La recepción de correo, sin embargo, es completamente distinta. Con una frecuencia predefinida el cliente POP se conecta al servidor POP para saber si se han recibido mensajes nuevos. De ser así, el cliente copiará dichos mensajes al computador cliente, y si así se especifica, se borrarán los mensajes del servidor.

Desde el punto de vista del servidor, las cuentas que reciben correo POP son cuentas normales del servidor. De todas maneras, por motivos de seguridad, si estos clientes no necesitan realizar otro tipo de tareas en el servidor, no se les permitirá ejecutar otro tipo de comandos. Por este motivo, al crear la cuenta en el servidor se asignará */bin/false* como intérprete de comandos. De hecho, en las herramientas administrativas gráficas se diferencia la creación de cuentas comunes de las cuentas POP, aunque la diferencia esté sólo en el último campo.

17.3.2 El servidor POP

Los servidores más comunes son *qpopper* y *pop3d*. Su instalación es muy sencilla y, además de crear el correspondiente ejecutable en el catálogo */sbin*, hace los cambios pertinentes en los ficheros de configuración */etc/services* y */etc/inetd.conf*. Por otra parte, el paquete *imap* incorpora los servidores IMAP y POP en el mismo paquete, por lo que será interesante instalarlo si se quiere proporcionar los dos servicios a la vez.

El servicio POP suele utilizar el puerto TCP 110. Si este puerto quiere ser modificado, habrá que cambiar la siguiente línea en el fichero */etc/services*:

```
pop3      110/tcp
```

El servidor POP se inicia mediante el superservidor *inetd* o *xinetd*, por lo que en el primer caso tendrá que existir la siguiente línea en el fichero */etc/inetd.conf*:

```
pop3 stream tcp nowait root /usr/sbin/popper popper -s
```

17.3.3 Palabras clave de los clientes POP

Existe un conflicto desde el punto de vista de la administración y la seguridad en torno a los clientes POP. ¿Cómo pueden cambiar su palabra clave las cuentas POP? Tal y como se ha expuesto, en general no se les permite ejecutar comandos en el servidor, pero se les quiere permitir el cambio de la clave como excepción.

Una solución habitual es utilizar un servicio especial sólo para esta función. El servicio se llama *poppassd* y suele escuchar en el puerto TCP 106, a la espera de solicitudes de los clientes POP. Cuando recibe este tipo de petición, ejecuta una copia del programa *passwd*, redirigiendo la información recibida a través del servidor. Desgraciadamente, suelen surgir problemas cuando este servidor no recibe toda la información correctamente.

Desde el punto de vista de la seguridad existe un problema mucho mayor, y es que las palabras clave se transmiten al descubierto por la red, sin utilizar ningún tipo de cifrado. Por lo tanto, cualquier rastreador podrá interceptar estas claves. Para evitar este problema, la solución natural es utilizar el sistema APOP, que enmascaran los datos de autentificación. El cliente POP tiene que ser compatible con este sistema para poder utilizarlo.

17.4 Servidores de listas y servicios de correo vía web

Con el crecimiento exponencial del correo electrónico, también han surgido nuevos servicios que complementan su funcionalidad.

Por un lado existen los servidores de listas de distribución, que permiten gestionar listas formadas por conjuntos de direcciones electrónicas, facilitando la comunicación entre los miembros de las mismas. La gestión de la misma lista se puede hacer por correo electrónico, por lo tanto, además de enviar y recibir mensajes, se puede dar de alta o de baja a miembros de la lista, obtener la lista de miembros, etc. con sólo mandar un mensaje. El servidor de listas más conocido es *listserv*, mientras que el programa de gestión más extendido es *majordomo* (*http://twww.*

greatcircle.com/majordomo), aunque existen muchos otros, como *ListProc* y *SmartList*. Por último cabe mencionar el sistema de software libre *mailman*, que tiene la ventaja de poder ser administrado desde la web.

Por otra parte, una de las mejores maneras de tener acceso al propio correo desde cualquier punto de la red es disponer de acceso al correo vía web. En realidad, es más barato y cómodo utilizar un cliente de correo normal desde el trabajo o el hogar, pero a veces la web es la única alternativa cuando se está fuera del entorno habitual. En los últimos años han surgido multitud de servidores de correo web, y en el mundo *Linux* existen varios exponentes como *postman* (*http://www.uv.es/postman*). Normalmente utilizan el protocolo IMAP y suelen contar con servicios adicionales como filtros, listas, etc.

17.5 Ejercicios

1. Definir algunos alias de correo con ayuda de *webmin*.
2. Analizar las reglas de un servidor de correo analizando el fichero *sendmail.cf*.
3. Configurar un servidor de listas.

Capítulo 18

Servidor de red: *Apache*

En este capítulo

18.1 Introducción **265**

18.2 Características de *Apache* **266**

18.3 Creación de los directorios **267**

18.4 Opciones principales de configuración **268**

18.5 Seguridad y SSL **272**

18.6 Ejercicios **272**

El servicio web es hoy en día el servicio más importante y uno de los más complejo de configurar y mantener. Por ello, además del administrador de sistemas, se suele definir la figura de administrador de web, la denominada *webmaster*. Debido a la complejidad de este trabajo, que podría llenar más de un libro, este trabajo sólo expondrá una introducción al tema.

Apache es el servidor web más extendido y se ha convertido en estándar de los sistemas *Unix* y *Linux*. En este capítulo se explicarán los aspectos más importantes de su configuración.

18.1 Introducción

Es conocido que el servicio web se creó en Europa, en el centro de investigación NCSA, para que la información de los grupos de investigación pudiera ser compartida con facilidad. Este sistema inventado en 1993 por Tim Berners-Lee ha obtenido un éxito sorprendente, y con una evolución espectacular tanto en nuevos usos como en complejidad. Como es el servicio más importante y además integra muchos otros servicios, muchas personas confunden los términos Internet y servicio web.

Como el resto de servicios de Internet, se basa en el modelo cliente-servidor, y existen muchos tipos de clientes y servidores diferentes de diversas firmas, todos basados en el protocolo HTTP.

Al cliente se le denomina normalmente *navegador* o *explorador*. Los más conocidos son *Firefox*, *Mozilla* e *Internet Explorer*. Hay muchos otros navegadores como *Opera* y *Konqueror*, pero su parametrización y uso quedan fuera del ámbito de este libro.

Entre tanto, también existen muchos servidores, aunque dos acaparan la mayor cuota de mercado; el servidor *Apache*, software libre que se distribuye bajo licencia GPL, y el servidor IIS (*Internet Information Server*) de *Microsoft*. En este libro se explicará *Apache*, el más utilizado de los dos, que se ha convertido en el paradigma del software libre.

El número de versión de *Apache* va parejo al número de versión del protocolo HTTP. Este protocolo cada vez es más complejo; de la versión 1.0 se pasó a la versión 1.1, y de ahí a la versión 2.0. La velocidad y la seguridad se han potenciado, y el número de métodos aceptados ha ido en aumento. Valga como muestra el hecho de que la especificación del protocolo en su versión 1.0 tuviera 60 páginas, frente a las cerca de 161 páginas de la versión 1.1 (definida en el RFC 2068). La necesidad de conexiones seguras ha llevado a añadir cifrado y generar el protocolo HTTPS basado en SSL.

Por otra parte, el lenguaje de los documentos web ha sido durante años HTML y, aunque sigue siendo el lenguaje principal, se tiende a sustituirlo y adaptarlo al metalenguaje XML. Entre tanto han surgido propuestas exitosas como CSS y DHTML.

HTML está orientado a establecer el aspecto de los documentos, mientras que XML está orientado a representar la estructura de la información, pudiendo mostrar la misma de maneras muy diferentes.[1] El lenguaje XSLT facilita el mapeo de las estructuras con su presentación, y las versiones más recientes de los navegadores están adaptadas para interpretar este lenguaje.

En resumen, la estructura de los sitios web ha cambiado mucho. En los inicios de la web, las hojas estáticas eran lo más común, pero ahora la mayoría de los sitios se basan en sistemas de bases de datos, ya que permiten una gestión de los datos mucho más flexible. Para ello ha hecho falta un trabajo considerable de programación, desde los primeros programas CGI hasta los sofisticados programas actuales. Aunque el lenguaje *Java* parece predominar en este aspecto, otros lenguajes tienen cierta presencia, entre ellos PHP, *Perl*, *Python* y ASP, y las plataformas web *PHP-Nuke*, *PostNuke*, *Zope*, etc. Salvo la plataforma ASP de *Microsoft*, el resto se basan en software libre. También es interesante *Tomcat* como servidor de aplicaciones *Java*. El desarrollo web ha influenciado incluso los paradigmas de programación, y hoy en día se están popularizando las plataformas de servidores de aplicaciones, tales como *Websphere* de IBM, *Weblogic* de BEA, la plataforma *Oracle9i* o incluso *Microsoft .NET*, que sigue la misma tendencia.

Además de todo esto, las aplicaciones web tienden a ser cada vez más adaptables a los usuarios finales, y ofrecen servicios personalizados y cada vez más seguros, aunque todavía hay reticencias y desconfianza hacia las compras y transacciones en Internet. Con todo, la programación y la seguridad son los protagonistas en los servicios de hoy en día, tanto en el entorno de redes de área amplia como en los servicios internos de las redes locales, en las que la web se ha convertido en el componente fundamental del concepto de *Intranet*.

18.2 Características de *Apache*

Apache posee varias características que lo han convertido en un sistema exitoso: es rápido, potente, eficaz y flexible. Más del 60% de los servidores web son servidores *Apache*, duplicando la cifra de servidores de *Microsoft IIS* (*http://www.netcraft.co.uk/survey*).

Analicemos estas características con más detenimiento:

- Es multiplataforma, por lo tanto, no depende del sistema operativo ni de la arquitectura. Este factor es muy importante, ya que se podrá realizar una migración directa aunque haya que cambiar los servidores de la empresa. Por ello, muchos administradores de *Windows* eligen *Apache*, porque les permite afrontar futuros cambios de sistema operativo sin dificultad.
- Es modular y potente. *Apache* cuenta con multitud de módulos adicionales muy fáciles de integrar gracias a su modularidad. De esta manera, *Apache* for-

---

[1] Esta opción es muy útil, cuando el mismo documento hay que ofrecerlo en formatos muy diferentes, como por una pantalla normal o a través de un teléfono móvil.

ma un conjunto muy poderoso junto al sistema de gestión de bases de datos *MySQL*, los CGI en PHP o *Perl* como lenguajes de programación.
- Es libre y abierto. Además de ser gratuito, tiene la garantía de seguridad y flexibilidad del código abierto. Como valor añadido, toda una comunidad científica proporciona asistencia en caso de necesidad.
- Se adapta muy rápido a versiones y características nuevas. Ha sido el primer servidor en incorporar algunas técnicas, por ejemplo, los servidores virtuales, esto es, un mismo servidor puede ofrecer varios sitios a la vez. Del mismo modo, los primeros pasos en seguridad también los dio *Apache* con el módulo *Apache-SSL*.
- Escalabilidad. Algunos servidores web tienen que absorber un gran volumen de tráfico. El sitio web de los juegos olímpicos o los sitios de los buscadores son un buen ejemplo de ello. En este tipo de sistemas, el servidor, además de ser rápido, tiene que ser escalable, esto es, que pueda aumentar su capacidad de respuesta cuando la demanda aumente.

Ya comentamos que *Apache* suele venir incorporado en todas las distribuciones de *Linux*. De todas maneras, el proceso en sí no se llama *Apache*, sino *httpd*, y se inicia mediante el script */etc/init.d/httpd*. En algunas distribuciones se utiliza el nombre *httpd2* en lugar de *httpd*.

18.3 Creación de los directorios

Si *Apache* está instalado, el mencionado script *httpd* estará creado en el directorio *init.d*. Los ficheros de configuración suelen crearse en el directorio */etc/httpd/conf*, pero la ubicación de los datos suele variar entre */var/www*, */var/httpd* o */home/httpd*, según la distribución de la que se disponga. En la versión de *Mandrake* utilizada en el libro, el directorio utilizado es */var/www*, y será el directorio que usaremos en los ejemplos. A continuación se explicarán los ficheros de configuración más importantes:

- */etc/httpd/conf*: el directorio en el que se guardan los ficheros de configuración.
- */var/www/htdocs*: directorio en el que se guardarán los documentos del sitio web. Será importante controlar los permisos de acceso en este directorio y sus inferiores.
- */var/www/cgi-bin*: el directorio en el que se guardan los CGI. Este directorio tendrá que tener permisos especiales por razones de seguridad.
- */var/www/icons*: el lugar en el que se guardarán los ficheros de los iconos.
- */var/www/include*: directorio de los módulos adicionales. Un ejemplo es el directorio *xml*, que suele colgar de este directorio.
- */var/www/logs*: directorio donde se guarda información sobre los accesos. Esta información es fundamental para calcular estadísticas de acceso al sitio.

Para estudiar el estado del servidor *Apache* será necesario explorar estos directorios. Para una primera aproximación se puede utilizar por ejemplo este comando:

```
ls -l /var/www
```

18.4 Opciones principales de configuración

Configurar *Apache* es una tarea ardua, pero controlar los principales parámetros no es tan difícil. Existen además varios programas gráficos de configuración que ayudan en esta labor, como por ejemplo la herramienta llamada *comanche* o *webmin*.

Dentro del directorio de configuración */etc/httpd/conf* hay varios ficheros importantes. Los más destacados son los siguientes:

- *httpd.conf*: es el fichero de configuración principal. Es muy complicado y en la siguiente sección se explicará superficialmente. En algunas distribuciones se completa con el fichero *commonhttpd.conf*.
- *access.conf*: en este fichero se guarda información acerca de los permisos de acceso. Puede entrar en conflicto con las directivas del fichero *httpd.conf*, por lo que se recomienda no modificar este fichero. En algunas distribuciones ni siquiera se incluye este fichero.
- *srm.conf*: sirve para configurar la estructura de directorios mencionada en la sección anterior. En este fichero se define dónde se ubicarán los documentos, los CGI, etc. En algunas distribuciones tampoco se incluye este fichero, y de existir, se recomienda no modificarlo.
- *mime.types* o *apache-mime.types*: el fichero para el control de contenidos multimedia.

18.4.1 El fichero *httpd.conf*

Este fichero de configuración es muy largo y contiene mucha información. En cada línea especifica un valor de un parámetro, ofreciendo información completa de cada parámetro. Muchas veces están desactivados, con el carácter # por delante a modo de comentario.

Los parámetros más importantes, aquellos que suelen ser modificados en ocasiones, son los siguientes:

- Modo de inicio. *ServerType*. Tiene dos opciones: la primera para que el servidor se inicie directamente (*standalone*), y la segunda mediante *inetd* (*inetd*). Normalmente se utiliza la opción *standalone*. El formato es el siguiente:
  ```
  ServerType standalone
  ```
- Máximo número de conexiones: *MaxClients*. Con este número se puede limitar el número máximo de clientes, para evitar problemas por sobrecargas o ataques de denegación de servicio. Por ejemplo:
  ```
  MaxClients 150
  ```
- Margen del número de servidores: *MinSpareServers*, *MaxSpareServers*, *StartServers*. Con estos parámetros se puede definir el número de servidores en marcha simultáneamente: el mínimo, el máximo y el valor de inicio. El valor de inicio suele ser cinco en casi todas las distribuciones. Por ejemplo:
  ```
  StartServers 5
  MinSpareServers 5
  MaxSpareServers 15
  ```

Por lo tanto, se puede servir entre cinco y quince peticiones simultáneas, y cuando lleguen más peticiones, se pondrán en la lista de espera. Por eso es habitual que haya varios procesos *httpd* en marcha a la vez.

- Puerto: *Port*. Determina en qué puerto debe escuchar el servidor. El valor por defecto es 80, pero para hacer pruebas se utiliza en ocasiones el puerto 8080.
    ```
    Port 80
    ```

- Puerto o IP adicional: *Listen*. Es complementario del anterior, ya que permite escuchar en más de un puerto a la vez.
    ```
    Listen 8080
    ```

- Directorio del servicio: *ServerRoot*. Define el directorio comentado en la sección anterior, donde se sitúa toda la información de configuración.
    ```
    ServerRoot /etc/httpd
    ```

- Directorio raíz de las páginas web: *DocumentRoot*. En este directorio se situarán las páginas web, por lo que habrá que tener especial cuidado con los permisos de los documentos. En este directorio se pueden utilizar enlaces simbólicos.
    ```
    DocumentRoot /var/www/html
    ```

- Módulos *plug-in*: *LoadModule* y *AddModule*. Como *Apache* se trata de un programa modular, es flexible en ese aspecto. Suele haber varias líneas de este tipo, una por cada módulo del directorio *modules*. He aquí algunos ejemplos:
    ```
    LoadModule mime_module modules/mod_mime.so
    LoadModule proxy_module modules/libproxy.so
    ```

- Control de seguridad: *User, Group*. Con estos parámetros se asigna una cuenta y un grupo al servidor *Apache*. Cuando el proceso se inicia, la cuenta de inicio es *root*, ya que de lo contrario no se podría utilizar el puerto reservado 80. No obstante, razones de seguridad recomiendan utilizar una cuenta sin privilegios. Normalmente se utiliza *apache* o *nobody*.
    ```
    User apache
    ```

- *e-mail* de administración: *ServerAdmin*. Aquí se define la cuenta de correo para la administración del sitio web. A esta dirección llegarán los mensajes automáticos que generará *Apache* cuando surjan problemas.
    ```
    ServerAdmin webmaster@localhost
    ```

- El nombre del servidor: *ServerName*. Sólo se activa en casos especiales.

- Página de inicio o página principal: *DirectoryIndex*. La página de inicio de cada directorio se puede definir mediante esta lista. En caso de especificar varios valores, el orden será tenido en cuenta. En un sitio que utilice PHP, la configuración sería esta:
    ```
    DirectoryIndex index.php index.html index.htm index.shtml
    ```

- Equivalencias de directorios: *Alias*. Suelen ser abreviaturas de caminos absolutos. Pueden definirse por comodidad o por seguridad. Con estas abreviaturas los usuarios tendrán que teclear direcciones más cortas:
    ```
    Alias /libro/ "/var/www/html/publicaciones/actual/libro/"
    ```

- Ubicación de CGI: *ScriptAlias*. Caso especial del anterior parámetro, especial para directorios de CGI. Es fundamental para la seguridad del sitio proteger estos directorios.

    ```
    ScriptAlias /cgi-bin/ "/var/www/cgi-bin/"
    ```

- Gestión de idiomas: *AddLanguage, LanguagePriority*. Con el primer parámetro se pueden especificar los idiomas de los documentos del sitio, y con el segundo se determina la prioridad entre los mismos. Por ejemplo:

    ```
    AddLanguage es .es
    AddLanguage en .en
    AddLanguage eu .eu
    AddLanguage ca .ca
    AddLanguage fr .fr
    LanguagePriority es en eu ca fr
    ```

- Activación de la función de caché: *CacheRoot, CacheSize, CacheMaxExpire*, etc. Con estos parámetros se puede activar (*on*) o desactivar (*off*) la función de caché para permitir que se acumulen las últimas consultas realizadas sobre las páginas dinámicas del sitio, de forma que se puedan servir con mayor rapidez.

    ```
    CacheRoot "/var/cache/httpd"
    ```

- Configuración de varios dominios: *VirtualHost*. Se trata de una sección, en la que se puede definir toda la información para diversos servidores virtuales, es decir servicios webs dados por el mismo servidor para varios dominios o subdominios. Esta información se referirá generalmente a la ubicación de ficheros: *DocumentRoot, DirectoryIndex*, etc. y a los derechos de acceso.

- Activación de los servicios de *Proxy*: *ProxyRequest* y *ProxyVia*. Esta función se activa con el valor *on*.

- Fichero de acceso de seguridad: *AccessFileName*. Se especifica el nombre del fichero de control de acceso.

- Permanencia de la conexión: *KeepAlive*. Se puede activar (*on*) o desactivar (*off*). Si se activa, aumentará la velocidad, ya que se permitirán múltiples peticiones sobre la misma conexión.

- Máximo tiempo de espera: *Timeout*. El tiempo de espera máximo de una comunicación, expresado en segundos.

18.4.2 Configuración en modo gráfico

La configuración de *Apache* se puede realizar en modo gráfico, mediante el diálogo de *webmin* que se muestra en la Figura 18.1. Dentro de la sección de servidores, eligiendo el icono de *Servidor Web Apache*. Aquí aparecen las opciones generales estudiadas de forma mas sencilla, límites y procesos, módulos, etc.

Para la gestión del servidor por defecto y de los dominios virtuales se usan las opciones que aparecen tras hacer clic en uno de los servidores virtuales y que se presentan en la Figura 18.2.

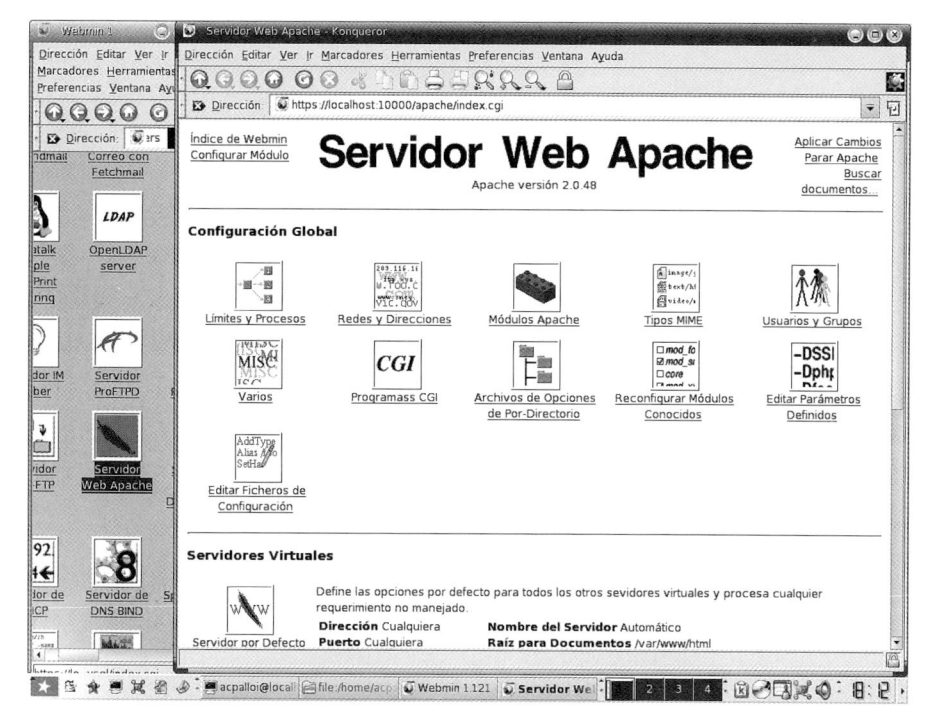

Figura 18.1
Configuración de *Apache* en modo gráfico.

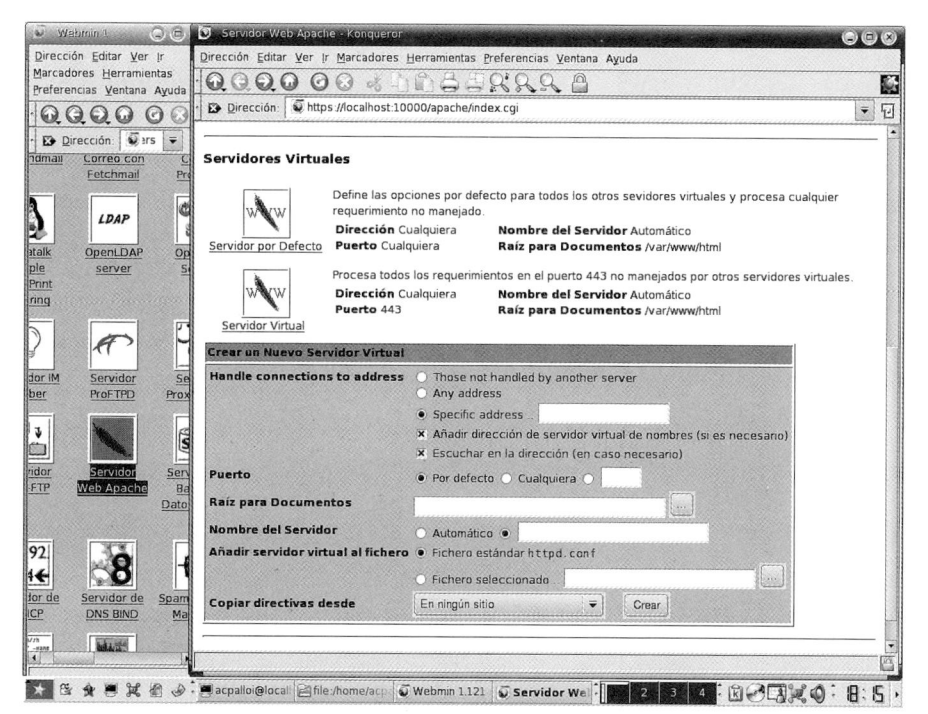

Figura 18.2
Configuración de servidores virtuales de *Apache* en modo gráfico.

18.4.3 Ejemplos

- Análisis de los ficheros de configuración:
    ```
    more /etc/httpd/conf/commonhttpd.conf
    more /etc/httpd/conf/httpd.conf
    ```

18.5 Seguridad y SSL

En el Capítulo 16 se explica que el cifrado es fundamental para poder establecer comunicaciones seguras. En los servicios web es cada vez más importante la seguridad en las transacciones, ya que la información que se envía es en ocasiones muy sensible (datos de tarjetas de crédito, etc.). Por esta razón *Apache* incorporó el cifrado adaptado al protocolo HTTP, siguiendo el protocolo HTTPS. Cuando se está accediendo a un sitio web seguro, en la dirección aparece *https* en vez de *http*.

El protocolo HTTPS suele utilizar el puerto 443 en vez del 80, debido a que a veces se mantienen los dos servicios a la vez, uno para el tráfico normal y el otro para el tráfico seguro. Los servidores *Apache* pueden gestionar los dos puertos modificando la opción *Listen* y definiendo servidores virtuales.

La seguridad se garantiza mediante paquetes SSL. SSL son las siglas de *Secure Socket Layer*, y significa *nivel de conexiones seguras*. La función de SSL es establecer conexiones mediante claves cifradas y certificados que garantizan la autentificación. Es imprescindible si el servidor va a tratar información privada o sensible, y más aún en el caso de sitios de compra-venta. SSL no garantiza la ausencia total de incidentes de seguridad, pero es imprescindible en aplicaciones seguras.

En los sistemas *Linux*, SSL se basa en las librerías *OpenSSL* o *SSLeay*. El objetivo de estas librerías es proporcionar una herramienta de cifrado eficaz.

Cuando se necesite un servidor seguro, se podrá seguir dos caminos alternativos: utilizar el módulo adicional *mod_ssl* o instalar el paquete *Apache-SSL*. Para aplicar el primer método se puede acudir al sitio web *http://www.modssl.org*, y en el segundo caso buscar información y recursos en el sitio *http://www.apache-ssl.org*. En el fichero de configuración aparecerán nuevos parámetros, y todos tendrán el prefijo *SSL*. Entre ellos destacan *SSLCertificateFile* (para configurar la ubicación del fichero de certificados) y *SSLCertificateKeyFile* (información de las claves).

18.6 Ejercicios

1. Cambiar la configuración de *Apache* para que sólo cree una conexión al inicio, y comprobar que funciona correctamente.

2. Intentar cambiar la configuración del servidor *Apache* para que funcione en modo seguro. Hacer las instalaciones y cambios necesarios para ello.

Apéndice A

Instalación de *Linux*

En este apéndice

A.1 Introducción **275**

A.2 Inicio **275**

A.3 Primeros pasos de la instalación **277**

A.4 Particionado del disco **280**

A.5 Elección e instalación de paquetes **283**

A.6 Configuración **285**

A.7 Configuración de la tarjeta de video **287**

A.8 Configuración de la tarjeta de red **290**

A.9 Fin de la instalación **293**

A.10 Prueba y reconfiguración **294**

La instalación es un paso previo a la administración, pero en muchos casos trabajaremos en un sistema previamente instalado y este aspecto no será relevante.

A.1. Introducción

La distribución que hemos elegido tanto para la instalación como para las pruebas ha sido *Mandrake* www.mandrake.com, concretamente su versión 10.0. La elección de la distribución más adecuada es un tema controvertido (se han destacado las distintas opciones en el Capítulo 1) y en nuestra elección ha sido fundamental su fácil instalación y sus herramientas multilingües. *Ubuntu* www.ubuntu.com es otra distribución, basada en *Debian* en este caso, muy recomendable.

Los pasos a dar en las instalaciones de todas las distribuciones son similares, pero las mas avanzadas en este aspecto simplifican el trabajo con una interfaz clara y detectando automáticamente las tarjetas y localizando el software a través de la red.

Si el PC es recién comprado se recomienda recurrir a versiones muy recientes, ya que en caso contrario puede ser que las tarjetas no sean reconocidas automáticamente. Es más, si lo que nos interesa es una instalación cómoda, hay veces que merece la pena comprar o conseguir tarjetas peores pero más conocidas.

Vamos a ponernos en un caso habitual: tenemos instalado en el PC algún sistema de *Microsoft* y queremos añadir *Linux* para poder elegir a la hora del arranque uno de los dos sistemas. Antes de iniciar la instalación de *Linux* se deben salvar los datos del sistema ya instalado, compactar la información del disco para dejar más y particionar el disco. Para ello, aunque en las distribuciones de *Linux* se ofrecen algunas herramientas primitivas, lo más adecuado es usar una herramienta específica como *Partition Magic*. ¡Cuidado! Si no salvamos nuestra información es mejor no arriesgarnos a una instalación que puede conllevar perder los datos. En ese caso es mejor empezar con una distribución que funcione desde CD como *knoppix* www.knoppix.com.

A.2 Inicio

Vamos a suponer que disponemos de los CD o DVD propios de la distribución. En ese caso lo único que debemos hacer es apagar el sistema (con los datos ya salvados) y arrancar desde el CD. Si la opción de arrancar desde CD estuviera desactivada habrá que entrar en el menú de la BIOS y restaurar dicha opción.

Si todo ha ido bien nos aparecerá la pantalla inicial, que nos ofrece ayuda o nos permite pasar directamente a una instalación (o actualización). Pulsando la tecla de ENTER elegimos esta última opción.

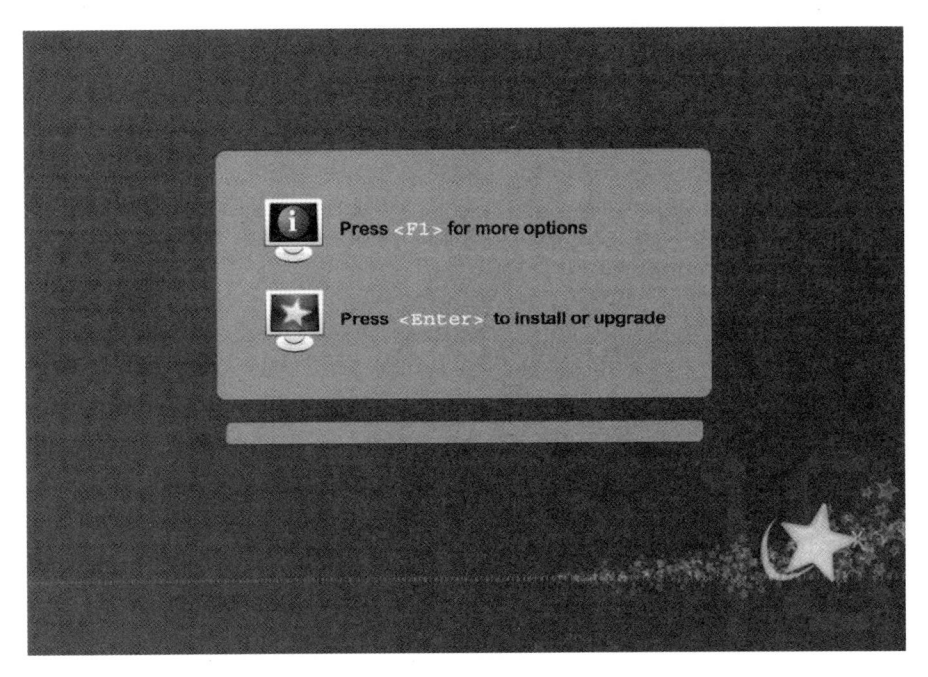

Para ello el sistema mínimo imprescindible se debe cargar en la memoria como paso previo a la verdadera instalación.

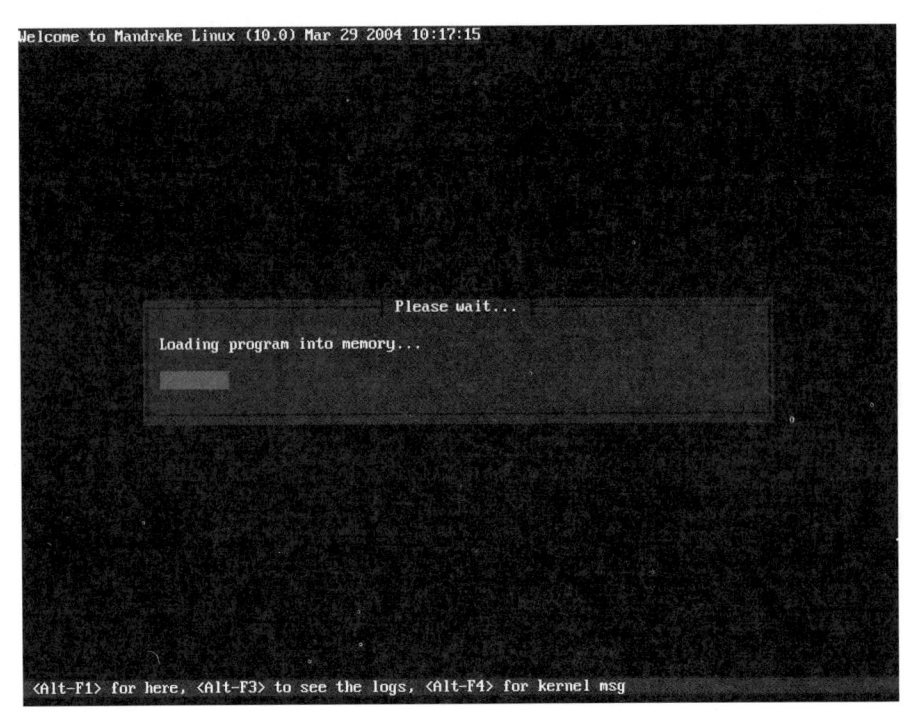

Posteriormente pasamos a cada una de las dos grandes fases, instalación y configuración.

A.3 Primeros pasos de la instalación

Se compone de 5 etapas, siendo fundamentales las dos últimas: idioma, licencia, seguridad, partición del disco e instalación inicial.

La primera etapa es la elección del idioma según el menú principal que se nos ofrece.

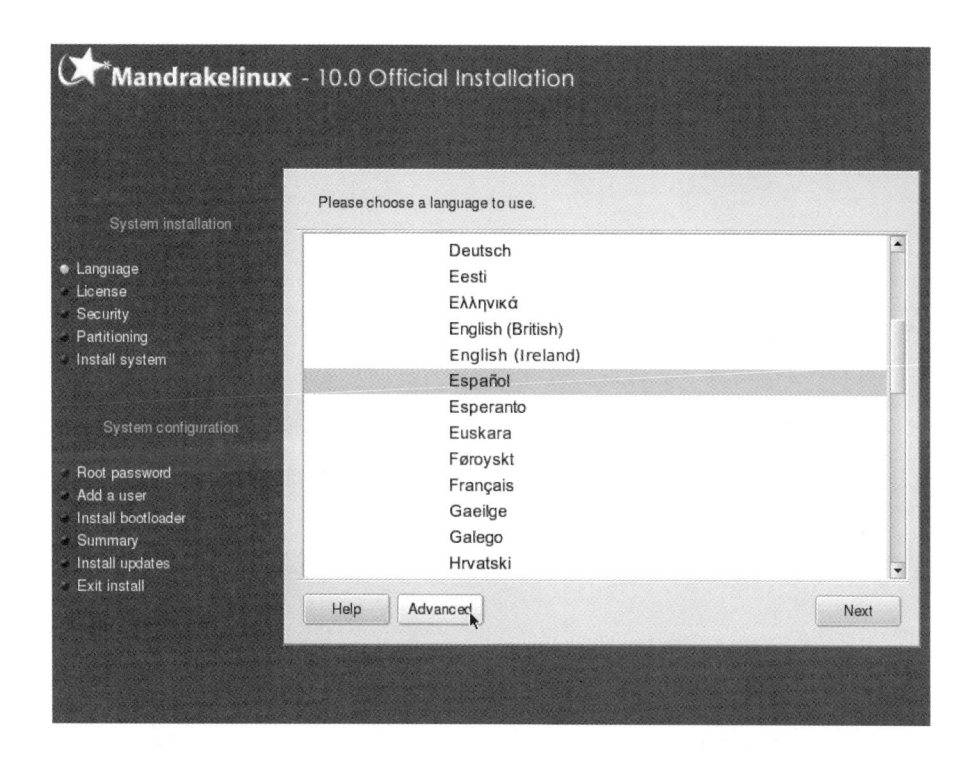

Mandrake está localizado en muchos idiomas y ese es uno de los factores más a su favor. Debemos tener en cuenta que el idioma que elijamos será el que se use tanto en la instalación como en los mensajes y menús que aparecerán tras la misma. Si queremos que el sistema sea multilingüe deberemos elegir idiomas adicionales (el inglés suele estar siempre preseleccionado) por medio del botón "Advanced".

Entre otros se pueden elegir el gallego "Galego", euskera "Euskara" y catalán "Català", pero estos idiomas, aunque se instalen no estarán accesibles en las ayudas y menús hasta hacer algún cambio en las variables de entorno (*véase* Capítulo 4). Los idiomas y otros factores culturales (alfabeto, teclado, moneda, huso horario, etc.) se controlan por unos paquetes de nombre *locale*.

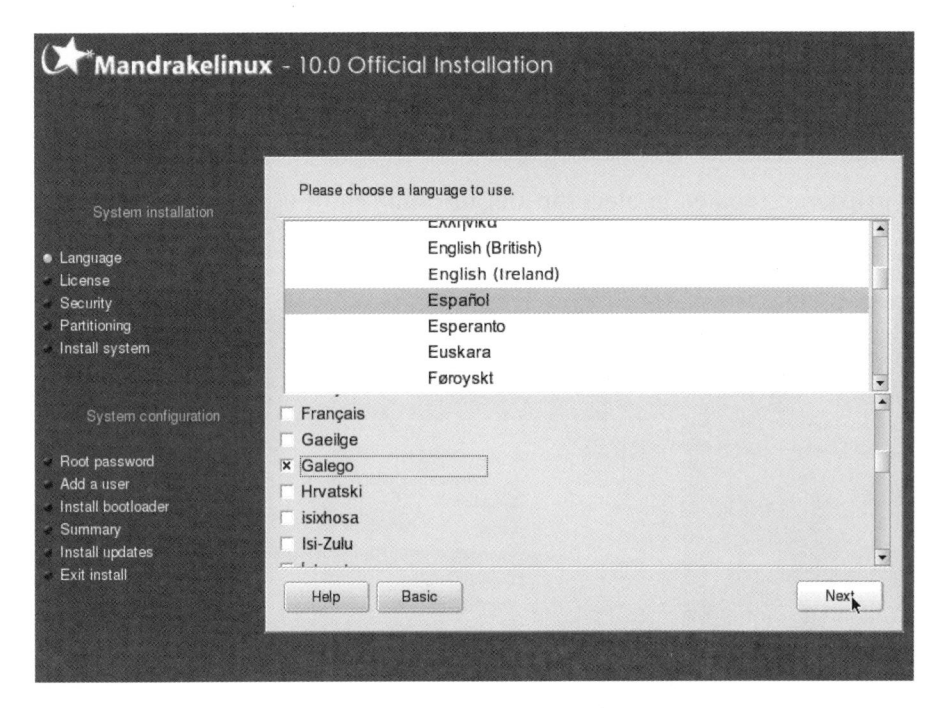

En la segunda etapa se nos ofrecen las condiciones de distribución para que las conozcamos y aceptemos.

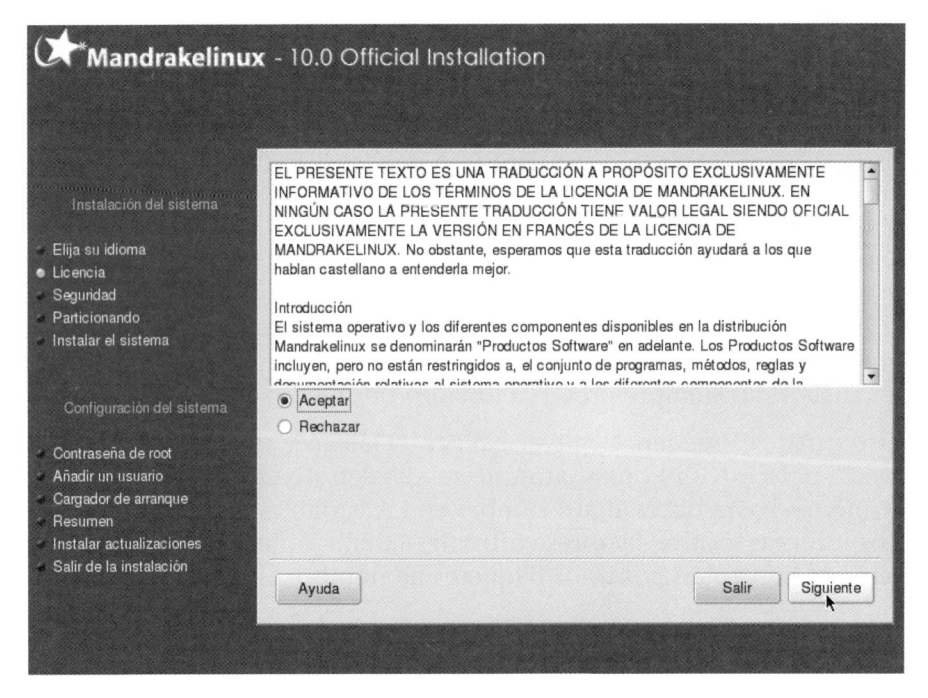

En una tercera etapa se nos consulta sobre el teclado que utilizamos, que en general será el "Español".

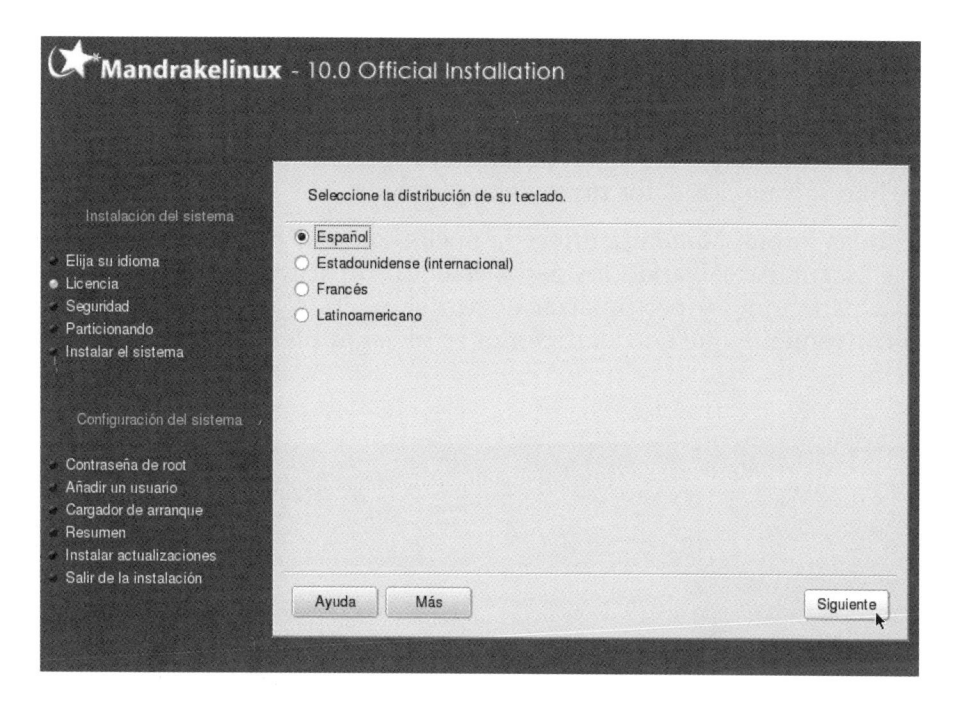

En la siguiente etapa se nos inquiere sobre el nivel de seguridad que se quiere instalar. Es una opción específica de *Mandrake* por lo que recomendamos que, salvo sistemas de explotación que hayan decidido basar la seguridad en esa herramienta, se elija la opción estándar, para posteriormente incluir herramientas de seguridad más conocidas.

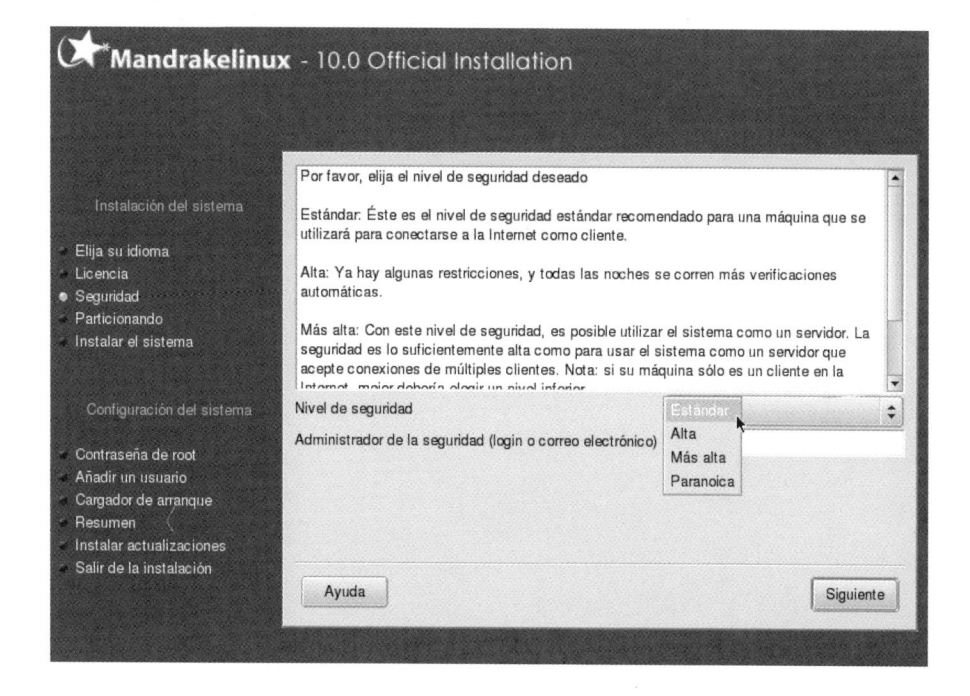

A.4 Partición del disco

Las particiones se han estudiado en el Capítulo 3. Como se ha dicho en la introducción particionar el disco puede conllevar pérdida de información por lo que si no se han salvado los datos no se debe proseguir.

De todas formas *Mandrake* ofrece la opción de usar el espacio libre, pero es preferible asegurarse salvando los datos elaborar un sistema más eficiente haciendo nuevas particiones y personalizar el particionado. Como ya hemos comentado, sería conveniente que esas particiones se hicieran previamente con un programa específico.

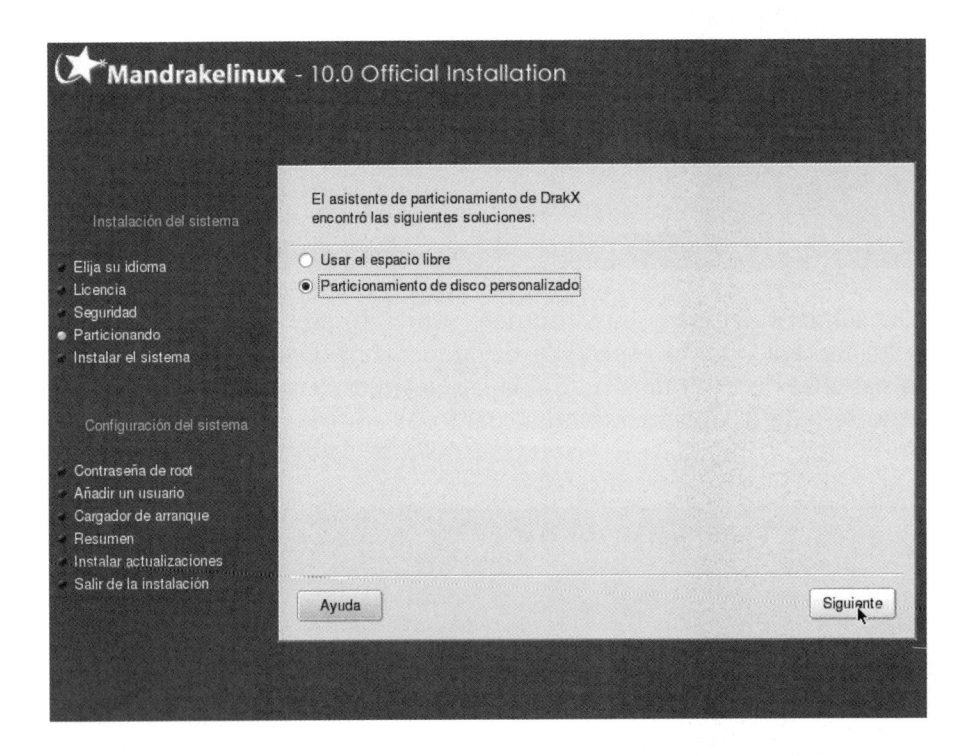

Los distintos tipos de particiones se representarán en distintos colores y, si no se tiene claro qué hacer, el botón de "Asignación automática" es una opción adecuada.

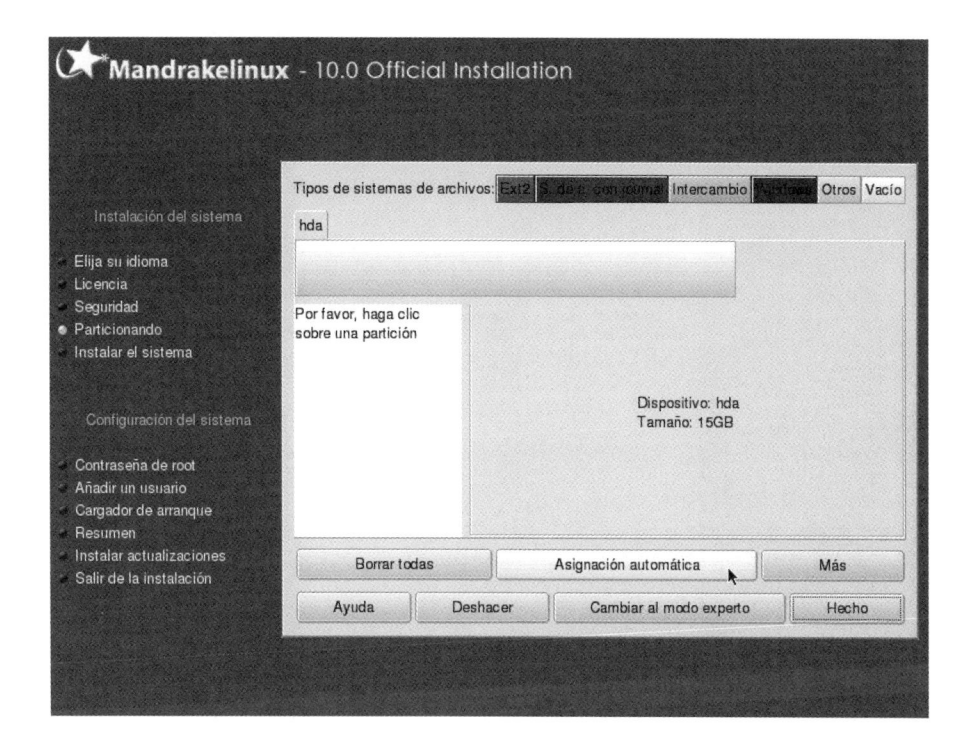

Como se ve posteriormente, tras elegir esa opción se crean tres particiones:

- Una raíz para el sistema y toda su información de control y que tiene / como punto de montaje.
- Una segunda que recibe el nombre de partición de *swap*, pequeña y sin formatear ni montar, para la información que no entra en la memoria en un momento determinado.
- Una tercera para la información de las distintas cuentas que se monta en el directorio */home*.

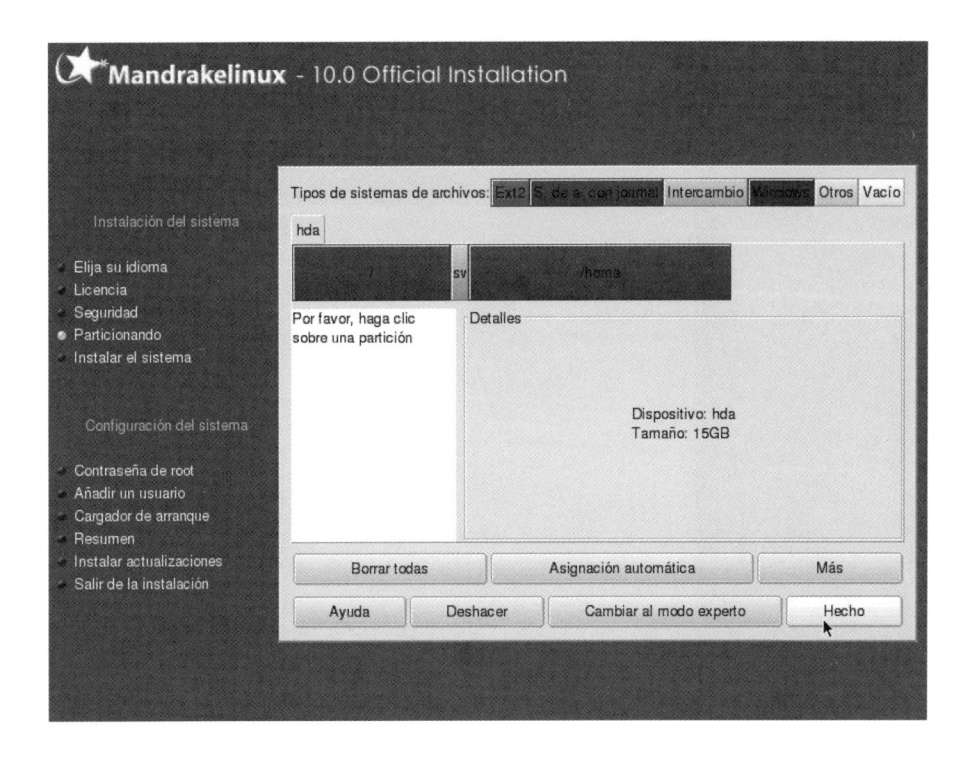

Si estamos de acuerdo haremos clic en "Hecho" y durante un tiempo se formatearán las nuevas particiones.

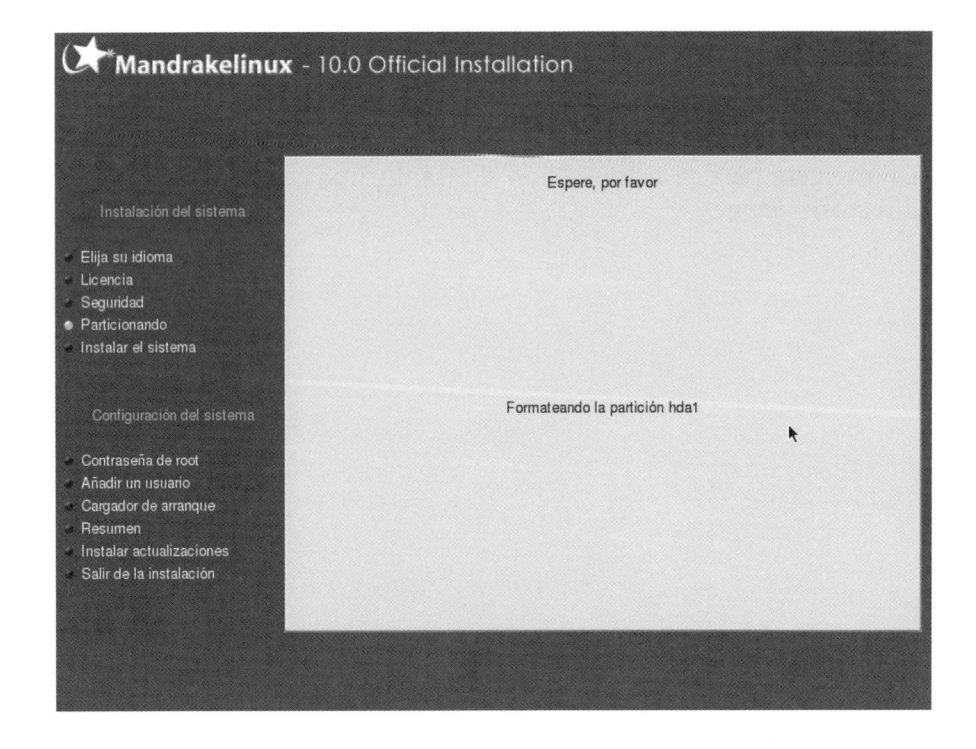

A.5 Elección e instalación de paquetes

A partir de aquí se pasa a la verdadera instalación cuyo primer paso es la elección de paquetes *rpm* (*véase* Sección 6.3). En lugar de elegir los paquetes uno a uno se ofrecen por lotes según se puede observar en la siguiente pantalla.

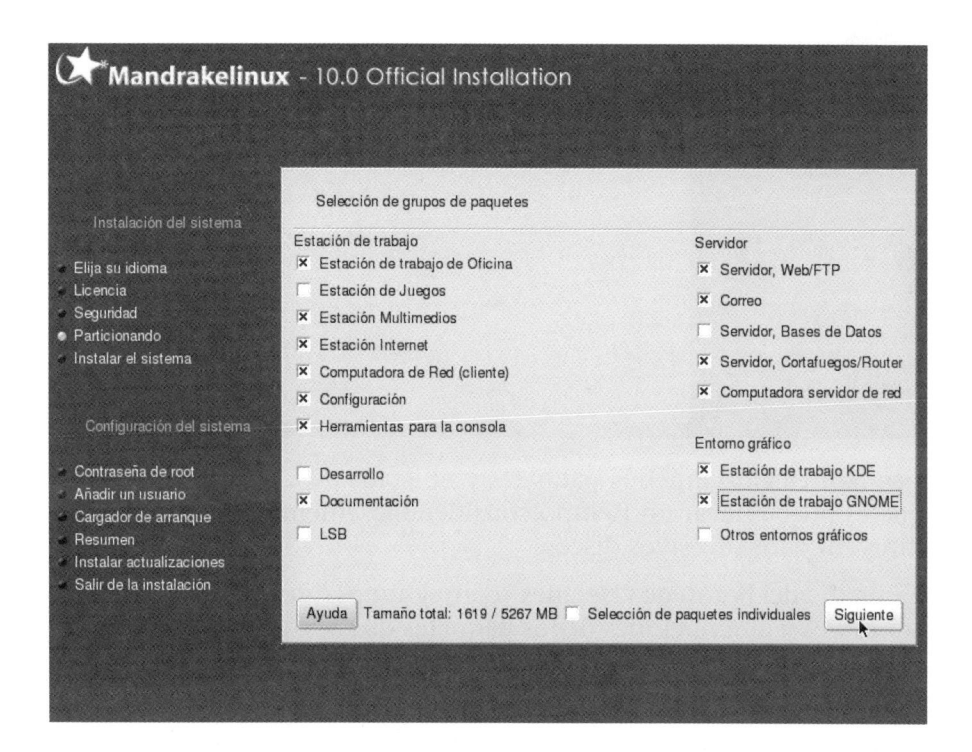

Esta elección estará condicionada por los objetivos de la instalación y por el espacio disponible en disco. En este libro se utilizan la mayoría de las secciones y, en principio, salvo falta de espacio en disco, se recomienda una instalación amplia, para posteriormente aplicar los temas de seguridad del Capítulo 9, ya que cuantos más servicios se instalan más vulnerable se vuelve el sistema.

Si sabemos muy bien qué queremos instalar podríamos elegir la opción de "Selección de paquetes individuales".

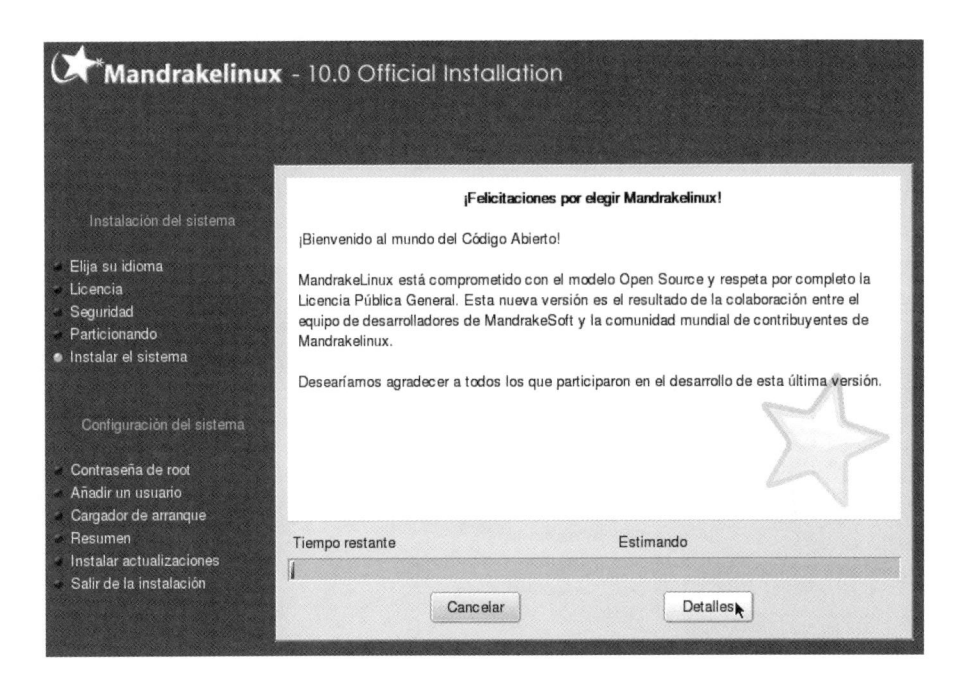

Si se han elegido muchos paquetes y el lector de CD es lento la copia de estos paquetes puede llevar un tiempo considerable. Además, si se usan CD hay que ir sustituyendo los sucesivos discos.

Por medio del botón de "Detalles" conseguimos que durante la espera aparezcan los nombres y descripciones de los paquetes que se están instalando.

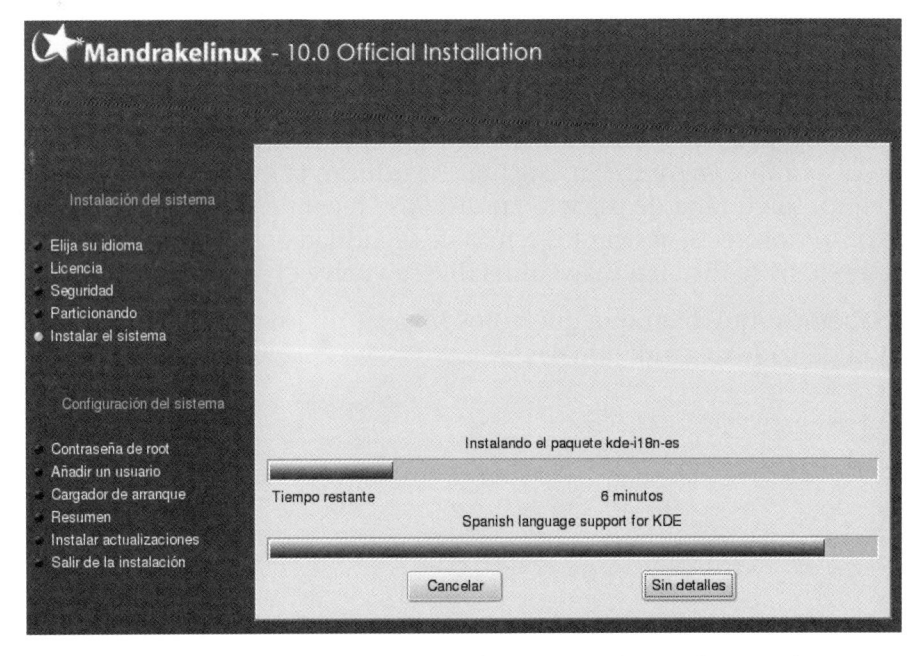

Una vez finalizada la instalación en sí, se pasa a la configuración.

A.6 Configuración

Aunque a la izquierda de la pantalla aparecen enumerados unos pasos concretos, lo fundamental de este paso es la configuración correcta de las tarjetas. Las tarjetas de red, video y sonido solían ser problemáticas de instalar, y aún hoy en día dan algún problema cuando son tarjetas nuevas en el mercado y la distribución elegida no es actual. Antes de ello el instalador pasa a generar las cuentas de *root* y uno o varios usuarios, pidiéndonos para ello los datos correspondientes.

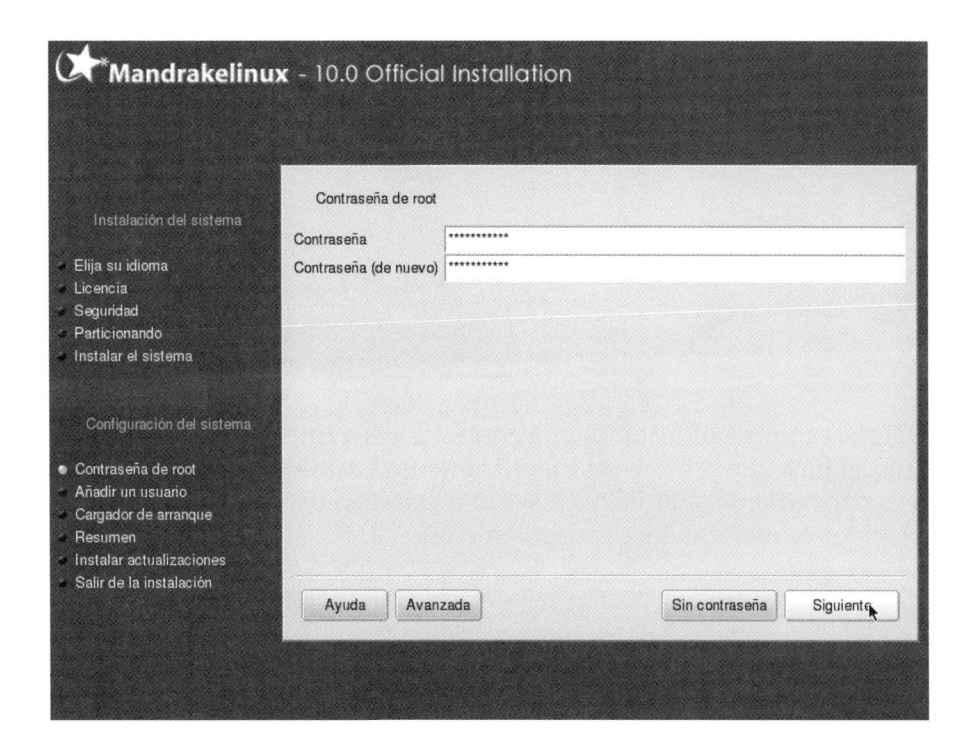

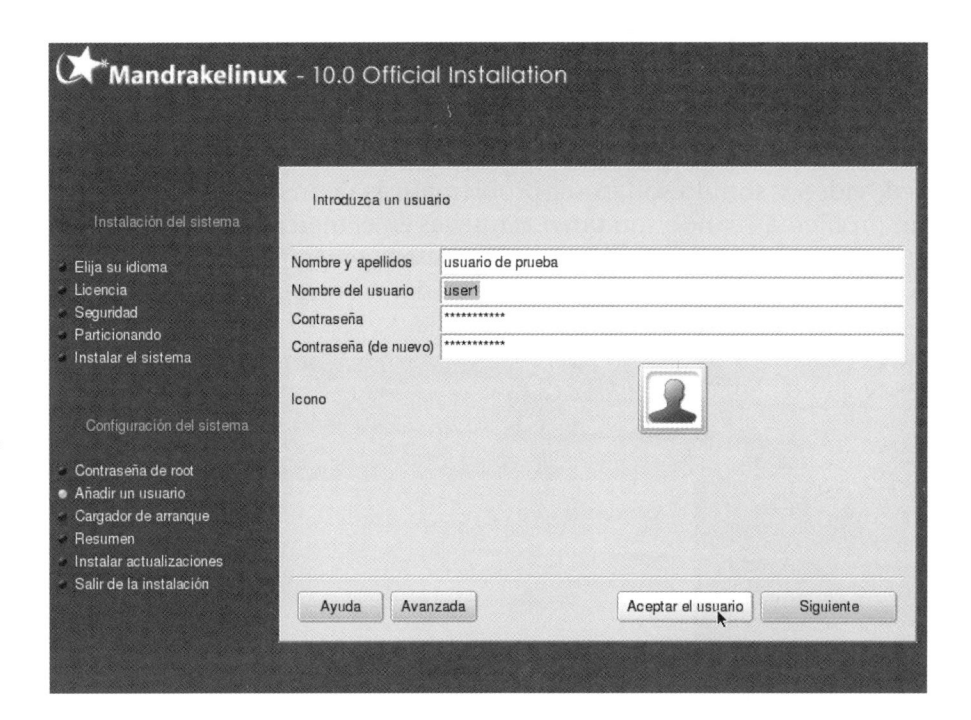

La siguiente pregunta también es concisa pero importante. Permite elegir una interfaz gráfica que se active automáticamente cuando se encienda el computador. Esto es conveniente si el PC va a ser una estación de trabajo personal. Si va a ser un servidor es mejor desactivar esta opción.

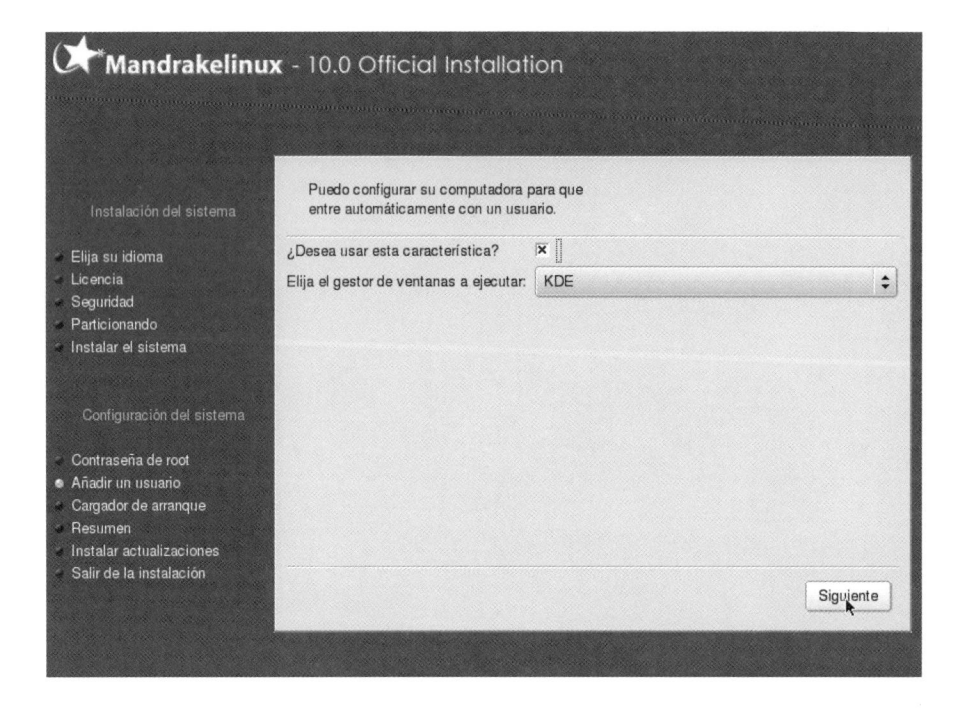

Los gestores de ventanas más conocidos y utilizados son *gnome* y KDE, ya descritos en el Capítulo 1.

Aquí se llega al momento mas decisivo de la instalación (el más delicado es el de las particiones). Debemos comprobar que el sistema y sus dispositivos están bien configurados. Como se ha dicho las distribuciones actuales cuidan mucho este aspecto, es decir, tienen una muy buena detección y configuración automática pero a veces fallan.

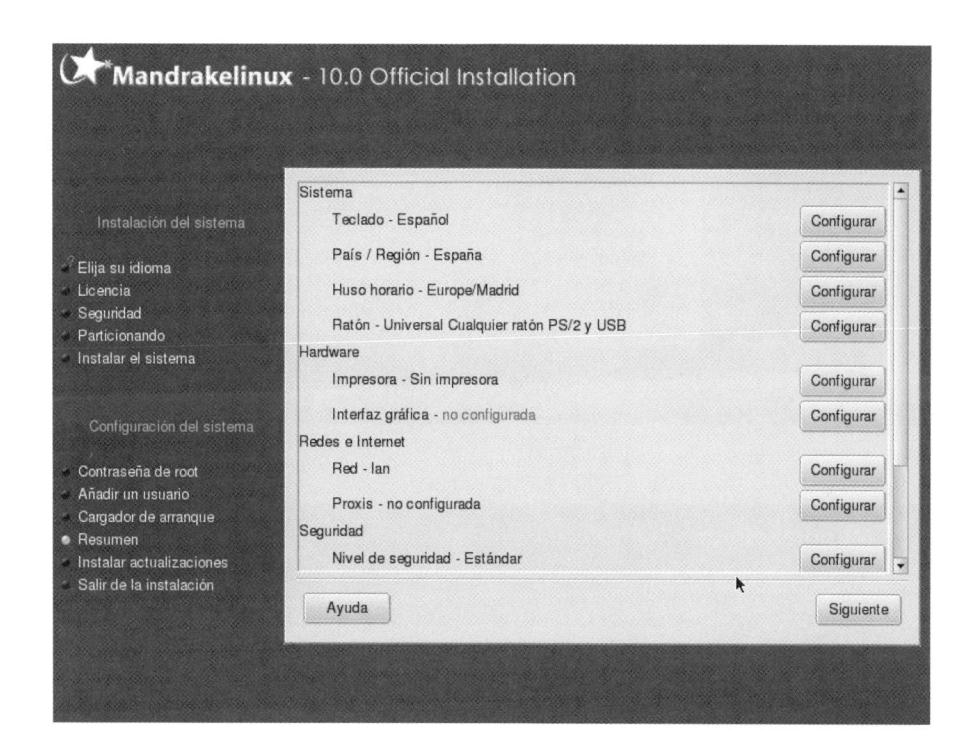

En la figura anterior se puede observar que la interfaz gráfica ha fallado y no se ha configurado. Con su botón de "Configurar" se puede intentar solucionar el problema.

A.7 Configuración de la tarjeta de video

El programa instalador nos ofrecerá elegir distintas características, servidor X, tamaño de la pantalla, memoria y resolución de la pantalla. También es posible probar la configuración.

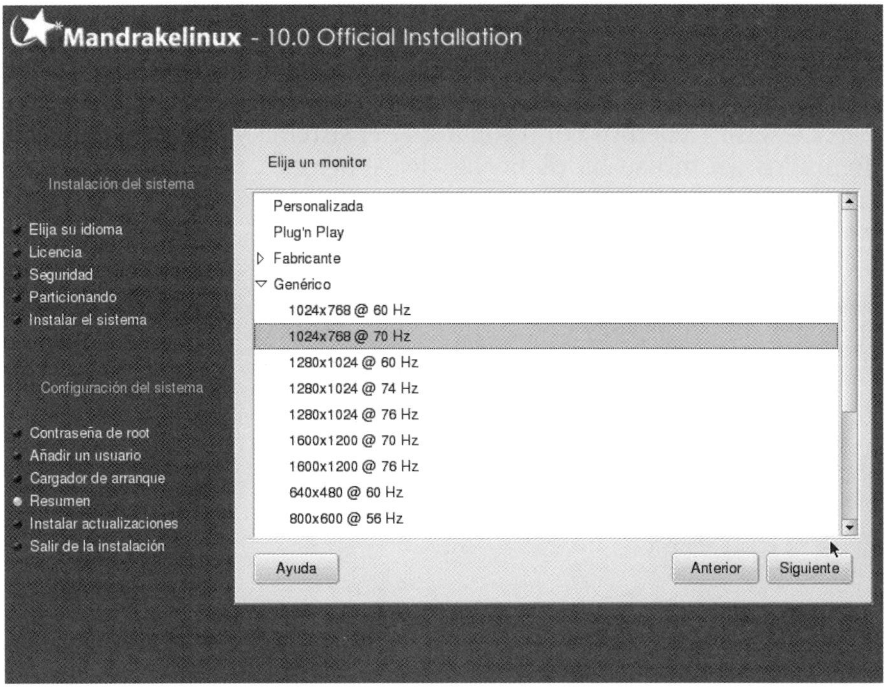
Mandrakelinux - 10.0 Official Installation
Instalación del sistema
Elija su idioma
Licencia
Seguridad
Particionando
Instalar el sistema
Configuración del sistema
Contraseña de root
Añadir un usuario
Cargador de arranque
Resumen
Instalar actualizaciones
Salir de la instalación
Elija un monitor
Personalizada
Plug'n Play
Fabricante
Genérico
1024x768 @ 60 Hz
1024x768 @ 70 Hz
1280x1024 @ 60 Hz
1280x1024 @ 74 Hz
1280x1024 @ 76 Hz
1600x1200 @ 70 Hz
1600x1200 @ 76 Hz
640x480 @ 60 Hz
800x600 @ 56 Hz
Ayuda
Anterior
Siguiente

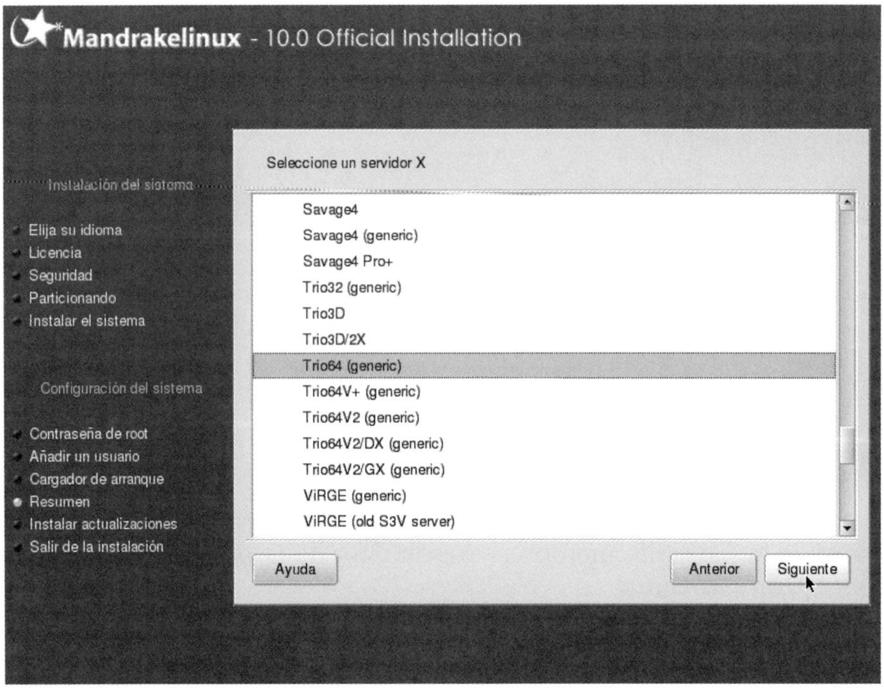
Mandrakelinux - 10.0 Official Installation
Instalación del sistema
Elija su idioma
Licencia
Seguridad
Particionando
Instalar el sistema
Configuración del sistema
Contraseña de root
Añadir un usuario
Cargador de arranque
Resumen
Instalar actualizaciones
Salir de la instalación
Seleccione un servidor X
Savage4
Savage4 (generic)
Savage4 Pro+
Trio32 (generic)
Trio3D
Trio3D/2X
Trio64 (generic)
Trio64V+ (generic)
Trio64V2 (generic)
Trio64V2/DX (generic)
Trio64V2/GX (generic)
ViRGE (generic)
ViRGE (old S3V server)
Ayuda
Anterior
Siguiente

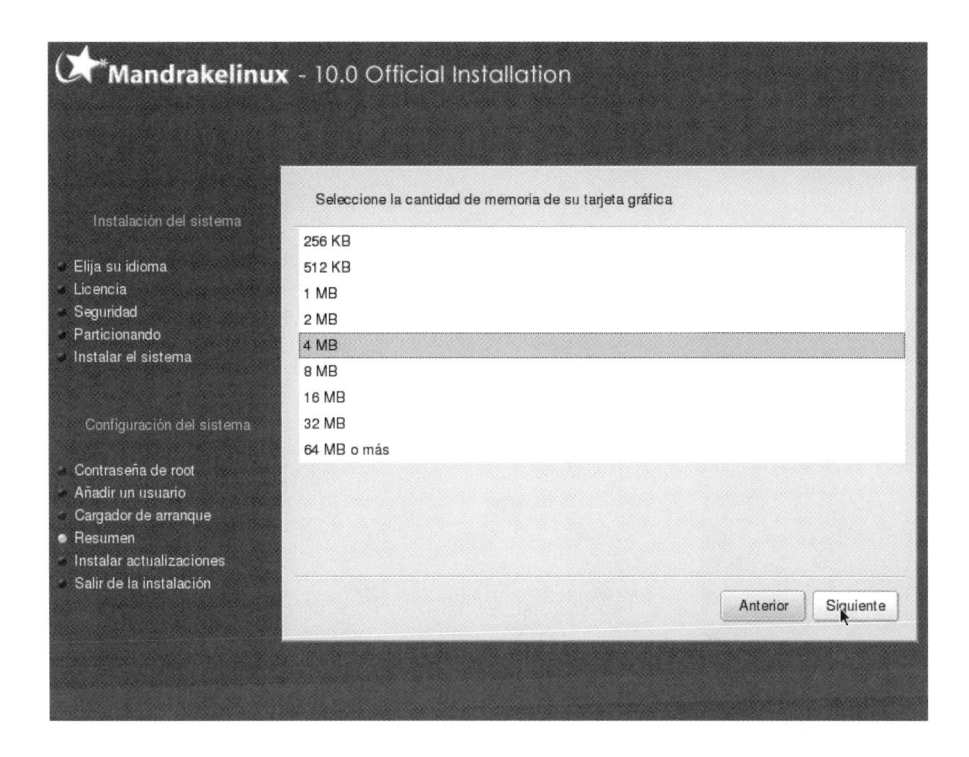

Instalación de *Linux*

Mandrakelinux - 10.0 Official Installation

Seleccione la cantidad de memoria de su tarjeta gráfica

- 256 KB
- 512 KB
- 1 MB
- 2 MB
- **4 MB**
- 8 MB
- 16 MB
- 32 MB
- 64 MB o más

Instalación del sistema
- Elija su idioma
- Licencia
- Seguridad
- Particionando
- Instalar el sistema

Configuración del sistema
- Contraseña de root
- Añadir un usuario
- Cargador de arranque
- Resumen
- Instalar actualizaciones
- Salir de la instalación

[Anterior] [Siguiente]

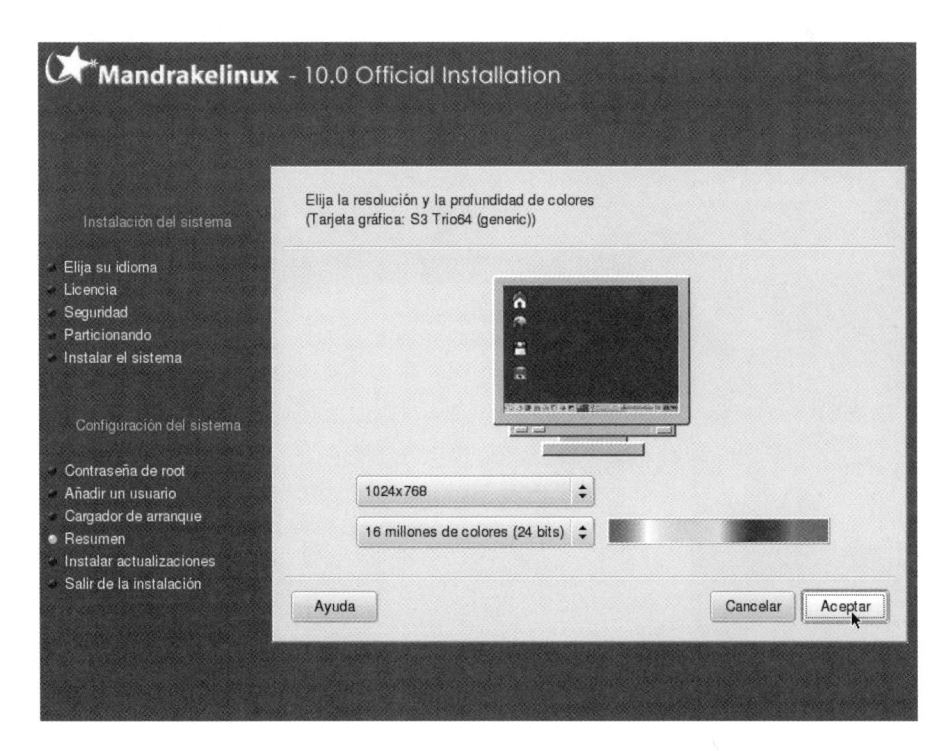

Mandrakelinux - 10.0 Official Installation

Elija la resolución y la profundidad de colores
(Tarjeta gráfica: S3 Trio64 (generic))

1024x768

16 millones de colores (24 bits)

Instalación del sistema
- Elija su idioma
- Licencia
- Seguridad
- Particionando
- Instalar el sistema

Configuración del sistema
- Contraseña de root
- Añadir un usuario
- Cargador de arranque
- Resumen
- Instalar actualizaciones
- Salir de la instalación

[Ayuda] [Cancelar] [Aceptar]

A.8 Configuración de la tarjeta de red

Otro elemento de configuración compleja es la tarjeta de red.

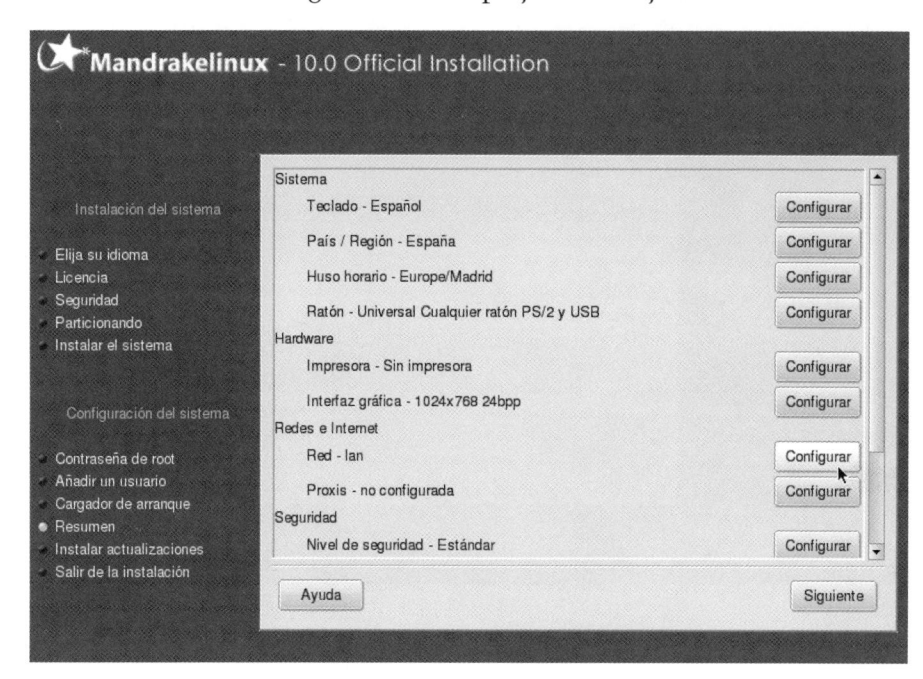

Si es necesario reconfigurarla se nos pedirá el tipo de conexión y el tipo de tarjeta (interfaz de red).

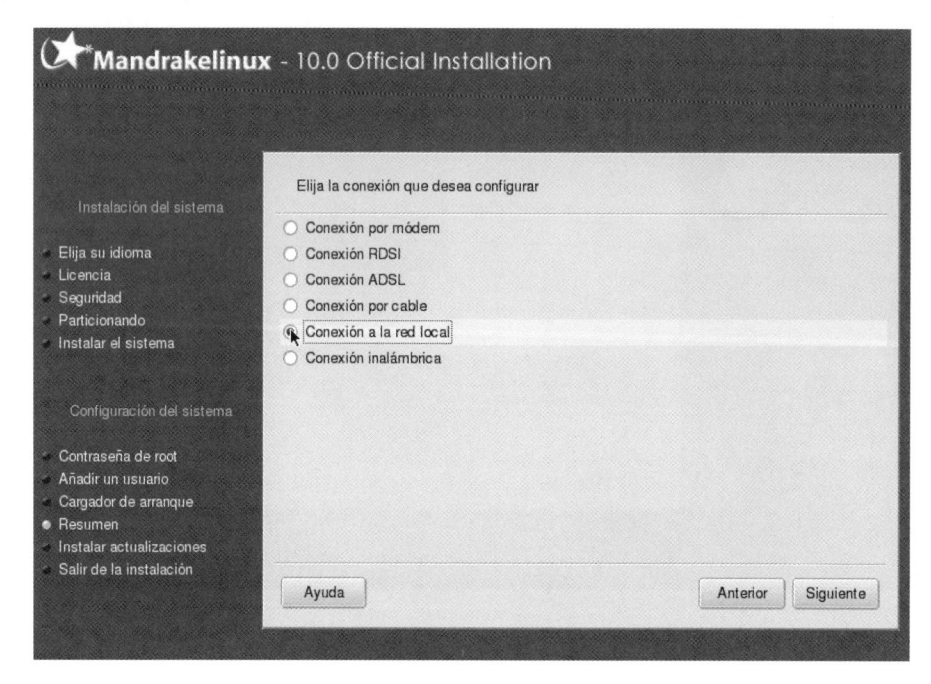

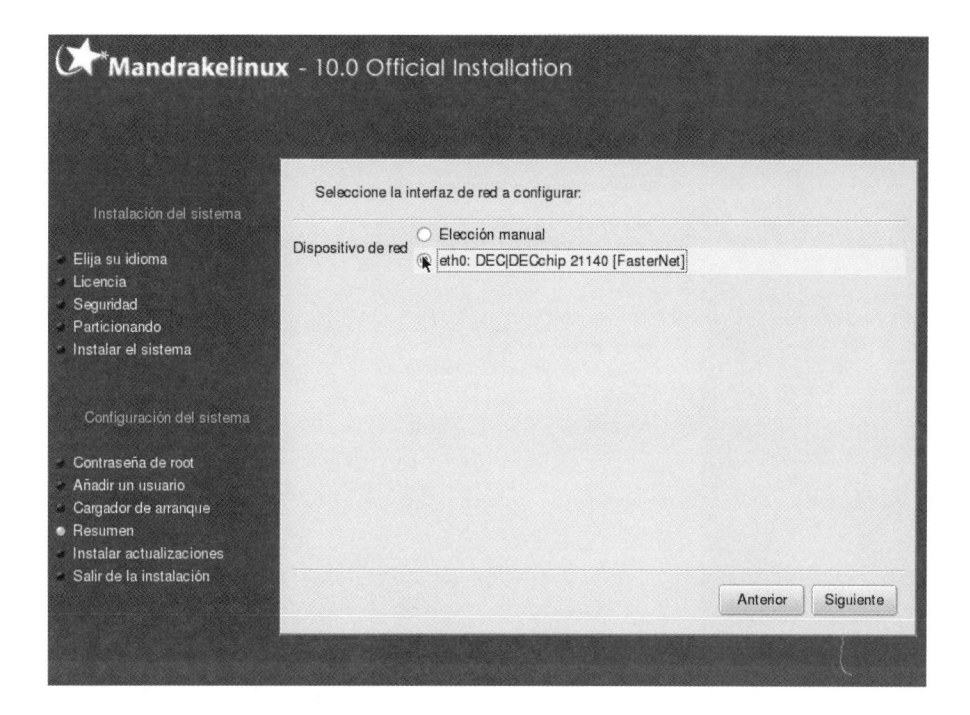

Posteriormente se nos piden aspectos que se describen en detalle en el Capítulo 11. Dirección fija o por medio de DHCP, servidor de DNS o *router* (pasarela) son las opciones fundamentales. Optaremos por lo que nos indique nuestro proveedor de acceso a la red local o Internet.

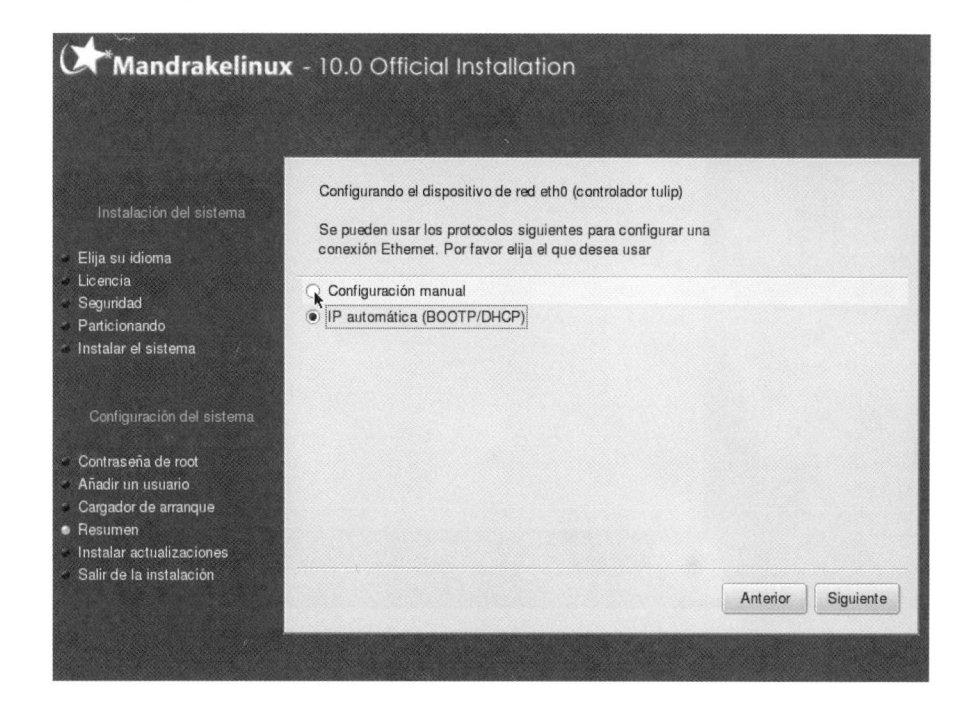

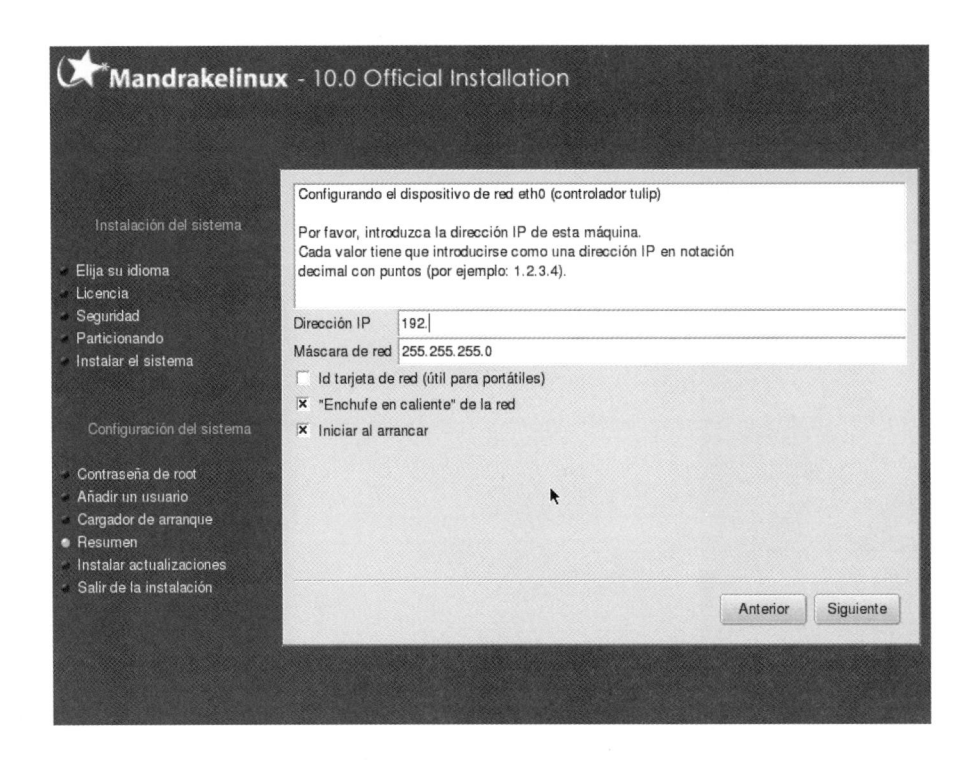

Mandrakelinux - 10.0 Official Installation

Instalación del sistema
- Elija su idioma
- Licencia
- Seguridad
- Particionando
- Instalar el sistema

Configuración del sistema
- Contraseña de root
- Añadir un usuario
- Cargador de arranque
- Resumen
- Instalar actualizaciones
- Salir de la instalación

Configurando el dispositivo de red eth0 (controlador tulip)

Por favor, introduzca la dirección IP de esta máquina.
Cada valor tiene que introducirse como una dirección IP en notación decimal con puntos (por ejemplo: 1.2.3.4).

Dirección IP: 192.
Máscara de red: 255.255.255.0

☐ Id tarjeta de red (útil para portátiles)
☒ "Enchufe en caliente" de la red
☒ Iniciar al arrancar

[Anterior] [Siguiente]

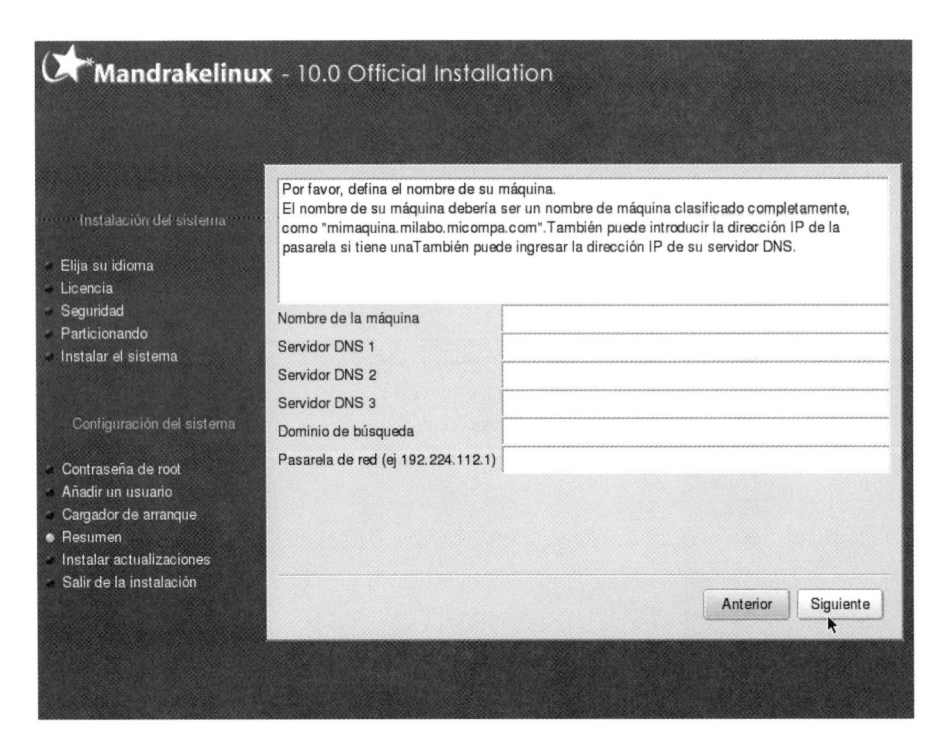

Mandrakelinux - 10.0 Official Installation

Instalación del sistema
- Elija su idioma
- Licencia
- Seguridad
- Particionando
- Instalar el sistema

Configuración del sistema
- Contraseña de root
- Añadir un usuario
- Cargador de arranque
- Resumen
- Instalar actualizaciones
- Salir de la instalación

Por favor, defina el nombre de su máquina.
El nombre de su máquina debería ser un nombre de máquina clasificado completamente, como "mimaquina.milabo.micompa.com". También puede introducir la dirección IP de la pasarela si tiene una También puede ingresar la dirección IP de su servidor DNS.

Nombre de la máquina:
Servidor DNS 1:
Servidor DNS 2:
Servidor DNS 3:
Dominio de búsqueda:
Pasarela de red (ej 192.224.112.1):

[Anterior] [Siguiente]

A.9 Fin de la instalación

Si hemos llegado hasta aquí con las tarjetas bien configuradas casi hemos terminado. Se puede pedir la actualización de las versiones de los paquetes por red. Para ello la red debe funcionar correctamente.

La decisión depende de la necesidad de estar al día. Si la seguridad es importante habría que actualizar los paquetes.

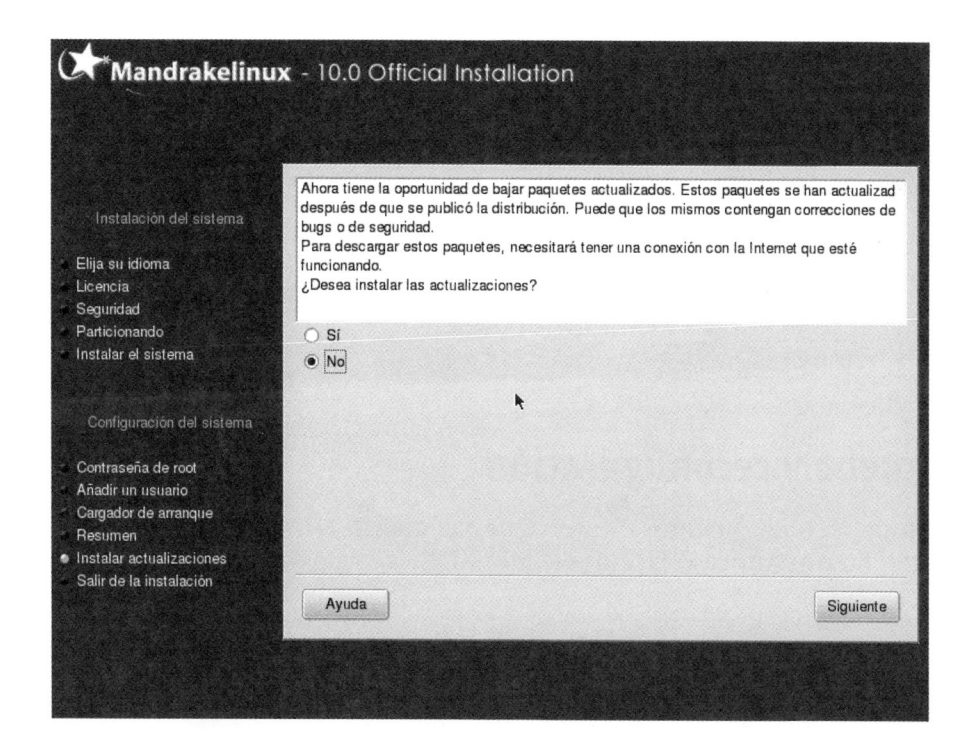

Y ya está. Ahora hay que rearrancar la máquina y probar el sistema.

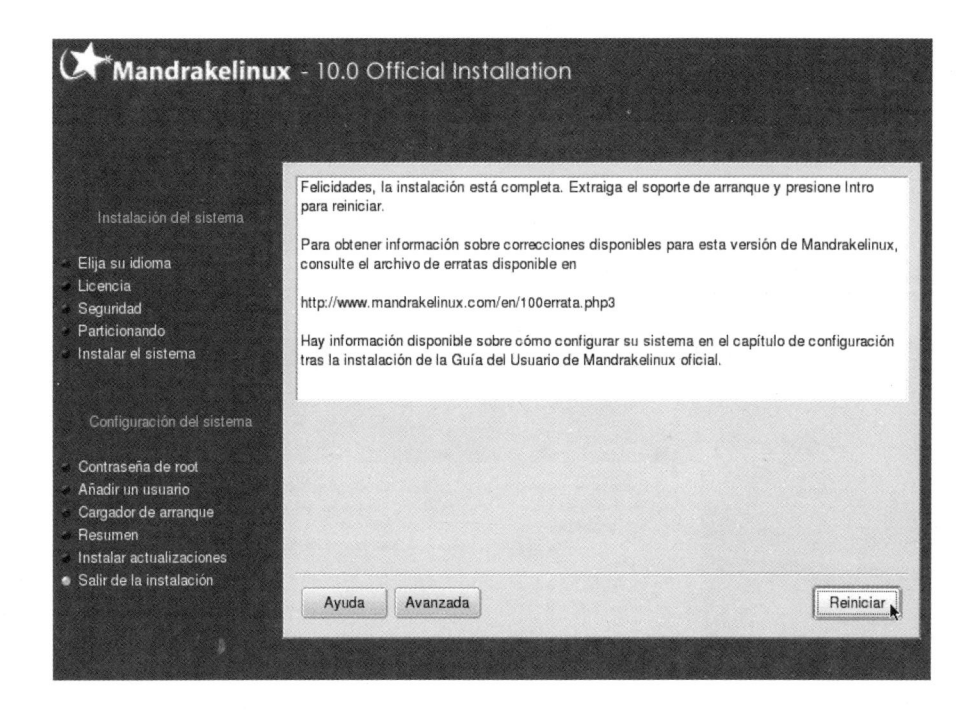

A.10 Prueba y reconfiguración

Si todo va bien y hemos elegido interfaz gráfica entraremos en ella automáticamente. En nuestro caso hemos elegido KDE.

Quizás nos demos cuenta de que hay paquetes que no se han instalado. *webmin* o *locales* de algún idioma son casos típicos. *Mandrake* nos ayuda a reinstalar. Además de las opciones de la Sección 6.3, si disponemos de los CD, podemos elegir "Instalar software" y buscar los paquetes que nos falten.

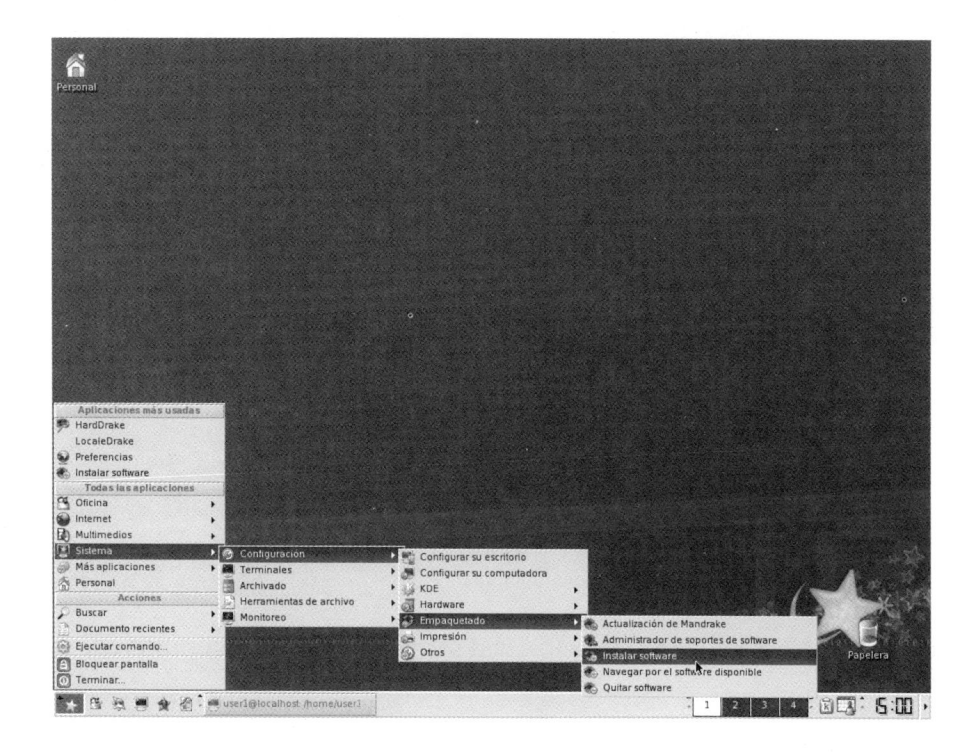

Antes se nos pedirá la contraseña de *root*.

En el ejemplo se buscan e instalan los mensajes en francés.

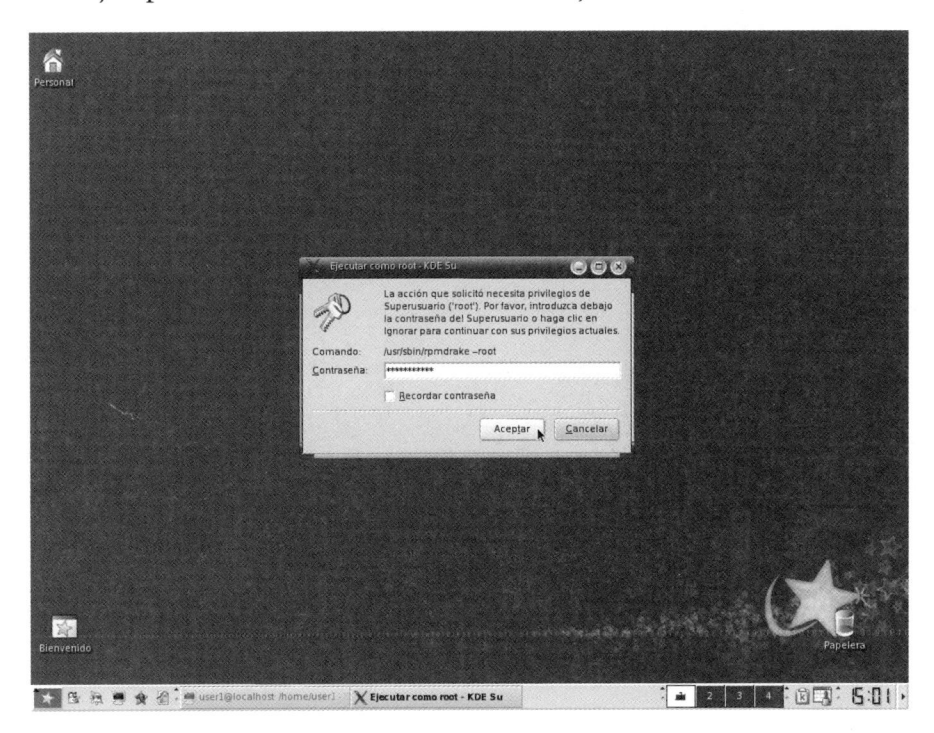

Mandrake también ofrece la posibilidad de cambiar el idioma propio de la interfaz.

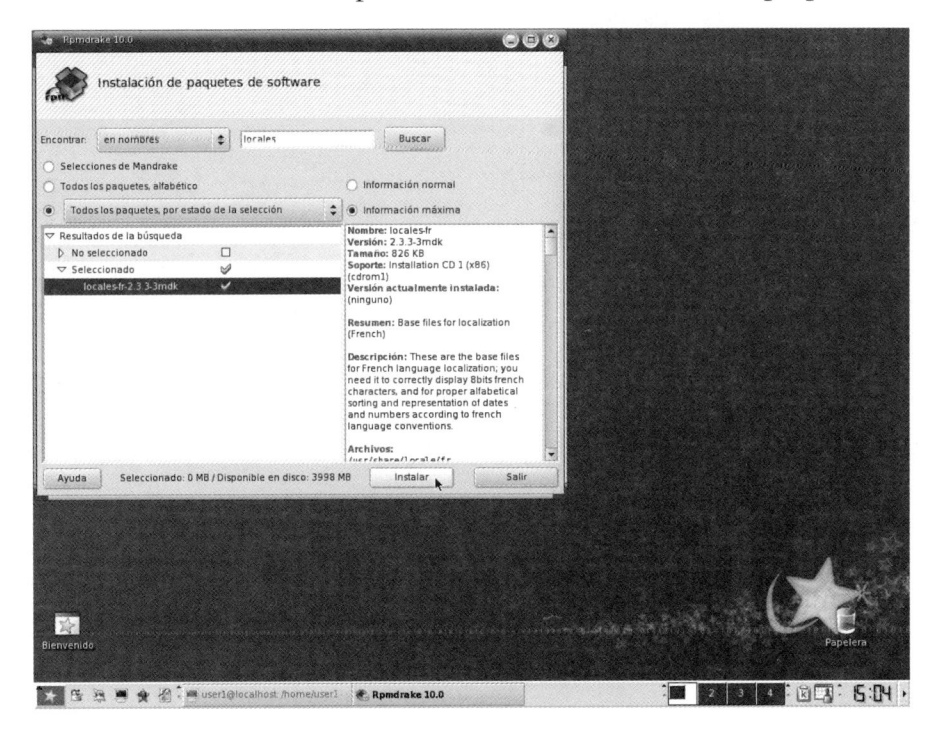

Instalación de *Linux* | **297**

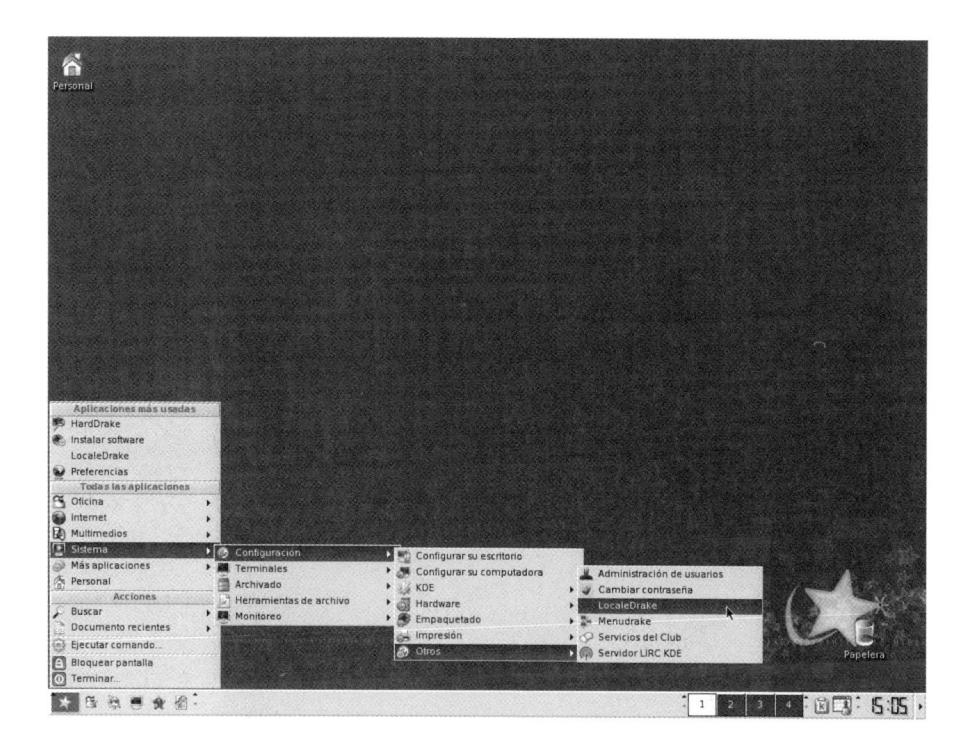

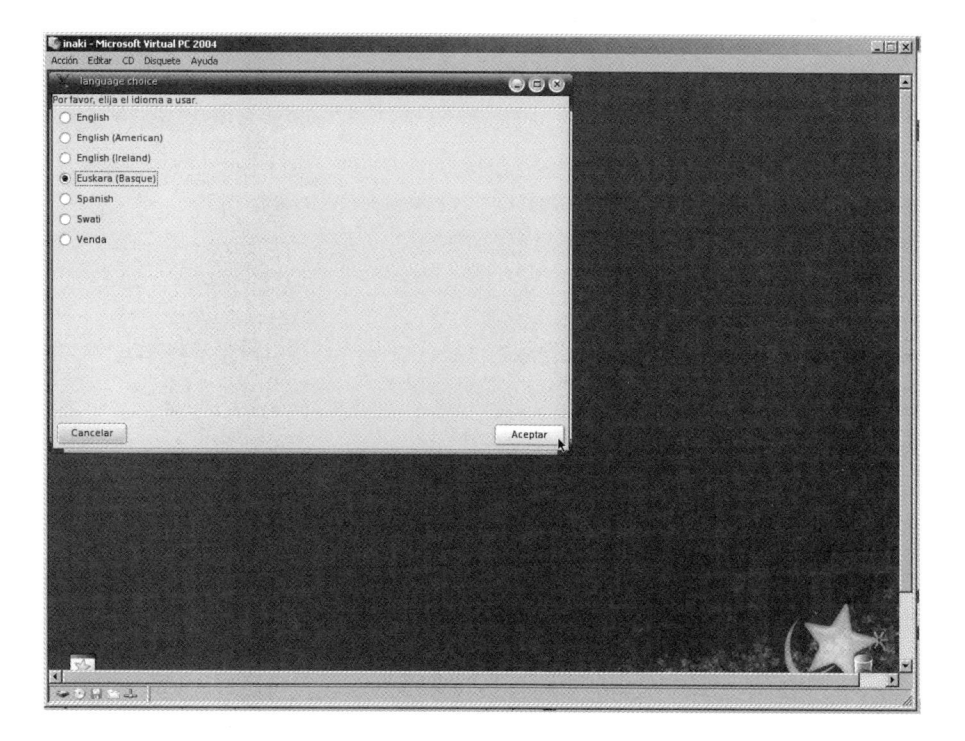

Apéndice B

Ficheros de comandos: *scripts*

En este apéndice

B.1 Lenguaje *sh* **302**

B.2 Características **303**

B.3 Ejemplos **307**

B.4 Ejercicios **309**

Los lenguajes de *script* se introdujeron en el Capítulo 2 y son usados frecuentemente en los ejemplos y ejercicios. Por medio de estos lenguajes se escriben ficheros de comandos que permiten la automatización de tareas. Las sentencias incluidas en los citados ficheros son interpretadas por el intérprete de comandos y los comandos o programas a los que hacen referencia son puestos en ejecución con sus correspondientes parámetros.

Además, estos *scripts* pueden ser vistos como lenguajes de programación, ya que como ellos disponen de variables, estructuras de programación condicionales, iterativas, etc., aunque presentan dos diferencias importantes:

- Trabajan en modo interpretado, mientras que los lenguajes de programación más habituales trabajan en modo compilado. Por lo tanto, los ficheros de comandos no se deben compilar y los cambios que se hagan en los ficheros entrarán en vigor inmediatamente.
- Su objetivo principal no es hacer nuevas aplicaciones sino que se utilizan para encadenar y automatizar tareas correspondientes a varios programas anteriormente especificados y probados. Esos programas suelen ser, a menudo, los comandos descritos en este libro.

Por todo lo anterior podemos decir que los *scripts* son fundamentales en los trabajos de administración.

En los sistemas *Unix* y *Linux* se dispone de varios intérpretes de comandos y, por lo tanto, de varios lenguajes para la realización de *scripts*, como *sh*, *csh*, *ksh*, *tcsh*, *bash*... Todos ellos son bastante similares pero vamos a destacar dos: *sh* y *bash*. Mientras *sh* es uno de los más básicos pero asegura la portabilidad de los *scripts* para todos los sistemas *Unix*, *bash* es el intérprete por defecto de los sistemas *Linux*. En general, se utilizará *bash* para introducir comandos desde el teclado de forma interactiva, pero cuando se escriben ficheros de comandos se suele utilizar generalmente *sh* debido a su mencionada portabilidad. Por eso en este capítulo se introduce el intérprete de comandos *sh* acompañado de algunos ejemplos.

Cabe resaltar que para la realización de *scripts* más complejos o de aplicaciones de mayor envergadura han surgido lenguajes de comandos más potentes como *perl*. Este lenguaje ofrece importantes ventajas, debido a que es multiplataforma (se puede utilizar también en *Windows*), se puede utilizar metodología orientada a objetos y dispone de un gran número de paquetes preprogramados. Esto hace que sea un lenguaje muy potente y que valga tanto para administración como para programación de aplicaciones. En contrapartida hay que resaltar que es un lenguaje más complejo y por ello queda fuera de los objetivos de este libro.

Por último hay que mencionar, aunque se introducirá en el siguiente capítulo, el lenguaje *awk* y su conocida versión GNU *gawk*, como un lenguaje intermedio entre la simplicidad de *sh* y la complejidad de *perl*, siendo su principal característica el disponer de tratamiento de las expresiones regulares que se exponen en el siguiente anexo.

B.1 Lenguaje *sh*

El lenguaje *sh* es el lenguaje de comandos más utilizado en el entorno *Unix* para la realización de ficheros de comandos, por su conocida sencillez y portabilidad. Además, debido a su antigüedad, gran número de herramientas de los sistemas *Unix* y *Linux* están programadas en *sh*.

Como se ha dicho no es adecuado para el trabajo interactivo ya que no ofrece posibilidades interesantes que sí proporcionan otros intérpretes como *bash*. Por ejemplo, *sh* carece de métodos para repetición y edición de comandos anteriores, así como de uso de sobrenombre o *alias*.

Los ficheros de comandos se preparan por medio de un editor (*emacs*, *vi*, *kedit*, *gedit*...) y suelen tener la siguiente estructura:

- En la primera línea se suele especificar el camino absoluto correspondiente al ejecutable del intérprete de comandos a utilizar precedido de dos símbolos especiales para indicar esta función. Para *sh* se suele especificar #!/bin/sh.
- Posteriormente, por medio de líneas de comentarios que van precedidas por el carácter #, se suele expresar la función y parámetros del *script*. Durante el resto del *script* se pueden añadir los comentarios que se deseen.
- La parte fundamental es una secuencia de comandos, que puede ser combinada con sentencias condicionales e iterativas. Los comandos suelen ser los comandos de *Linux* que se describen en el libro, programas ejecutables y otros *scripts* más básicos. Por cada comando se pueden especificar los parámetros correspondientes, que pueden ser constantes o variables. Cada línea suele contener un único comando, pero se puede especificar una secuencia de comandos en la misma línea utilizando el carácter ; como separador. En las siguientes secciones se profundizará sobre todas esas posibilidades.
- La última sentencia suele incluir el comando *exit* para devolver un valor de final de ejecución, pero no es imprescindible. Por convenio se indica una terminación correcta con el valor 0 y terminación errónea por medio de otro valor.

Por ejemplo, el siguiente *script* copia un fichero, cuyo nombre se le pasa como parámetro, al directorio */tmp* y borra el fichero original.

```
#!/bin/sh
# copia el fichero (primer parámetro - $1) al directorio /tmp
# y lo borra
cp $1 /tmp
rm -i $1
echo "fichero $1 copiado y borrado"
exit 0
```

Una vez preparado el fichero se procede a su ejecución. Como el editor nunca pone permiso de ejecución al fichero, no se puede proceder a usar directamente el nombre del *script*. Si al fichero de comandos anterior se le ha denominado *des-*

cartar, las dos opciones que tenemos para ponerlos en ejecución son las siguientes (*viejo* será el nombre de un fichero en nuestro directorio actual):

- se procede a poner permiso de ejecución al fichero de comandos por medio del comando "*chmod +x*" y posteriormente se le hace referencia por su camino relativo o absoluto:

    ```
    chmod +x descartar
    ./descartar¹ viejo
    ```

- se puede hacer referencia al intérprete de comandos *sh* que es el ejecutable encargado de la interpretación:

    ```
    sh descartar viejo
    ```

Antes de la ejecución del comando se suele poner en marcha el fichero de arranque o *start-up* que, en el caso del *sh*, es el fichero *.profile* de nuestro catalogo raíz. El objetivo de estos ficheros es el establecimiento correcto de las variables de entorno, como se describe en el Capítulo 4. Esta funcionalidad no la usaremos en los ejemplos de este capítulo.

B.2 Características

Las características básicas que han quedado enunciadas en el apartado anterior son el manejo de variables y el uso de estructuras condicionales e iterativas. En cualquier caso el conocimiento de los comandos básicos y el entorno de los Capítulos 3 y 4 es condición imprescindible para la programación de *scripts*.

Las variables pueden ser de dos tipos: variables predefinidas por el lenguaje y variables propias, es decir, creadas por el usuario. Para expresar el valor de ambos tipos de variables se utiliza el carácter *$* como prefijo.

B.2.1 Variables predefinidas

Al ir a escribir un *script* hay un conjunto de variables predefinidas por el intérprete listas para ser utilizadas. A continuación se detallan las más habituales:

$i es el *i*-ésimo parámetro de la línea de comandos, siendo *i* un número entero. Así *$0* indica el nombre del script, *$1* el primer parámetro especificado, $2 el segundo, etc. En el ejemplo anterior se ha utilizado *$1* en el *script descartar* para hacer referencia al fichero que hay que copiar y borrar; y cuando se le ha hecho referencia se ha especificado el fichero de nombre *viejo* como primer parámetro, siendo ese el valor que tomará la variable *$1* en esa ejecución.

$# indica el número de parámetros que se han especificado en la línea de comandos, y se suele utilizar en las estructuras condicionales para verificar

---

[1] Si el directorio de trabajo está incluido en la variable *PATH* (*véase* Capítulo 4) el nombre es suficiente, pero si no es así, hay que dar el camino, que para el directorio actual es el punto.

que los parámetros obligatorios se han introducido o en las iterativas para realizar una función con cada parámetro.

- $* expresa el conjunto de todos los parámetros. Se usa en la condición de la estructura iterativa *for*.
- $? indica el valor que ha devuelto el último comando o programa por medio de una sentencia *exit*. Se utiliza para verificar en una secuencia de comandos que el último comando terminó correctamente. No se usa mucho, pero es fundamental para escribir *scripts* robustos que toleren y traten errores en los programas.
- $$ se refiere al identificador de proceso, y solo se suelen usar *scripts* para gestión de procesos o como forma de generar un número unívoco.
- *variables de entorno*: son las variables que se han descrito en el Capítulo 4 y que sirven para recibir información del sistema operativo. Entre las más utilizadas están las siguientes: *$PATH* para indicar la posible ubicación de comandos, programas ejecutables y *scripts*; *$PWD* para el directorio actual; *$HOME* para el directorio raíz de la cuenta; *$USER* para el nombre de usuario y *$TERM* para el terminal de trabajo.

B.2.2 Gestión de variables

Además de las variables predefinidas durante la escritura de un fichero de comandos se pueden definir y utilizar nuevas variables. No hace falta declararlas pero, normalmente, primero se definen, asignándoles un valor, y posteriormente se les hace referencia, generalmente como parámetro de algún comando. Al definirlas no se debe poner el prefijo *$*.

Para asignar un valor a una variable hay dos opciones: una sentencia de asignación o una de lectura desde teclado. En la primera el nombre de la variable aparecerá a la izquierda del símbolo = seguido por una constante o una variable, mientras que en la segunda aparecerá la palabra clave *read* seguida por el nombre de la variable. A continuación se pueden observar tres ejemplos de cómo asignar un valor a la variable *directorio*:

```
read directorio            # leer el valor del teclado
directorio = "/usr/tmp"    # asignación de constante
directorio = $2            # asignación del segundo parámetro
```

Se puede comprobar, como hemos dicho, que en la definición no se usa el símbolo *$* como prefijo. Además se comprueba que, en general, el tipo de dato es una cadena de caracteres o *string*. También se pueden manejar valores numéricos pero para las operaciones aritméticas se deberá utilizar el *expr*. En la siguiente sentencia se incrementa el valor de la variable *cont* en uno (en la Sección 3.2.1 se explica el uso de las comillas):

```
cont = 'expr $cont+1'      # incremento de la variable cont
```

Se puede ver en ese mismo ejemplo cómo para hacer referencia a las variables e indicar su valor se utiliza el símbolo *$* como prefijo del nombre de la variable.

Por otro lado, si no se especifican operadores la operación por defecto es el encadenamiento de *strings*. Así, por ejemplo, si en el primer parámetro se ha especificado un nombre de fichero y en la variable *dir* está el directorio correspondiente a ese fichero, para escribir por la pantalla el camino absoluto del mismo tenemos estas dos opciones:

```
echo "fichero: $dir/$1\n"
absol = $dir/$1; echo "fichero: $absol\n"
```

En cualquier caso, como las constantes y las variables se pueden llegar a confundir, se recomienda que, en caso de duda, se limite el nombre de las variables con llaves.

```
echo "fichero: ${dir}/$1\n"
```

El tiempo de vida de las nuevas variables, mientras no se indique lo contrario, será el del propio fichero de comandos. Por lo tanto, en principio, el valor de las nuevas variables del *script* no se podrá recibir en sucesivos *scripts*. Si se quiere mantener el valor para el futuro, es decir, si se quiere aumentar el tiempo de vida de una variable hay que hacer dos cosas:

- Exportar el valor de la variable incluyéndola en el entorno por medio del comando *export*.
- Poner en ejecución el *script* por medio del comando *source* o precediendo el nombre del mismo con un punto (*véase* Sección 4.1).

Esto es lo que se hace en los ficheros de arranque o *start-up*, cuyos nombres empiezan por punto y contienen diversas sentencias *export*. La siguiente sentencia sirve para exportar la variable *directorio* de un ejemplo anterior:

```
export directorio
```

B.2.3 Expresiones condicionales

Las estructuras condicionales e iterativas suelen contener expresiones condicionales, que suelen escribirse entre corchetes. Además, es necesario que entre los corchetes, operandos y operadores haya un carácter blanco y solo uno.[2] El intérprete de comandos hace la evaluación de las expresiones condicionales y obtiene un resultado: cierto o falso.

Las expresiones condicionales más comunes son expresiones lógicas, siendo la más utilizada la comparación aritmética. En estas expresiones hay dos operandos, cada uno es una variable o constante, que son combinados con un operador de entre los siguientes:

---

[2] Cuidado con esto ya que el intérprete es muy estricto. En otras zonas del *script* los blancos no suelen tener importancia pero en estas condiciones los blancos deben aparecer y ser únicos.

-eq   cierto si los operandos son iguales

-ne   cierto si los operandos son diferentes

-lt   cierto si el primer operando es menor

-le   cierto si el primer operando es menor o igual

-gt   cierto si el primer operando es mayor

-ge   cierto si el primer operando es mayor o igual

Para trabajar con cadenas de caracteres no se usan los operadores aritméticos sino expresiones con el comando *test*:

test st1=st2   cierto si *strings* iguales

test st1!=st2   cierto si *strings* diferentes

También hay operadores, menos habituales pero muy útiles en administración, para el tratamiento condicional de ficheros y que tienen como único operando tras ellos el nombre de un fichero:

-f   cierto si es un fichero común

-d   cierto si es un directorio

-r   cierto si tiene permiso de lectura

-w   cierto si tiene permiso de escritura

-x   cierto si tiene permiso de ejecución

Además las condiciones pueden ser compuestas por medio de dos operadores (la negación se consigue por medio del operador *!*):

-o   cierto si se cumple una de las condiciones (OR)

-a   cierto si se cumplen las dos condiciones (AND)

Por último, también se puede usar un comando directamente como condición; en ese caso se evalúa el valor que devuelve la sentencia *exit* y si es 0 (terminación correcta) se evalúa como falso y si no como cierto.

Posteriormente, tras la descripción de cada una de las estructuras de programación, se pueden observar ejemplos de expresiones condicionales.

B.2.4 Estructuras de programación

Las estructuras de programación de *sh* son muy similares a las usadas en los lenguajes de programación comunes y la mayor diferencia es que la sintaxis es muy estricta. Además del comentado tema de los caracteres blancos, las palabras claves (*if, then, else, while, for, do, done*) no pueden tener nada delante en la misma línea.

Hay tres estructuras fundamentales para la programación de *scripts* por medio de *sh*: estructuras condicionales *if* y estructuras iterativas *while* o *for*. En las dos primeras estructuras se utilizan expresiones condicionales.

La estructura condicional *if* se basa en el siguiente esquema:

```
if [ expresion_condicional ]
   then comandos
   else comandos
fi
```

La parte *else* es opcional pero las palabras clave *if*, *then* y *fi* siempre deben aparecer. Los comandos correspondientes a cada rama pueden aparecer en una o varias líneas.

Por su parte la estructura *while* es una estructura iterativa típica y tiene el siguiente formato:

```
while [expresion_condicional]
   do
   comandos
   done
```

Por último tenemos la estructura *for*, que es la más utilizada en *scripts* de administración, y que sigue el siguiente esquema:

```
for variable in expresion
   do
   comandos
   done
```

En esta última estructura la expresión debe ser una secuencia de valores que va a ir tomando la variable en las distintas iteraciones. En general es habitual utilizar en esa expresión $* para indicar todos los argumentos o el metacarácter * para indicar un conjunto de ficheros. Por ejemplo *.txt es una expresión para referirse a todos los ficheros de tipo texto del directorio actual (*véase* Sección 3.2.1).

B.3 Ejemplos

- *script* que imprime su propio nombre:

    ```
    echo $0
    ```

- comando que imprime el número de usuarios conectados:

    ```
    echo "usuarios conectados:" `who | wc -l`
    ```

- comando que contesta si un usuario que se pasa como parámetro está conectado o no:

    ```
    id="$1"
    if who | grep "$id" >/dev/null
       then
             echo "$id conectado"
    fi
    ```

- eco del propio comando, incluyendo todos los parámetros:

    ```
    echo $0
    for i in $*
      do
       echo $i
      done
    ```

- impresión de las 10 primeras líneas de los ficheros tipo ".*h*" del directorio actual, después de comprobar que son ficheros comunes:

    ```
    for i in *.h
      do
        if [ -f $i ]    # si fichero común
          then
              echo "======== fichero $i ========="
              head $i
        fi
    done
    ```

- extensión del *script* anterior para cualquier tipo de fichero que se especifique como parámetro y verificando que haya por lo menos un parámetro:

    ```
    #!/bin/sh
    # verifica que haya un parámetro al menos
    if [ $# -lt 1 ]
       then
            echo "error: se necesita algún parámetro"
            exit 1
       fi


    for tipo in $*
    # por cada tipo de fichero
    do
      for i in *.$tipo
        do
          if [ -f $i ]
            then
              echo "======== fichero $i ========="
              head $i
          fi
      done
    done
    ```

B.4 Ejercicios

1. Escribir un *script* para comprobar que los usuarios que se pasan como parámetro están conectados o no. Se debe verificar la presencia de algún parámetro.

2. Escribir un *script* que enumere los subdirectorios de un directorio que se pasa como parámetro.

3. Completar el segundo ejercicio para examinar los subdirectorios que se vayan encontrando y acumular en el fichero de nombre *total* las 10 primeras líneas de los ficheros comunes que se encuentren en los mismos.

Apéndice C

Expresiones regulares y *awk*

En este apéndice

C.1 Sintaxis **313**

C.2 Ejemplos de expresiones regulares **314**

C.3 *awk* **315**

C.4 Ejemplos de *awk* **317**

C.5 Ejercicios **317**

Diversos comandos básicos de *Unix*, sobre todo aquellos que examinan ficheros, pueden entender expresiones regulares. Entre estos comandos destacan *sed*, *grep*, *egrep*[1] y los nombrados en el capítulo anterior *awk* y *perl*.

Cuando se usan estas expresiones la unidad de proceso suele ser la línea, utilizándose el comando para seleccionar aquellas líneas que casan con la expresión especificada. Por eso, a veces, a estas expresiones se les llaman patrones.

Hay que tener en cuenta que en las expresiones regulares varios caracteres alfabéticos se usan como operadores, es decir, se cambia su semántica; por lo tanto si nos queremos referir a ellos como caracteres normales deberemos usar un prefijo llamado carácter de escape, habitualmente el carácter \. Así, mientras el punto es un operador que expresa cualquier carácter, para expresar el carácter punto deberemos especificar "\.". De forma similar caracteres como el blanco, el guión, las barras, las comillas, corchetes, etc. necesitarán el carácter de escape como prefijo.

Después de exponer brevemente la sintaxis básica de las expresiones regulares pasaremos a describir su uso, todo ello de forma intuitiva por medio de ejemplos.

C.1 Sintaxis

C.1.1 Expresiones para caracteres

Los caracteres que pueden aparecer en una determinada posición se pueden expresar de muy distintas formas. Mientras que si se quiere indicar un determinado carácter bastará con especificar ese carácter, no pasará lo mismo cuando se quiere expresar un carácter entre un conjunto determinado, ya que en ese caso se expresará el conjunto entre corchetes; o cuando se quiere expresar el complemento de un carácter o conjunto, en cuyo caso se deberá utilizar el operador ^. Además, como se puede observar en los siguientes ejemplos, el guión sirve para expresar un intervalo de caracteres y el punto para especificar cualquier carácter.

expresión	significado
a	carácter "a"
[^a]	cualquier carácter menos "a"
[a-z]	cualquier letra minúscula (sin la ñ)
[a-zñ]	cualquier letra minúscula en castellano
[A-Z]	cualquier letra mayúscula (sin la Ñ)
[a-zA-ZñÑ]	cualquier letra del alfabeto
[aeiou]	cualquier vocal
[0-9]	cualquier cifra
[^aeiou]	cualquier carácter menos las vocales
[^0-9]	cualquier carácter menos las cifras
.	cualquier carácter
\.	carácter punto
[a-zñ\.\,\-]	carácter del alfabeto en minúsculas, punto, coma o guión

---

[1] *egrep* es una variación de *grep* que acepta expresiones más complejas.

C.1.2 Símbolos para indicar ubicación

Si no se utiliza ningún indicador de posición el patrón se buscará en cualquier posición de la línea, pero también existen operadores para indicar determinada posición, como por ejemplo principio o final de línea y principio o fin de palabra. En la siguiente tabla se describen algunos ejemplos.

expresión	significado
`^A`	"a" mayúscula a principio de línea
`^[a-zñ]`	letra minúscula a principio de línea
`\.$`	punto a final de línea
`^...$`	línea de 3 y solo 3 caracteres
`\<h`	palabra que empieza por "h"
`\<euro\>`	palabra euro
`^[^hH]`	línea que empieza por algo que no es h[2]

C.1.3 Otros operadores

Las secuencias de caracteres se pueden expresar tanto de forma concreta por medio de un *string*, como utilizando operandos de repetición, entre los que destacan el asterisco para indicar la aparición desde 0 a *n* veces y el símbolo + para indicar un mínimo de una aparición. Por otro lado la interrogación indica la aparición opcional.

expresión	significado
`[0-9][0-9]?`	secuencia de una o dos cifras
`[0-9]+`	una o más cifras
`[0-9][0-9]*`	una o más cifras
`[0-9][0-9]+`	dos cifras o más
`[aeiou]+`	una o más vocales
`\<e.*u\>`	palabras que empiezan por "e" y acaban en "u"
`2[0-9]*0`	números que empiezan en 2 y acaban en 0

C.2 Ejemplos de expresiones regulares

A continuación se ofrecen ejemplos del uso de expresiones regulares en los comandos *egrep* y *sed*. Mientras el primero (*véase* Sección 3.3.3), sirve para seleccionar determinadas líneas de un fichero, el segundo es un editor de líneas que aplica los cambios sobre los patrones que identifica por expresiones regulares. La forma de limitar las expresiones regulares también varía de uno a otro programa, mientras en *egrep* se especifican entre comillas, en *sed* aparecerán entre barras.

---

[2] el caracter ^ tiene una doble interpretación, entre corchetes indica complementariedad, pero al principio indica inicio de línea.

- para seleccionar las líneas de un fichero de nombre *fich* que empiezan por una cifra:

    ```
    egrep '^[0-9]' fich
    ```

- para seleccionar en ese fichero las líneas que tengan, al menos, tres caracteres alfabéticos en minúscula:

    ```
    egrep '[a-z].*[a-z].*[a-z]' fich
    ```

- para sustituir los caracteres de separación (coma, punto, punto y coma, dos puntos, etc.) por un blanco:

    ```
    sed 's/[\,\.\;\:\?\!\"]\ \?/\ /g'
    ```

- para contar el número de palabras que empiezan por *ñ* en un texto se puede hacer lo siguiente: si la línea del ejemplo anterior es un *script* de nombre *separa_pal*, primero lo aplicamos sobre el fichero, para posteriormente poner cada palabra en una línea, sustituyendo los blancos por el carácter fin de línea (\n); seleccionar las líneas que empiezan por *ñ*, clasificarlas y eliminar las repetidas (*sort –u*) y finalmente contarlas.

    ```
    separa_pal <fich | sed 's/\ /\n/g' | grep '^[ñÑ]' | sort -u | wc -l
    ```

El encadenar comandos por medio de *pipes* es típico en la programación de *scripts* en *Unix*.

C.3 *awk*

Como se ha dicho antes *awk* es un lenguaje de *script*, por lo tanto no compilado, que es mucho más potente que *sh* y más sencillo que *perl*. Cuando se distribuye con licencia GNU se conoce con el nombre de *gawk*.

C.3.1 Características

Sus principales características se pueden resumir en los siguientes puntos:

- Dispone de una librería de funciones similar a la del lenguaje C pero interpretada.
- Maneja expresiones regulares de forma natural.
- No es necesario especificar directamente las lecturas del fichero primario, ya que es un editor de líneas que deja cada línea y palabra leída en variables predefinidas.
- Maneja vectores asociativos (también llamados tablas *hash*) de manera sencilla.

Con estas características es un lenguaje alternativo a C cuando hay que realizar tareas sencillas, con la ventaja de su comodidad y rapidez de desarrollo. En administración se suele combinar con el lenguaje *sh* cuando se deben realizar tareas más sofisticadas que las que permite *sh*.

Aunque el estudio a fondo de este lenguaje necesitaría otro libro, empezar a manejarlo es bastante sencillo, y vamos a intentarlo con una pequeña introducción. En Internet (por ejemplo, en la dirección http://inicia.es/de/chube/Manual_Awk/Empezando_con_awk.htm) se puede encontrar abundante información sobre este lenguaje.

Un programa *awk* se escribe entre comillas simples y consiste en una serie de líneas patrón-acción. Los patrones van a la izquierda y las acciones entre llaves. A continuación un ejemplo de sentencia *awk*.

```
$1~/^[0-9]+$/ { tot=tot+$1; }
```

donde el patrón es una expresión regular que indica que la primera palabra de la línea es un número entero, y la acción, entre llaves, que el valor de la primera palabra se acumulará en la variable *tot*. Como se ve la sintaxis es similar a la del lenguaje C.

C.3.2 Patrones

Existen dos patrones predefinidos, *BEGIN* y *END*, para facilitar la inicialización de las variables y escritura de resultados finales respectivamente.

El resto de los patrones se aplican a cada línea de la entrada estándar, que si lo cumple activará las acciones asociadas al patrón. El patrón nulo, es decir, la sentencia que empieza con la llave, se aplica a todas las líneas, aunque luego, en las acciones se pueden aplicar subsentencias condicionales.

C.3.3 Variables predefinidas

Existen una serie de variables predefinidas que se pueden usar durante el programa. En algunas de ellas se suele cambiar el valor usando el patrón *BEGIN* para que el comportamiento del programa cambie.

Las variables predefinidas más utilizadas son:

- *$0*   línea completa leída
- *$1*   primera palabra de la línea
- *$2*   segunda palabra
- *$n*   *n*-sima palabra
- *NF*   número de palabras de la línea
- *NR*   número de línea
- *FS*   campo separador de palabras; es uno de los que se puede modificar con el patrón *BEGIN*

C.3.4 Acciones

Las acciones son subsentencias muy similares a las del lenguaje C, donde se permiten asignación de valores a las variables, estructuras condicionales, iterativas y recursivas. Así se pueden usar *if*, *while* y *for* con la misma sintaxis y semántica que en C.

Las funciones de librería son prácticamente *idénticas* a las de C (hay más y alguna cambia de nombre como *length* en lugar de *strlen* para la longitud de un *string*) pero los *strings* sí son datos básicos por lo que se pueden asignar, comparar y concatenar directamente sin necesidad de ninguna función.

En el tema de los vectores es de resaltar, como ya se ha dicho, que se pueden utilizar de forma natural vectores asociativos, donde el índice es un *string*, según se puede ver en el segundo ejemplo a continuación.

C.4 Ejemplos de *awk*

- Tamaño total de los ficheros del directorio que se han generado en febrero:
  ```
  ls -l |
  awk '$6 == "feb" { guzt += $5 }
               END { print guzt }'
  ```
- Frecuencias de palabras que aparecen en un fichero:
  ```
  awk '
  # acumular las frecuencias por una tabla asociativa
  {
      for (i = 1; i <= NF; i++)
          freq[$i]++
  }
  # imprimir la tabla
  END {
      for (word in freq)
          printf "%s\t%d\n", word, freq[word]
  }'
  ```

C.5 Ejercicios

1. Conseguir todas las declaraciones de números enteros (*int*) en un programa fuente C. Posteriormente seleccionar alguna de las variables y localizar todas sus apariciones en el programa.

2. Partiendo del último de los ejemplos conseguir todas las palabras de tres caracteres que tengan al menos dos vocales, y todas las palabras que tengan una vocal repetida, al menos, tres veces.

3. Combinando *sh* y *awk* hacer un *script* que cuente la ocupación de los ficheros de un directorio que se pasa como parámetro.

Apéndice D

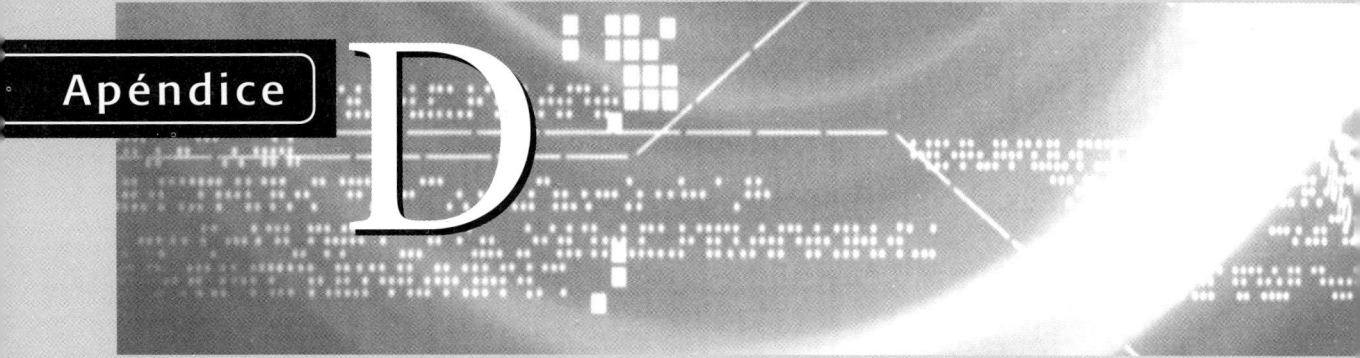

Programa *make*

En este apéndice

D.1 Compilación **321**

D.2 Instalación **322**

D.3 Otras características **323**

El programa *make* es la utilidad básica del mundo *Unix* para el mantenimiento de software. Su utilización está muy extendida tanto entre programadores como administradores, ya que sirve para automatizar los procesos de compilación, actualización e instalación de software. Para ello ofrece un lenguaje bastante potente con el que suelen preparar *scripts*, bastante complejos a veces, para las labores citadas. El objetivo de este capítulo no es profundizar en este lenguaje, sino ofrecer una pequeña introducción para poder entender los ficheros sencillos.

Para este programa se pueden distinguir dos funciones principales:

- Control de la dependencia y compilación de programas complejos, es decir, programas compuestos por muchos módulos; así, cuando se realice algún pequeño cambio no será necesario recompilar todos los módulos.
- Automatización de la instalación de programas, sobre todo cuando se parte de código fuente, en cuyo caso se realizan las dos funciones, configuración e instalación. Esta función se ha documentado en el Capítulo 6.

Junto a esas funciones básicas también se puede utilizar con otros fines, ya que la base de este programa es que se pueden establecer procesos condicionados a dependencias, por lo que dependiendo de las circunstancias y los parámetros se ejecutarán distintas acciones.

Como sucede en el lenguaje *sh* la sintaxis de *make* es muy estricta, por lo que cualquier error, aunque sea un carácter blanco, puede traer cambios funcionales imprevisibles. La primera regla es no escribir blancos en los inicios de línea, ya que el único separador previsto en esa posición es el carácter de tabulación.

D.1 Compilación

Vamos a empezar con un ejemplo. Pensemos que programando en C queremos hacer una aplicación para distribuir música en formato MP3. Pensemos que hemos diseñado el programa en tres módulos, uno para comprimir, otro para difundir y uno principal que se basa en los dos anteriores. Además, como pide una mínima metodología, las definiciones del formato MP3 las tenemos en un fichero de cabecera de nombre *mp.h*. Para controlar las dependencias y la compilación definiremos un fichero de nombre *Makefile* con el siguiente código:

```
difundir_musica: principal.o comprimir.o difundir.o
    gcc -o difundir_musica principal.o comprimir.o difundir.o
principal.o: principal.c mp.h
    gcc -c principal.c
comprimir.o: comprimir.c mp.h
    gcc -c comprimir.c
difundir.o: difundir.c
    gcc -c difundir.c
```

Con eso conseguiremos que si se hace algún cambio en el fichero de cabecera se compilen todos los módulos salvo el de difundir, que no depende de ese módulo.

Se puede observar que hay dos tipos de líneas, las que expresan dependencias, que empiezan por una etiqueta y el carácter dos puntos; y las que expresan acciones por medio de comandos de *Unix*. Estas últimas deben aparecer precedidas del carácter de tabulación.

Cuando se quiere compilar debido a algún cambio en los módulos especificados bastará especificar el comando *make*, aunque sería más preciso especificar *"make difundir_musica"*. Como no se especifica nombre de fichero, el programa busca el fichero *Makefile*, pero si el *script* estuviera en otro fichero habría que añadir el parámetro *–f* seguido del nombre del fichero. Por convenio, a esos ficheros, cuando no se les llama *Makefile*, se les pone la extensión *mk*. Por lo tanto, serán comunes comandos de la forma *"make -f fichero.mk"*.

D.2 Instalación

Siguiendo con el ejemplo anterior pensemos que hemos acabado el programa y queremos preparar un instalador para distribuirlo entre nuestra comunidad.

En las dependencias y acciones además del proceso de compilación se deben indicar los directorios que hay que crear y las copias por realizar. Adicionalmente, también debemos prever el proceso de desinstalación. El fichero podría ser el siguiente:

```
instal: all
    mkdir /usr/local/musica
    mv difundir_musica /usr/local/musica

all: difundir_musica

difundir_musica: principal.o comprimir.o difundir.o
    gcc -o difundir_musica principal.o comprimir.o difundir.o
principal.o: principal.c mp.h
    gcc -c principal.c
comprimir.o: comprimir.c mp.h
    gcc -c comprimir.c
difundir.o: difundir.c
    gcc -c difundir.c

desintal:
    rm -r /usr/local/musica
```

Para instalar teclearemos *«make instal»* que además de la compilación de los módulos creará el directorio */usr/local/musica* y moverá el ejecutable a ese directorio.

Por medio del comando *"make desinstal"* conseguiremos eliminar todo lo generado en la instalación.

Aunque los *scripts* reales suelen ser más complejos, este ejemplo sirve para observar las posibilidades de esta herramienta.

D.3 Otras características

Dando un paso más pasamos a funcionalidades que aumentan la potencia de este programa: el uso de macros y variables, así como las reglas basadas en patrones y tipos de ficheros.

Estas características quedan fuera del ámbito del libro pero las podemos introducir por medio de un tercer ejemplo incompleto:

```
%.o: %.c
    gcc -c -o $@ $(CFLAGS) $<
```

En la primera línea se dice que cada módulo objeto depende de su correspondiente módulo fuente. Por su parte la macro *CFLAGS*, que estará definida con anterioridad, contendrá las opciones de compilación para aplicar (por ejemplo *–g* para que al compilar se guarde la información para depuración o *debug*). Las macros *$<* y *$@* son macros predefinidas y mientras la primera indica los módulos dependientes, los de tipo *c* en este caso, la segunda se refiere a todos los módulos que se generan como resultado, que corresponden en este caso con los módulos objeto.

Para generar ficheros *make* complejos existe la posibilidad de utilizar varias herramientas *Linux*: *autoconf*, *automake* y *libtool*.